闘争と文化

マックス・ウェーバーの文化社会学と政治理論

野口 雅弘

みすず書房

本書は、著者がドイツ語で出版した単行本 *Kampf und Kultur: Max Webers Theorie der Politik aus der Sicht seiner Kultursoziologie* von Masahiro Noguchi, Duncker & Humblot GmbH, Berlin 2005をもとに、あらたに日本語版として刊行するものです。

闘争と文化——マックス・ウェーバーの文化社会学と政治理論　目次

凡例

一　頻出文献には、以下の略号を用いる。

（1）ウェーバーの著作

MS: *Die rationalen und soziologischen Grundlagen der Musik*, Tübingen: J. C. B. Mohr, 1972.
『音楽社会学』――安藤英治、池宮英才、角倉一朗訳『音楽社会学』創文社、一九六七年。

MWG: Max Weber Gesamtausgabe, Tübingen: J. C. B. Mohr, 1984ff.

MWG I/10: *Zur Russischen Revolution von 1905. Schriften und Reden 1905-1912*, hrsg. von Wolfgang J. Mommsen/Dittmar Dahlmann, Tübingen: J. C. B. Mohr, 1989.
『ロシア革命論』Ⅰ・Ⅱ――雀部幸隆、小島定訳『ロシア革命論』Ⅰ、名古屋大学出版会、一九九七年。肥前栄一、鈴木建夫、小島修一、佐藤芳行訳『ロシア革命論』Ⅱ、名古屋大学出版会、一九九八年。

PE: *Die Protestantische Ethik und der »Geist« des Kapitalismus*, hrsg. von Klaus Lichtblau/Johannes Weiß, 2. Aufl., Weinheim: Beltz Athenäum Verlag, 1996.

PE II: *Die Protestantische Ethik II. Kritiken und Antikritiken*, hrsg. von Johannes Winckelmann, Gütersloh: Gütersloher Verlagshaus, 1995.
「資本主義の「精神」に関する反批判」――住谷一彦、山田正範訳「資本主義の「精神」に関する反批判」『思想』六七四号、一九八〇年八月、八〇―一一三頁。

PS: *Gesammelte Politische Schriften*, Tübingen: J. C. B. Mohr, 1988.
『職業としての政治』――脇圭平訳『職業としての政治』岩波文庫、一九八〇年。

『政治論集』1・2——中村貞二、山田高生ほか訳『政治論集』1・2、みすず書房、一九八二年。

RS I: *Gesammelte Aufsätze zur Religionssoziologie*, I, Tübingen: J. C. B. Mohr, 1988.

『論選』——大塚久雄、生松敬三訳『宗教社会学論選』みすず書房、一九七二年。

『プロ倫』——大塚久雄訳『プロテスタンティズムの倫理と資本主義の精神』岩波文庫、一九八九年。

「教派」——中村貞二訳「プロテスタンティズムの教派と資本主義の精神」、安藤英治編『世界の大思想 II-7 ウェーバー宗教・社会論集』河出書房、一九六八年、八三——一一四頁。

『儒教と道教』——木全徳雄訳『儒教と道教』創文社、一九七一年。

RS II: *Gesammelte Aufsätze zur Religionssoziologie*, II, Tübingen: J. C. B. Mohr, 1988.

『ヒンドゥー教と仏教』——深沢宏訳『ヒンドゥー教と仏教』東洋経済新報社、二〇〇二年。

RS III: *Gesammelte Aufsätze zur Religionssoziologie*, III, Tübingen: J. C. B. Mohr, 1988.

『古代ユダヤ教』——内田芳明訳『古代ユダヤ教』上・中・下、岩波文庫、一九九六年。

SS: *Gesammelte Aufsätze zur Soziologie und Sozialpolitik*, Tübingen: J. C. B. Mohr, 1988.

SW: *Gesammelte Aufsätze zur Sozial-und Wirtschaftsgeschichte*, Tübingen: J. C. B. Mohr, 1988.

『古代社会経済史』——弓削達、渡辺金一訳『古代社会経済史』東洋経済新報社、一九五九年。

WL: *Gesammelte Aufsätze zur Wissenschaftslehre*, 3. Aufl., Tübingen: J. C. B. Mohr, 1968.

『ロッシャーとクニース』一・二——松井秀親訳『ロッシャーとクニース』一・二、未來社、一九五五、一九五六年。

『客観性』——富永祐治、立野保男訳、折原浩補訳『社会科学と社会政策にかかわる認識の「客観性」』岩波文庫、一九九八年。

「マイヤー」——祇園寺信彦、祇園寺規夫訳『歴史学の方法』講談社学術文庫、一九九八年。

「シュタムラー」——松井秀親訳「R・シュタムラーにおける唯物史観の「克服」」、安藤英治編『世界の大思想Ⅱ-7　ウェーバー　宗教・社会論集』河出書房、一九六八年、三一―六五頁。

『価値自由』――木本幸造監訳『社会学・経済学の「価値自由」の意味』日本評論社、一九七二年。

『理解社会学のカテゴリー』――海老原明夫、中野敏男訳『理解社会学のカテゴリー』未來社、一九九〇年。

『職業としての学問』――尾高邦雄訳『職業としての学問』岩波文庫、一九八〇年。

WuG : *Wirtschaft und Gesellschaft. Grundriß der verstehenden Soziologie,* 5. rev. Aufl., Tübingen : J. C. B. Mohr, 1972.

『社会学の基礎概念』――清水幾太郎訳『社会学の基礎概念』岩波文庫、一九七二年。

「経済行為の社会学的基礎範疇」――富永健一訳「経済行為の社会学的基礎範疇」、尾高邦雄編『世界の名著　ウェーバー』中央公論社、一九七五年、二九五―四八四頁。

『支配の諸類型』――世良晃志郎訳『支配の諸類型』創文社、一九七〇年。

『宗教社会学』――武藤一雄、薗田宗人、薗田坦訳『宗教社会学』創文社、一九七六年。

『法社会学』――世良晃志郎訳『法社会学』創文社、一九七四年。

『支配の社会学』――世良晃志郎訳『支配の社会学』Ⅰ・Ⅱ、創文社、一九六二年。

『都市』――世良晃志郎訳『都市の類型学』創文社、一九六五年。

（2）ウェーバー以外の著作と雑誌

GSG : Georg Simmel Gesamtausgabe, Frankfurt am Main : Suhrkamp, 1989ff.
KSA : Friedrich Nietzsche, Sämtliche Werke, Kritische Studienausgabe, München : Deutscher Taschenbuch Verlag, 1999.
KZfSS : *Kölner Zeitschrift für Soziologie und Sozialpsychologie.*
Lebensbild : Marianne Weber, *Max Weber. Ein Lebensbild,* Tübingen : J. C. B. Mohr, 1984.

『マックス・ウェーバー伝』――大久保和郎訳『マックス・ウェーバー』みすず書房、一九八七年。

二、ウェーバーの著作、およびその他の引用文献においても、邦訳のあるものについてはできるかぎり邦訳書、およびその該当ページも付すが、とくにことわることなく変更している。また、もともとフランス語や英語で書かれた文献であっても、ドイツ語訳があるものについてはそのドイツ語訳に準拠した。

三、引用文「　」中の〔　〕は野口による補足である。

第I章　序論

マックス・ウェーバーの政治理論はこれまで、ドイツ史の文脈において研究されるか、[1] あるいはモダンないし近代政治との関連において議論されてきた。[2] これに対して本研究は、ウェーバーの政治理論を彼の比較文化社会学を基礎にして再構成しようとするものである。

ウェーバーの文化社会学に注目するのには、ふたつの理由がある。ひとつは作品史的な理由であり、いまひとつは現存社会主義体制崩壊以後の今日の状況と関係する。

(i)　マックス・ウェーバーの作品史について

ウェーバーの社会科学的な著作を理論的に究明しようとする者は、これまで通常、彼の方法論的著作に注目してきた。[3] ウェーバーの『科学論 (Wissenschaftslehre)』はたんなる社会科学方法論ではなく、「哲学的」な著作として理解されてきたのである。[4] このことは、ウェーバーの政治理論解釈にも当てはまる。[5] おもに時事的問題への発言集である『政治論集』を体系的に解釈するために、しばしばウェーバーの方法論的な議論が参照されてきたのである。しかし注意しなければならないのは、ウェーバーが方法論に取り組んだのは、彼の作品史においてはいわゆる「第二期」だけであるということである。[6] 「新たな生産的な局面」である

「第二期」は精神的な病気のあと、『ロッシャーとクニース』（一九〇三―一九〇六年）とともに始まった(7)。しかし彼の方法論の議論は「第二期」にかぎられている。「世界宗教の経済倫理」の「序論」や「中間考察」を含む「第三期」は、もちろん方法論的な議論と無関係ではないが、これとは独立している(8)。実際ウェーバーは『価値自由』論文において、「方法論はただ以下のことを確認する権利をもつだけである。すなわち、ある特定の問題が相互に異質な意味をもつこと、これらを相互に取り違えることは、議論の行き違いを招くということ、そして一方においてはこうした手段による議論は――経験科学の手段であれ、論理学の手段であれ――意味のあることであるが、他方においては不可能であるということである」と述べている(9)。このような方法論に距離をとった記述は、方法論を越えた地平を予期させる。なぜならある認識の相対化は、その認識を越えた地平の獲得によってのみはじめて可能だからである。ウェーバーは「第三期」においては、方法論という手段ではたどり着けないものに取り組んでいたと考えられるのである。（ウェーバーにおける科学論の限界と文化社会学の課題については、本研究の第Ⅱ章で論じる。）

こうした作品史的な観点を考慮に入れるならば、ウェーバーの政治理論も、とりわけ「第三期」の成果、つまり比較宗教・文化社会学を基礎にして解釈されるべきであると言うことができる。本研究はこうした前提から出発する。従来は、ウェーバーの政治理論を方法論との関連で理解しようとすることで、その個人主義的な側面が強調されてきた。しかし秩序や文化の位相に注目する「第三期」の成果を基礎にして、彼の政治理論を再構成するならば、それはまったく別様に解釈できるはずである(10)。

（ii）　現代の状況との関連

冷戦の終焉以降、文化的な位相が前景に出てきている。社会主義か、資本主義かという対抗関係においては、文化的な問題は二次的な意味しかもたなかった。しかし状況は大きく変化した。たとえばサミュエル・P・ハンチントンは、以下のように述べている。「八〇年代の終わりに共産主義世界が崩壊し、冷戦という国際システムは過去のものになった。冷戦後の世界では、さまざまな民族の間のもっとも重要な違いは、イデオロギーや政治、あるいは経済ではない。文化が違うのである」[11]。これに対応して、多くの社会科学者が文化的な位相に目を向けるようになった[12]。このことは近年のウェーバー研究にも妥当する。ここでも文化が議論の主要な対象にされつつあるのである[13]。

さらに東西対立の終焉は、「西洋」をめぐる議論をもひき起こした。東西ドイツの統一が「西洋への到達（Ankunft im Westen）」として賛美される一方で[14]、「西洋」概念のイデオロギー的な性格が問題にされている[15]。またイラク戦争を契機として、「ヨーロッパのアイデンティティ」があらためて議論されているが[16]、西洋の固有性を問うウェーバーの文化社会学は、こうした文脈においても、アクチュアルになってきているのである。本研究が、ウェーバーの政治理論の読解のために、彼の文化社会学に焦点を当てるのは以上のような理由からである。

ウェーバーの文化社会学とは何か。これは難しい問題である。なぜならウェーバーが史的唯物論に対して文化のもつ相対的自律性を強調したのはたしかではあるが[17]、彼は文化という言葉をとても多義的に用いているからである。したがってウェーバーの文化概念をいかに理解するかは、解釈者のパースペクティブに決定的に規定されざるをえない。本研究は、ウェーバーの比較宗教社会学を世界宗教を中心にした文化の類型論であると理解し、ウェーバーの（ナショナリスティックな）政治理論と彼のドイツ文化の理解の関連ではなく[18]、西洋文化に注目する。これは本研究が、冷戦の終焉以降の状況を強く意識していることと関係している。（ウェーバーの文化社会学については第Ⅱ章、彼の西洋文化の理解については第Ⅲ章、第Ⅳ章で議論する。）

ウェーバーの政治理論とは何か。これも論争的な問いである。本研究は、ウェーバーが極端なまでに闘争にこだわっている点に注目する。ウェーバーは、よく知られているように、「政治とはその本質において闘争である」とくりかえし主張した。[19] 教授就任演説においてウェーバーは、「わたしたちの子孫に送る餞別は平和と幸福ではない。むしろわたしたちの国民の流儀を維持し、育成するための永遠の闘争(ewiger Kampf)こそ彼らに残すべきものなのである」と述べている。[20] また「国家間であれ、ひとつの国家内においてそれが内包する人間集団相互の間であれ、権力の分け前にあずかり、権力の配分に影響を及ぼそうとする努力である」という『職業としての政治』における有名な政治の定義も、こうした関連において理解されるべきであろう。[21]

このような政治理解は、ウェーバー批判の焦点であった。核戦争の危機を内包する冷戦という背景を考えるならば、こうした闘争の肯定が嫌悪されても無理はないであろう。紛争を回避するために必死の努力がなされていた時代にあって、闘争は不可避であり、本質的であるというウェーバーの見解はたしかに反時代的であった。しかしこうした批判は、冷戦、さらには二〇世紀のパラダイムによってあまりに強く規定されてはいないだろうか。核兵器による殲滅戦争はもちろん絶対に回避されなければならない。しかし同時に、こうしたウェーバー批判は、彼が擁護したのはいかなる闘争か(第V章参照)、なにゆえ彼は闘争の契機にここまでこだわったのか(第VI章)、そして彼の闘争へのパースペクティヴは政治理論としていかなる意味をもつのか(第VII章)という問いを、ウェーバーの著作に即して検討することを妨げてきたというのも事実であろう。こうした封印されてきた問いは、今日ますます重要になってきている。冷戦の終焉以後、わたしたちはさまざまな対立、闘争に直面しているが、これらは必ずしも冷戦的な二項対立的戦争と同じではないのである。

かくして本研究は、マックス・ウェーバーの比較文化社会学における西洋理解と闘争中心的な政治理論、つまり「闘争と文化（Kampf und Kultur）」をテーマとする。

こうしたテーマ設定は、サミュエル・ハンチントンの「文明の衝突（Kampf der Kulturen）」テーゼを想起させるかもしれない。ハンチントンは八つの文明を論じる。中華文明、日本文明、ヒンドゥー文明、イスラム文明、西欧文明、ロシア正教会文明、ラテンアメリカ文明、そしてアフリカ文明がそれである。[22] これに対してウェーバーは、彼の比較文化社会学において、プロテスタンティズム、儒教、道教、ヒンドゥー教、仏教、および古代ユダヤ教を取り上げている。[23] そしていっそう重要なことに、ウェーバーもハンチントンもともに闘争を強調する。彼らの理論は、文化理論と闘争理論の結合によって特徴づけることができるのである。

しかしながら本研究は、ウェーバーの理論をハンチントンのテーゼの先駆として解釈しようとするものではない。ウェーバーとハンチントンは、以下で詳述するように、西洋理解においても、闘争理解においてもまったく異なる。こうした差異に注意しながら、マックス・ウェーバーにおける抗争的政治理論と西洋理解の意義とアクチュアリティを浮き彫りにすること、これが本研究の目的である。

第Ⅱ章　方法論から文化社会学へ
——マックス・ウェーバーの政治理論の基礎

「真理」、これはわたしの思考様式においては必ずしも誤謬の反対を示すものではなく、もっとも原則的な場合には誤謬相互の位置を示すものである。（フリードリヒ・ニーチェ）[1]

たとえばウェーバーの宗教社会学の三巻は、人間および社会の秩序に関する、ある程度整序された諸真理の膨大な塊を、リアリティの構造に関する議論へと投げ込むものであった。

（エリック・フェーゲリン）[2]

マックス・ウェーバーは権力政治の理論家として知られている。彼の政治理論を解釈する者たちはしばしば、ウェーバーの権力政治的なスタンスがあまりに極端であるとの印象をもってきたが、これには十分な理由がある。すでに一八九五年のフライブルク大学教授就任演説においてウェーバーは、尋常でなく戦闘的なトーンで講演を行ない、最終的な判断基準は「国家理性」であると断言している。一節を引用しておこう。

わたしたちの子孫がわたしたちに歴史への責任を求めるとすれば、それは第一義的には経済的組織のあり様に対してではなく、むしろわたしたちが獲得し、彼らに遺す勢力圏（Ellenbogenraum）の広さに対してである。経済的な発展過程も結局のところ権力闘争である。経済的な発展過程が問われるところでは、ネイションの権力利害が最終的かつ決定的な利害であり、経済政策はそれに仕えなければならないのである。民族の経済政策の科学はひとつの政治的な科学である。それは政治の侍女である。そのときそのときに支配している権力者や権力階級の日々の政治の侍女ではなく、ネイションの長期的な権力政治的な利害の侍女なのである。(3)

ここにウェーバーの若さゆえの血気（jugendliches Ungestüm）を見出すことは間違いではない。ウェーバー自身ものちにこの教授就任演説は「未熟」であったと言っており、(4) したがって彼の初期の著作の読解には十分な注意が必要である。しかしそれにもかかわらず、ウェーバーは、ジャーナリスティックな仕事においても、理論的な仕事においても、こうした徹底した権力政治的なパースペクティブを終生もちつづけた。このことは、本研究の出発点として確認しておくべきであろう。ウェーバーが政治を語るとき、彼はつねに「国家理性のザッハリッヒ（即事象的）な実践原理」、つまり「対内的・対外的な権力配分の維持（あるいは変更）という自己目的」を強調する。(5) ウェーバーは、「強制手段として赤裸々な暴力行使に訴えることは、対内的にも、対外的にも、およそ政治的な団体にとって本質的なことである。いやむしろ、これこそが、わたしたちの用語法によれば、政治団体を政治団体たらしめるものである。つまり「国家」とは正統的な暴力行使の独占を要求するような団体なのである」と述べているが、このように政治を規定する点において、彼はつねに一貫しているのである。(6)

それでは、いかなる理論的な背景において、ウェーバーの権力政治的な契機は理解されるべきであろうか。

これが本章の問いである。

第一節　マックス・ウェーバーの方法論の遠近法主義的な性格

1　現実科学、冷静さ、そして「知的誠実」はウェーバーの権力政治の基礎なのか?

ウェーバーの権力政治の理論的背景を問うという問題設定は、これまでほとんどなされてこなかった。これは、本研究が「リアリズム的」な解釈と呼ぶ解釈枠組みが自明の前提とされてきたためである。この解釈枠組みは、マキアヴェリの『君主論』において、もっとも純粋な形で示されている。「わたしのねらいは、読む人が役に立つものを書くことであって、物事について想像の世界のことより、生々しい真実を追うほうがふさわしいと、わたしは思う。これまで多くの人は、現実のさまを見もせず、知りもせずに、共和国や君主国のことを想像で論じてきた。しかし、人が現実に生きているのと、人間いかに生きるべきかというのとは、はなはだかけ離れている。だから、人間いかに生きるべきかを見て、現に人が生きている現実の姿を見逃す人間は、自立するどころか、破滅を思い知らされるのが落ちである」(7)。このように述べたうえでマキアヴェリは、政治的暴力行使を正当化していくのである。

ウェーバーにおいても「経験科学」(8)、ないし「現実科学」(9)が、「もったいぶった、感情的な政治から完全に自由な、冷静な計算」の政治と結びついていると見ることには、十分な理由がある。(10)「幻想をもたず」「冷静に」、あるいは「ザッハリッヒに」経験的現実を考察するならば、「リアリズム」は政治における権力ないし暴力を直視せざるをえないと解釈するのである。(11)

こうした「リアリズム的な」解釈枠組みにおいて、カール・ヤスパースはマックス・ウェーバーの政治思想における権力政治的な要素を彼の有名な「価値自由」と結びつけ、「権力のプラグーマへの注目、責任を担う信念、誠実さ、これらは［ウェーバーの］政治思想の条件なのである」と論じる。[12] またヴォルフガング・モムゼンはウェーバーの権力政治をニーチェの「知的誠実（intellektuelle Aufrichtigkeit）」概念との関連で解釈する。彼はウェーバーの政治思想の基礎を、「合理的な行動、世俗内禁欲を放棄してさえも守られるべき、生の瞬間瞬間の知的誠実」に見出し、「ここにおいてピューリタニズムの原則と、知的に自己を抑制し、自己自身に対して頑なに厳格たれというニーチェの要求とが、独特の仕方で合流するのである」と論じるのである。[13]

「冷静さ」[14]「ザッハリッヒ」および「（知的）誠実」[15]といった一筋縄ではいかない概念については、本研究ではこれ以上、問わないことにする。ここでは、従来のウェーバーの政治理論解釈が「リアリズム」的な解釈枠組みを前提にしてきたということ、そして経験科学という意味で理解された「価値自由」が権力政治という意味で理解された「責任倫理」的な政治理解と結びつけられてきたということだけを確認しておきたい。

2　リアリズムではなく遠近法主義

科学的なリアリズムが権力政治的なリアリズムに至るというのは、わかりやすい論理展開である。しかしながらこう言い切ってしまうのは、短絡的である。たしかに社会学の創始者たちは事実を考察の対象にした。しかしその際、そもそも事実とは何かということが問題にされたのである。[16] こうした問題は、ウェーバーの方法論的な議論においても取り上げられている。

『職業としての学問』においてウェーバーは、「事実をして語らしめる（die Tatsachen sprechen zu lassen）」

という実証主義的な立場を批判して、以下のように述べている。

真の教師は、教壇の上から下に向かってなんらかの立場を――あからさまであれ、暗にであれ――押しつけることがないように注意するであろう。「事実をして語らしめる」とすれば、それはもっとも不誠実なやり方である。[17]

「事実をして語らしめる」という表現は、『価値自由』論文においても用いられている。ウェーバーは、「すべての実践的判断を除去するという見せかけのもとでこそ、「事実をして語らしめる」という周知のやり方によってとくに強力に、暗に実践的判断を呼び寄せることができるのである」と述べ、「これは教壇上においては、まさにあの〔事実と価値の〕区別の要求という理由から、言語道断な濫用であろう」と批判するのである。[18]

ウェーバーによれば、事実それ自体があるわけではない。彼は、「いわゆる経験的な〔…〕考察というのは、評価の不在という意味における「無前提的」な経験的分析ということではなく、あらかじめ妥当するものとして前提された「価値」、すなわち「正しい」認識の価値という観点のもとでの「文化発展」の評価のことである」と述べる。[19]つまり、認識の「価値関係性（Wertbezogenheit）」を強調するのである。なんらかの立脚点ないし観点なくしては、いかなる「経験的」事実も確定されえない。価値は経験に先行するのである。

遠近法主義という概念を、「わたしたちの世界についての真理は、わたしたちが意味に対して取る態度に依拠しており、わたしたちが世界を解釈し、世界を「見る」――上記の態度に対応する――仕方に依拠しており、そしていかなる観点のもとでわたしたちが世界において行為するかに依拠している」という立場と理解するならば、[20]ウェーバーの科学論はこの概念によって特徴づけることができる。この概念はもちろん、フリードリヒ・ニーチェのものである。ニーチェは「遠近法的なもの」を「あらゆる生の根本条件」と呼ぶ。[21] そして彼も、ウェーバーと同じく、実証主義に批判的であるが、ここには遠近法主義的認識論が前提にされているのである。

　現象に立ち止まり、「あるのはただ事実のみ」と主張する実証主義に対して、わたしは言うであろう。否、まさに事実があるのではなく、あるのはただ解釈であると。わたしたちはいかなる事実「それ自体」をも確定できない。おそらくそれを欲するのは、無意味であろう。〔…〕そもそも「認識」という言葉が意味をもつかぎりにおいて、世界は認識可能である。しかし世界は別様にも解釈可能であり、その背後に意味をもつものではなく、むしろ無数の意味をもつ。――「遠近法主義」である。[22]

　マックス・ウェーバーの科学論はこれまでしばしば、新カント派の文脈において解釈されてきた。なかでもリッケルトとウェーバーの関係は、ウェーバー研究のひとつの重心をなしてきた。[23] 実際、「経験的研究の対象の選別と形成を支配する」「科学に特有な「関心」の哲学的解釈」のことである「価値関係」という概念は、リッケルトに由来している。[24] しかしながら、ウェーバーの方法論はニーチェの遠近法主義を用いたほうがよりよく理解できる。[25] リッケルトの哲学は、価値関係という概念を用いる点において、たしかに遠近法主義的であると言える。[26] しかしリッケルトが、「現実がなんらかの意味で最終的構成にまとめられ、そのうえでそこから現実を再び演繹できるような、ひとつの完結した概念体系を構築」しようとするとき、彼の遠近法主義はその限界に達する。[27] ウェーバーの立場はこうした「完結した体系」の対極にある。カール・ヤスパースはこの関連において、以下のようなエピソードを紹介している。リッケルトがエロスをもひとつの領域とする彼の「価値体系」について話したとき、ウェーバーは、「もうそんなおママゴト（Gartenlaubenstil）

——感傷的な小市民的雑誌にならって、当時、甘ったるいもったいぶった口調をこのように呼んでいた——はやめて下さい。そんなものはすべて無意味です」と言ったというのである。[28] 価値の完結した体系は、遠近法主義を基礎にしては決して導出できない。ウェーバーは、「相互に異質で一致しない、複数の特殊な諸観点」から出発する点において、[29] リッケルトよりも遠近法主義的にラディカルである。したがってウェーバーの理論はリッケルトではなく、むしろニーチェの地点から探究されるべきなのである。

ニーチェとウェーバーの関係はとても魅力的なテーマであり、実際ドイツだけでなく、アメリカにおいても、日本においても多くのウェーバー研究者が取り組んでいるが、ここではこれ以上探究しない。[30] 確認しておくべきなのは、マックス・ウェーバーの著作における極端な権力政治の要素は、ダイレクトに彼の「経験的」で「冷静」な現実認識に基づかせることはできないということである。したがってウェーバーの政治理論の「リアリスティック」な解釈は撤回されなければならず、ウェーバーが権力を論じる理論的な基礎は別のところに求められなければならない。

第二節　ウェーバー批判の焦点としての遠近法的非合理性

ウェーバーの政治理論の理論的基礎は、いわゆるリアリズムが克服されることではじめて探究可能になる。態度表明（Stellungnahme）、価値、「客観性」、そして理念型など、ウェーバーの方法論の基本概念は、遠近法主義との関連で理解されなければならず、彼の権力志向的な政治理論も、この関連において再構成されなければならない。

こうした問題設定は一見、目新しく見えるかもしれない。しかし実際には、決して新しいものではない。

いろいろな差異はあるものの、ウェーバーの批判者たちは、認識の遠近法性に由来する非合理的な要素に目を向けてきた。[31] ただ、こうした批判は遠近法主義との関連ではなく、非合理性、相対主義、決断主義といった別の概念によってなされてきたのである。

エリック・フェーゲリンは、マックス・ウェーバーの政治理論における遠近法的非合理性の問題を指摘した、ウェーバー批判者のひとりである。彼は、ウェーバーの科学論の基礎概念であり、遠近法主義と密接に関係する価値概念（Wertbegriff）に注目する。ウェーバーの価値概念に関してフェーゲリンは、「研究対象の選択における前提および責任政治的立場の前提は、暗闇に包まれたままである」と指摘する。[32] そしてさらに続けて、「こうした問題領域をマックス・ウェーバーは、これ以上分析することはできなかった」と述べる。[33] つまり、ウェーバーは価値概念を「合理的」ないし学問的な領域の外に置き、そうであるから彼の価値概念は非合理性の萌芽を内包している点を問題にするのである。

フェーゲリンは、価値概念の非合理的性格を強調するために、「デモニー」という概念を使う。[34] 彼は、「ウェーバーは価値に合理的な論証の彼岸にある「デモーニッシュな」決断という位置を与えた」と言う。[35]「デモーニッシュ［につなぎ止められている］」ということが、[36] フェーゲリンにとって疑わしいのは、彼がそこにイデオロギーとのつながりを見出すからである。オーストリアの作家ハイミト・フォン・ドーデラーは、小説『デーモン』において、「統覚拒否（Apperzeptionsverweigerung）」を問題にしたが、[37] フェーゲリンはこれを「イデオロギー的な錯誤とデフォルメの理解における中心的な概念」と呼ぶ。[38] そして、こうしたウェーバーの価値概念の非合理的性格に由来する問題について、フェーゲリンは以下のように述べている。

> 正当化する価値の選択が研究者の裁量にまかされるならば、こうした原則が疑わしい帰結に至らざるをえな

いというのは、当然のことである。もし科学が事実をある価値との関係において探究するものであるとしたならば、何が価値かについて異なった観念をもつ学者の数だけ、政治史や政治学があることになるであろう。進歩主義者の価値に関係づけられるがゆえにレリヴァントなものとして妥当する事実は、保守主義者がレリヴァントとみなす事実とは同じ事実ではない。〔…〕具体的研究を「価値自由的」に行なおうとする細心の注意深さも、事実と因果関係の確定に際して批判的な方法をとるという良心的な考察も、歴史的・政治的諸科学が相対主義の泥沼に沈み込んでいくのを防ぐことはできなかったのである。(39)

ウェーバーの価値概念は基礎づけ不可能であり、そうであるから非合理的で、相対的である。こうした特徴は、すでに述べたように、遠近法主義的な哲学と緊密に結びついている。フリードリヒ・ニーチェは、「多種多様な眼がある。スフィンクスもまた眼をもっている、したがって多種多様の「真理」があり、したがっていかなる真理もない」と書いているが、このとき彼はこのことをよく認識していた。(40) ウェーバーも彼の方法論的な議論のこうした性格をよくわかっていた。科学の価値に関して彼は、価値は「科学そのものからはまったく基礎づけできない」と述べている。(41) そして以下のように続ける。

科学の営みは臨床的、技術的、経済的、政治的、あるいはその他の「実践的」関心に奉仕するものでありうる。その際、価値判断については、科学の価値は科学が奉仕する関心の価値を前提にしているが、この価値は「ア・プリオリ」なのである。しかし純粋に経験的に考察するならば、「純粋科学」の「価値」はきわめて問題的である。なぜなら経験心理学的に考察するならば、「それ自身のために営まれる」科学の価値は実際にある宗教的な立場や「国家理性」などの立場からだけではなく、原理的には純粋な「生命的（vitalistisch）」価値のラディカルな肯定、あるいは逆に生のラディカルな否定を基礎にしても事実として争われてきたものである。[42]

ウェーバーの著作の基礎にあるこうした非合理的、相対主義的な性格は、さまざまな理論家によって批判されてきた。ゲオルク・ルカーチは、ウェーバーの非合理主義批判に潜む非合理性を問題にし、「当時支配的であった野卑な非合理主義を批判した点で、マックス・ウェーバーは才気に富み、正しかったが、このことは、彼の方法論と世界観の非合理的なコアを取り去るものではなかった。ウェーバーは社会学の科学性を「価値自由」によって救おうとしたが、このことによってあらゆる非合理性が価値判断、態度表明へと移されただけであった」と指摘している。[43] レオ・シュトラウスは、上記の『ロッシャーとクニース』からの引用箇所を意識しながら、「かくしてウェーバーの倫理的原理の最終的定式は、「汝の好むところを選ぶべし」ということになるであろう。これは、その充足が存在（Sein）によって完全に保証されている当為（Sollen）なのである」と述べ、[44] ウェーバーをニヒリズムの深淵の縁まで追い込んでいく。またコミュニタリアニズムのウェーバー、そして近代への批判もこうした文脈において理解することができる。アラスデア・マッキンタイアは、「あらゆる価値判断、より正確にはあらゆる道徳的判断はたんに好み、立場あるいは感情の表現にすぎない」という「情緒主義（emotivism）」を問題にするが、[45] これはまさに遠近法的非合理性の問題である。

いわゆる「決断主義（Dezisionismus）」もこうした遠近法的な非合理性と対応している。カール・シュミットが「ウェーバーの正統な弟子」であるかどうかはともかくとして、[46]（極端に）相対主義的・多元主義的な状況が権威主義的・権力政治的な契機と相関するということは明らかであろう。遠近法主義的な立場から帰結する「「評価する」立場の無限の多様性」は、[47] 秩序の危機を引き起こす。立場が多元化すれば、ある特定の価値に依拠する形での秩序形成は困難になる。ここからホッブズは、「真理ではなく、権威が法を作る」

（『リヴァイアサン』第二六章）と結論づけるのである。[48]「決断主義」が成立するのはまさにこうした文脈においてである。シュミットは、以下のように述べる。「決断はそれ自身が言明の意味であり、目的である。決断の価値は圧倒的な論証にあるのではなく、むしろまさに相互に矛盾する多様なありうる論証から生じる疑いを、権威的に排除する点にある」[49]。こうしてカール・レーヴィットが主張するように、「ウェーバーの歴史的「相対主義」は「シュミットの独裁的決断主義」と切り結ぶことになる。[50]

第三節　文化社会学へ

1　「決断主義」的解釈枠組みの疑わしい前提

主観的決断の契機と権力政治的傾向が結びつくという「決断主義的」解釈枠組みは、たしかに説得力がある。遠近法主義的な科学論の非合理性の問題を考えるならば、当然、「それぞれが任意の主観的確信から出発するならば、一体いかにして秩序は可能なのか」という問いに直面せざるをえない。権力政治的な思想はこうした文脈において前景に出てくる。このことは、マキアヴェリないしホッブズからはじまる近代政治理論の全体に当てはまると言えるかもしれない。しかしここでは、ウェーバーの政治理論に対する「決断主義的」解釈枠組みが自明視している前提を問題にしたい。その前提とは、ウェーバーの著作に依拠して思考するかぎり、秩序全体の合理性については語りえないというものである。

多くのウェーバー批判者たちは、実際、ウェーバーが『科学論』において理論的に先鋭化した遠近法的非合理性からの脱出口を、そしてウェーバーの理論の範囲内では探究不可能な秩序の合理性を探してきた。エリック・フェーゲリンはウェーバーを「終わりと新しい始まりの間の思想家」と呼ぶが[51]、このことはこうした探究において象徴的な意味をもつ。フェーゲリンは彼の『新しい政治学』を、ウェーバーの理論の限界を確定することから始めるのである[52]。

しかしながらウェーバーの真理探究は、プラグマティックな行為の地平を越えていくことはなかった。というのも、方法論的な論争の雰囲気においては、「価値」は問題ないものとして受け取られざるをえず、探究は秩序の考察へと進みでることはできなかったからである。科学の理性（ratio）は、ウェーバーにおいては、原理にではなく、ただ行為の因果連関にまでしか伸びていかなかったのである[53]。

ウェーバーの限界を越えていこうとするさまざまなアプローチについては、これ以上論じない。ここではむしろ「決断主義的」解釈枠組みの前提と批判的に対決し、こうした枠組みにおけるウェーバー批判において看過されてきた、秩序の学としてのウェーバーの理論の可能性を考えてみたい。

2　遠近法主義の両面――価値の主観主義的非合理性と客観性の契機

ウェーバー批判の焦点は遠近法主義の問題であった。しかしパースペクティブの主観性と恣意性は、なにもマックス・ウェーバーの理論だけの問題ではない。これは歴史上くりかえし批判的に問われてきた。たとえばパノフスキーは、以下のように述べている。「プラトンは、遠近法が遠慮がちに出発した時点ですでに、遠近法に有罪判決を下している。なぜなら遠近法は事物の「真の大きさ」を歪め、現実やノモスのかわりに主観的仮象や恣意を据えるがゆえである[54]」。

しかしここにおいて看過されてはならないのは、遠近法はこうした主観的な特徴をもつとともに、「客観的な」契機も含んでいる点である。本研究はこの点を意識しつつ、マックス・ウェーバーの理論の主観主義的解釈をとらず、遠近法という概念を用いる。遠近法は一〇〇パーセント主観的でもなければ、一〇〇パーセント客観的でもない。遠近法は客観主義の立場のみならず、主観主義の立場からも批判されてきたのである。パノフスキーは続けて以下のように指摘する。

古代オリエント、古典古代、中世、およびボッティチェリの芸術のようになんらかの点でアルカイックな芸術はすべて、遠近法を――その完全性には相違はあるものの――拒絶してきた。なぜなら遠近法は主観の外に、あるいは主観を超えてある世界に個人的で、偶然の契機をもち込むもののように思われたのである。表現主義は(というのも、またもや再度の転回が行なわれたからなのだが)、まったく逆の理由で、遠近法を回避した。その理由は、遠近法が、印象主義ですら個人の造形意志から取り去ったはずの客観性の残滓を、つまり三次元の現実空間それ自体を、肯定し確定したからというのである。(55)

遠近法はそのアンビバレントな性格のゆえに両方の極から拒否されてきたのであるが、このことはマックス・ウェーバーの理論にも当てはまる。たしかに彼は、「わたしたちの意味での文化科学的認識は「主観的な」前提につなぎ止められている」というところから出発する。(56) しかしウェーバーは主観的という言葉に括弧をつけることで、このアンビバレントな性格に注意を払っている。実際ウェーバーは『客観性』論文において、「そうであるからと言って、文化科学的な研究はある人には妥当するが、ある人には妥当しないという意味で「主観的」であるような結果しかもちえないというわけではない」と強調している。(57) このことに対応する形で、ウェーバーは当時の若い世代からは「客観性」の過剰を咎められていた。マリアンネ・ウェーバーは当時のネオ・ロマン主義的な潮流について、以下のように述べている。「新しいタイプの人々は［…］

個人の自由の名のもとに生活形式の新旧の理念をめぐって闘った。行為に関する普遍妥当的な規範の妥当性は疑問視され、人々は、絶えず変化する生の流れをもっぱら感情に支配させるために、「個人的律法」を求めるか、一切の「律法」を否定した。伝統的な価値図式に対するこうした攻撃は、とりわけ生を高揚させるエロスを解放しようとした。なぜなら「律法」や「義務」がもっともわかりやすい形で犠牲を要求したのが、このエロスだからであった」[58]。マックス・ウェーバーはこうした傾向から距離をとろうとした。彼はたしかに社会科学的認識の主観的前提を強調した。しかし認識の基礎としての価値概念は決して純粋な主観性には還元されえないとする。ウェーバーにおいて、価値はあくまで「超経験的妥当性」をもつのである[59]。

人はたしかに決断によって任意の価値を選ぶことができる。しかし同時に、選んだ価値の性格によって規定されもする。ウェーバーにおける価値はこうした意味において「客観的」（括弧付き！）である。ウェーバーは「「人格」の内奥の要素、つまり最高でかつ最終的な価値判断がわたしたちの行為を規定し、わたしたちの生に意味と意義を与えるが、これはわたしたちにとっては「客観的に」価値あるものと感じられるのである」と述べているが[60]、こうした一節は、「主観主義的」、ないし「決断主義的」解釈ではうまく説明できないであろう。

3　合理性の固有法則性

ウェーバーは、比較宗教・文化社会学において合理性概念を用いる。合理性概念は、方法論の議論における価値概念に対応して、遠近法的な性格をもち、したがって主観的でもあり客観的でもある。合理性の「客観性」ないし拘束性に関して、ウェーバーは、「知的・理論的であれ、実践的・倫理的であれ、ある立場を取る際の論理的あるいは目的論的な「首尾一貫性（Konsequenz）」という意味での合理的なものは、歴史的生の他の諸力に対して限定的であり、不安定であるとしても、人間を支配する力をもっているし、もってきたのである」と述べている。[61] 合理性は主観的な決断に依拠するものの、恣意的な主観性とは独立した力をもつのである。

ウェーバーの合理性概念は啓蒙主義的な前提を取り除かれている。「合理的」であるということは、「筋が通っている（konsequent）」と同義である。そうであるから「倫理的、政治的、功利主義的、快楽主義的、身分的、平等主義的、あるいはまた他のなんらかの要求」もすべて、「合理的」でありうるということになる。[62] 科学的な観点から見て非合理であっても、宗教的観点からすれば合理的ということがおこりうる。ウェーバーにおいて合理性概念は完全に形式化され、相対化されている。つまり遠近法主義化されて用いられているのである。ブレンターノの批判に答える形で述べられた以下の一節は、ウェーバーが合理性概念を遠近法主義的に用いていることをよく表している。

「非合理的」というのは、そのもの自体として言われているのではない。むしろつねに特定の「合理的」な諸観点からして、言われているのである。無信仰者からすれば、一切の宗教的生活態度は「非合理的」であり、快楽主義者からすれば、一切の禁欲的生活態度は「非合理的」であるが、それらもそれ自身の究極の価値からすれば、ひとつの「合理化」でありうる。この論文が何か寄与するところがあるとすれば、この一見一義的に（eindeutig）見える「合理的」という概念が、実は多種多様な意義（Vielseitigkeit）をもつということを明らかにすることであろう。[63]

ウェーバーの合理性概念を遠近法主義的に解釈しようとするときに問題になるのは、「その本質からして非合理的であり、反合理的である」とされる美的およびエロス的領域の扱いである。[64] ウェーバーは「合理主義」との対抗関係において芸術を規定し、「芸術は——それがいかに解されるかにかかわらず——現世内における救いの機能を受けもつようになる。それは日常からの、そしてとりわけ理論的・実践的な合理主義の増大する圧力からの救いの機能を引き受けるのである」と述べている。[65] しかしここで注意が必要なのは、美的領域はそれ自身において非合理的なわけではないということである。芸術が非合理的なものとして現れるのは、それが主知主義という観点から考察されるかぎりにおいてである。ウェーバーは、「芸術はしだいに意識的に把握された固有価値のコスモスとして構成される」と指摘するが、[66] 美的領域もこうした「一貫性」をもつがゆえに合理的と呼ぶことができる。同様のことは、「生の最大の非合理的な力」に属するエロス的領域にも言える。[67] エロス的領域は市民社会的な視角からすれば非合理ではあるが、しかし「セックスの領域が体系的に整備され、［人間］関係のあらゆる純粋に動物的なものを賛美しつつ解釈替えし、価値の高いエロス的情感へと高める」という意味においては合理的たりうる。[68] いずれにしてもウェーバーにおける合理性概念は、客観的・一義的なものではなく、パースペクティブに依存しているのである。

しかしウェーバー批判との関連においていっそう重要なのは、こうした意味での合理性は「人間を支配する力をもつ」という点である。ウェーバーはこうした「力」を説明するために、固有法則性（Eigengesetzlichkeit）という概念を導入する。[69] 価値の「客観性」はこれによって社会学的に転換される。近代の資本主義経済に関してウェーバーは以下のように述べ、固有法則性の拘束性を確認する。

近代の合理的資本主義経済のコスモスは、それに内在する固有法則性に従えば従うほど、およそ宗教的な同胞倫理とはいかなる関係ももたなくなった。資本主義経済が合理化され、非人格化されればされるほど、そうなのである。なぜなら、主人と奴隷の人間的な関係は、それが人間的であるからこそ、余すところなく倫理的

に規制できたのである。(70)

人間的な関係は、主観的な決断によって変えることができる。しかし経済がその固有法則性にしたがって、相対的に完結したシステムである「コスモス」として自律化する場合、個々人は、好むと好まざるとにかかわらず、こうした固有法則性に巻き込まれていく。(71) これは経済だけの問題ではなく、その他の領域でも同じである。そうであるからウェーバーは人格に関して、「いかなる職業上の任務に際しても、事柄それ自身がその権利を要求し、その固有の法則にしたがって処理されることを望むのである。いかなる職業上の任務に際しても、任務を与えられている者は、自らを限定し、厳密に言って事柄に属さないものを排除しなければならない。そのなかでも自らの愛憎をこそ排除しなければならない」と述べるのである。(72)

価値および合理性概念の「客観的」、ないし拘束的な契機を考慮に入れるならば、従来のウェーバー批判は必ずしも正しくないということがわかる。彼の行為主体は、社会性をもたず、共通の倫理の拘束を受けない「自律した主体」などではない。(73) ウェーバーが想定する「人格」は、「その「本質」を特定の究極的な「価値」および生の「意義」への内的関係の恒常性」に見出すような人格であり、こうした人格はこの価値や意義を「その振舞いにおいて目的とし、こうして目的論的・合理的な行為へと転換する」。(74) ウェーバーの人格は、「客観的」な価値に拘束されないことを本質とするような人格とは正反対なのである。(75) したがってウェーバーの立場は決して主観主義的なアナーキズムと同じものではなく、「決断主義」的な解釈は修正されなければならない。主観的な決断の強調は権力政治的な立場に直結するわけではなく、むしろ権力のプラグマティズムは、以下に引用する箇所に示されているように、それ固有の法則性を備えた「ひとつの」合理性として理解されるべきである。

司法と行政という形での国家機関の内政的機能の全過程は、いかなる「社会政策」をとろうとも、結局のところ不可避的に、対内的・対外的な権力配分の維持（あるいは変革）という絶対的な自己目的によって規制されざるをえない。〔…〕暴力とそれによる威嚇は、あらゆる行為の逃れえぬ道理（Pragma）にしたがって、つねに不可避に新たな暴力行使を生み出していく。国家理性は、対内的にも対外的にも、その固有法則性に従うのである。(76)

このような固有法則性が存在しないかのように振舞う人に対して、あるいはこの彼岸に立とうとする人に対して、ウェーバーは「ロマン主義的」とのレッテルを貼る。(77) 彼にとって問題なのは、こうした法則性を受け入れるべきか、それとも拒否すべきかではない。むしろこれを前にしていかに振舞うことができるのか、なのである。

4　秩序の合理性を求めて

価値および合理性概念の「客観的」契機を指摘することで、ウェーバーは主観主義的な理論家でないと言えたとしても、それだけで問題が片付いたわけではない。「価値のアナーキー」という問題が依然として残っている。(78)

近代がサブシステムへの分化によって特徴づけできるとすれば、「価値のアナーキー」という問題はまさにこうした近代とともに出てきた問題であると言える。さまざまな固有法則性が道徳的なコントロールから解放されることは、たしかに技術的な発展を可能にしたが、しかし同時に破滅的な結果をも生み出しているのではないか。あるいはウェーバーの概念を用いて言うならば、ある領域における固有法則性の進展という意味での合理化は全体としての秩序の非合理性につながっているのではないか。ここで問われているのは、秩序全体のレベルにおける合理性なのである。

複数のパースペクティブがあるにもかかわらず、ひとつの秩序が成り立ちうるとすれば、それはいかにしてか。[79] このような問いを立てることによって、ウェーバーの方法論はその限界に達する。[80] ウェーバーは認識の「価値関係性」を確認するのみならず、諸価値はそれぞれ同列であるとし、いかなる特権的な価値も認めなかった。さらに彼は、リッケルトとは異なり、個々の価値が包摂される完結した価値のシステムをも拒否した。[81] こうした遠近法主義的な認識論においては、さまざまな価値からなる秩序の位相は探究されようもないのである。こうしてウェーバーの政治理論を、その科学論を基礎にして解釈しようとする者は、不可避的にそれを相対主義とみなし、「価値のアナーキー」に対して無力であり、極端な権力政治に対して歯止めがきかないと結論を下してきた。

しかし、マックス・ウェーバーは、さまざまな価値ないし合理性からなる全体としての秩序の位相に関心をもっていなかったのだろうか。ウェーバーの政治理論の「決断主義」的な解釈は、この問いに「もっていない（nein）」と答える。秩序全体の合理性は問わないし、問えないというのが、この解釈の成立前提なのである。これに対して本研究は、この問いに対して「もっていた（doch）」と答えたい。[82] ウェーバーの理論はたしかにしばしば「方法論的個人主義」と呼ばれる。しかし個人は、それが組み込まれている秩序との関連を欠いては決して理解されえない。ウェーバーが比較文化・宗教社会学において取り組んだのは、まさにこの連関である。彼はこうして方法論の限界を乗り越え、秩序レベルの合理性を探究するのである。

こうしたコンテクストにおいて、「精神（Geist）」概念が注目に値する。この概念は、ウェーバーが批判したヘーゲルや歴史学派を想起させるが、[83] ウェーバーはこれを、周知のように、プロテスタンティズム研究において鍵概念として用いている。[84]「精神」概念はアンビバレントであり、実際しばしば誤解されてきた。しかし、遠近法的な価値ないし合理性の複数性を放棄することなく、秩序レベルの合理性を把握する試みとして理解するならば、この概念の含意が明らかになる。資本主義の精神は、経済の領域のみに関わるものではない。むしろ「ここでわたしがとくに分析した、近代の資本主義的な「精神」の諸要素は、つまりそれと関連するあらゆるものをともなった「職業義務」の思想というのは、経済的なものの領野におさまらず、人間の行為の異質な領域にまで及んでいるのである」。[85]かくしてウェーバーは「「資本主義の精神」の反批判的結語」において以下のように述べる。

「精神」について論じるのは［…］以下の理由からである。わたしたちがそのように呼ぶところの、あれこれの複数の可能的な態度が、かの組織形態に何らかの意味で特別に「適合的（adäquat）」である、つまり内的な理由によってそれらと「選択的に親和的（wahlverwandt）」であると思われるからである。しかしそうであるからと言って、個々の場合、あるいは多くのないし平均的な場合に、必然的に結びつくというわけではないのであるが。[86]

ここで問題にされている「精神」というのは、歴史学派的な意味における統一的な実体としての「（民族）精神」ではない。そうではなくて、相互に関係する諸要素の「適合的」ないし「選択的に親和的」な関係のことなのである。モンテスキューは、「いくつかのものが人間を支配している。風土、宗教、法律、国家の格率、歴史からの範例、習俗、生活様式などである。これらのものすべてから、その帰結として、ひとつの一般精神（Gemeingeist）が立ち現れてくる」と述べているが、[87]このときのモンテスキューの（法の）「精神」の理解は、ウェーバーのそれにきわめて近い。現代の社会学においては、モンテスキューがテーマ化されることはほとんどない。しかしレイモン・アロンが彼の社会学史をモンテスキューから始めたのは、決して見当違いなことではない。アロンは次のように述べている。「モンテスキューの意図は、歴史を理解可能なものにすることである。彼は歴史的所与の事実を理解しようとする。こうした歴史的事実は、習俗、慣習、理念、法則、そして制度からなるほとんど無限の量をもって、モンテスキューに迫ってくることになる。彼の研究の出発点はこうした一見無関連な多様性である。こうした多様性は思惟的秩序によって置き換えられるべきものである。モンテスキューは――マックス・ウェーバーと同様に――一貫性のない事実から出発して理性的な秩序へと進もうとする。こうした手続きは社会学者に典型的なものなのである[88]」。

マックス・ウェーバーが、「精神」という概念をモンテスキューから引き継いだのかどうかについては、不明である[89]。しかしウェーバーが、この概念によってさまざまな要素の連関としての秩序を考えていたことは、明らかである[90]。彼の比較文化社会学が出発するのは、ある文化現象は孤立した実体ではなく、「歴史的現実における諸連関の複合体」であるという前提である[91]。文化とは、「個々の文化表出の実在根拠（Realgrund）」ではなく、むしろ「無数の文化作用の帰結（Resultante）」として、考察されるべきであると言うのである[92]。問題は、特定の要素ではなく、むしろさまざまな要素の連関のあり方である。そうであるから、ウェーバーはある特定のパースペクティブではなく、結合の様式に注意を向けるのである[93]。

ウェーバーの「（西洋）合理主義」は、彼の著作において中心的な位置を占めるものでありながら、その多義性ゆえに多くの対立する解釈を許してきた。しかしこの概念も、上記の「結合の様式」として解釈するならば、一貫して理解することができる。周知のように、ウェーバーは『宗教社会学論集』の「序言（Vorbemerkung）」において、「西洋文化の独特な「合理主義」」を主題化する[94]。彼は、「合理化」概念の多義性を確認したうえで、「諸々の合理化が文化史上において見せる相違を特徴づけるのは、何よりもまず、どの領域でどの方向において合理化されたのか、である」と述べる。[95] ここにおいて問題にされているのは、個々の領域における合理性ないし合理化ではない。ウェーバーによれば合理化というのは、「あらゆる文化圏において、きわめて多様なあり方で、さまざまな生の領域ごとに」ありうるものなのである。[96] それぞれの文化は、したがって、特定の領域における合理化の程度によってではなく、複数の合理化のコンステレーションによって特徴づけられる。ここでは、諸領域相互の関係性のあり方と関係する「社会秩序の特性」こそが問題なのである。[97] マリアンネ・ウェーバーは、ウェーバーの「全西洋文化の特性」ないし西洋合理主義への問いは、（『プロテスタンティズムの倫理と資本主義の精神』における）「宗教と経済の関係への問い」が「拡大」されたものであると言うが、彼女の理解においても「結合の様式」が中心なのである。[98]

こうした観点から、ウェーバーの「世界像（Weltbild）」という概念も理解することができる。有名な一節においてウェーバーは以下のように述べている。「人間の行為を直接に支配するのは、（物質的ならびに観念的な）利害関心であって、決して理念ではない。しかし、「理念」によってつくり出された「世界像」は、きわめてしばしば、転轍手として軌道を規定し、そしてその軌道のうえで、利害のダイナミズムが人間の行為を推し進めてきたのである」。[99] 従来この箇所は史的唯物論への批判として理解されてきたし、それは正当なことである。しかし見逃されてはならないのは、ウェーバーにおいて「利害」とは「物質的（materiell）」であるのみならず、「観念的（ideell）」でもあるということである。彼の理論において、物質と観念は単純に対抗関係にあるわけではない。唯物論も、理念に関係づけられることで構成されたひとつの現実なのであり、「世界像」は「物質的ならびに観念的な」諸連関のコンステレーションを指すのである。

同様のことが、「エートス」および「生活態度」という概念にも妥当する。「エートス」は古代ギリシャの哲学および音楽論に由来し、ピエール・ブルデューの「ハビトゥス」にもつながる概念である。ウェーバーはこれを、「ある宗教の倫理学説ではなく、その救済財のあり方と条件づけによってプレミアを与えられた倫理的な行為のこと」と定義している。[100] 倫理的行為はもちろん倫理学説によって規定されるが、しかしこの規定関係は完全で、自己充足的なものではない。形而上学的な完成度が増せば増すほど、多くの場合、その倫理学説の影響力は低下する。現実的な影響力は、倫理や宗教のみならず、経済、政治およびその他の領域を含んだコンステレーションに依拠するのである。また、ウェーバーが用いる「生活態度（Lebensführung）」という概念、すなわち「宗教的な動機」からなされる「統一的な価値に定位した実践的行動の体系化」も、宗教と密接に関連している。[101] しかしここでも、救済観念によって、すべてが決定されるわけではない。「宗教的動機、とくに救済願望が、生活態度のあり方、とくに経済的なそれに対して、必然的に影響を及ぼすわけではない」のである。[102] いずれの場合においても、経済法則にも、宗教倫理にも還元しえない、さまざまな合理性の結合のあり方に照準が定められている。

このように「結合のあり方」に着目する点において、本研究はリヒャルト・ミュンヒの解釈に同意する。彼は「儒教的、ヒンドゥー教的、そして西洋的な合理主義の世界解釈を分かつものは、シンボル的な分節化の様式（Modi）を分化し、相互に測定する度合いである」と言う。[103] そしてこうした合理主義の解釈は、メルロー＝ポンティが「シンボル的な範型（symbolische Matrize）」と呼んだものに対応する。

歴史の理解可能な核というのは、自然的存在を扱ったり、他者や死に応答する類型的な仕方のことである。こうした類型的な仕方というのは、人間と自然ないし過去の所与との接点において、シンボル的範型として現れる。このシンボル的範型はそれまではどこにも存在していないものであるとともに、一時期なり長期なりにわたって、事柄の経過にその刻印を押しつけ、やがて、直接それを破壊するような何かがあるわけでもないのに、内的解体を起こしたり、あるいはなんらかの二次的な形象が支配的になり、それによって変型させられるなどして、消え去ってしまう。ウェーバーがそれによって資本主義を定義する「合理化」なるものも、西洋の芸術、科学、国家形態、神秘主義、経済に同様に読み取れうる、こうした豊かな構造のひとつなのである。「合理化」は歴史のあちこちに現れてはくるが、こうした与件の出会い（Zusammentreffen）によってしか、つまりこれら与件がひとつのシステムへと組織化され、そこにおいてそれぞれの与件が他を確定するようになる場合にしか、歴史的個別現象のなかで自己を主張することはないのである。(104)

従来さまざまな形で、ウェーバーにおける合理性および合理主義概念を包括的に解釈しようとする試みがなされてきた。しかしいずれの試みにおいても、つねに一定の不明確さが残ってしまっていた。(105) 諸合理性の関係性の様式としての合理主義という本研究のテーゼも、ウェーバーの著作全体にわたって用いられている合理主義概念のすべてに適用できるわけではない。しかしこのことは必ずしも、解釈の破綻を意味しない。そもそもウェーバーにおける「合理的」とは「一貫している」「筋が通っている」程度の意味であり、それゆえの多義性や混乱は致し方なく、またそうであるから、合理性・合理主義概念の包括的な解釈を提示することにはそれほど意味はないのである。むしろ本研究が目指すのは、ウェーバーにおける合理主義概念がもつ、秩序に関わる位相にとくに注目し、その点に彼の文化社会学の基礎を見出すことである。

本章における議論をまとめるならば、以下のようになる。従来のマックス・ウェーバーの政治理論についての研究には、さまざまな要素の連関としての秩序の位相と関係するような文化社会学的なパースペクティブが欠如している。(106) ウェーバーにおける遠近法主義的な非合理性は、こうした文化社会学的視点の欠如のゆえに、きわめて疑わしい仕方で、彼の極端な権力政治観と結びつけられてきた。この結果として成立したのが「決断主義」的な解釈枠組みであるが、これを解体し、ウェーバーの著作における権力政治的な要素を彼の文化社会学の文脈で位置づけなおすことが、以後の課題となる。

この際の問題は、ウェーバーが極端な権力政治のパースペクティブをもっていたかどうかではなく、いかなる理論的ないし文化的背景においてこうしたパースペクティブを発展させたのかである。一見すると同じような権力政治的な行為であっても、その背景には、まったく異なった秩序構想が隠されていることがありうる。ウェーバーの比較文化社会学は、まさにこうした洞察に基づいている。諸要素の結合のあり方、ないしコンステレーションという文化理解に関連して、彼は以下のように述べている。「外的な経緯および帰結において同じ行動が、きわめて異なったモチーフのコンステレーションから生み出されることもありうるのであって、そうしたモチーフのうちで理解の明証性がもっとも高いものが、いつも現実に作用しているものであるわけではない[107]」。

そしてウェーバーは、これを以下のように具体的に説明している。

ある「同じ」営利企業が二代の所有者にわたって「収益性」を求めて「同じ」努力をしているとしても、これら二代の所有者はまったく異なった「性格」の持ち主であることもありうるし、またそればかりか、その努力がまったく同じ経過をたどり、まったく同じ結果にたどり着いたとしても、まさに正反対の究極的な「心理的」コンステレーションと性格によって規定されているということもありうる。そしてその際働いている（心理学的に見て）究極的な「目標」は相互に親和性をもつとはかぎらないのである[108]。

ここでの「営利企業」の「収益性」への努力を、「政治理論家」の「権力政治」への志向によって置き換えるならば、こうしたアプローチは、マックス・ウェーバーの政治理論の解明にも適用することができるであろう。ウェーバーがそれを背景として権力という契機を発展させたモチーフのコンステレーションを解明することで、ウェーバーの政治理論特有の性格が明らかになるはずなのである。

第Ⅲ章　権力政治と西洋近代——マックス・ウェーバーの比較文化社会学におけるカウティリヤとマキアヴェリの差異を手がかりにして

マキアヴェリの業績の核心をなすのは〔…〕彼が解決不可能なジレンマを暴露し、後世の人々の歩む道筋に永遠の疑問符を植えつけた点にある。その源泉は次のようなことに事実上気づいた点にあった。すなわち、複数の同じように究極的で、同じように神聖な目的が互いに対立し合い、価値の全体系は理性による調停の可能性を失って内部衝突に陥り、しかもそれは尋常ならざる事態や偶発事件、過失の結果としての例外的状況——アンティゴネとクレオン、トリスタン物語に見られるような衝突——においてのみならず、(この点がたしかに新しい点であるが) 人間の通常の状況の一部分であるということである。(アイザイア・バーリン)(1)

第Ⅱ章において明らかにしたのは、さまざまなパースペクティブがそれにしたがって整序される秩序の位相をテーマ化しなければならないということであった。本章においては、マックス・ウェーバーがそうした秩序の位相を扱っている比較文化社会学において、いかに権力政治の問題を論じているかを考察する。ウェーバーの政治理解が権力政治的であるか否かではなく、権力政治的なパースペクティブが他のパースペクティブと関係づけられる秩序原理に注目するのである。

第一節　マキアヴェリとウェーバー

マックス・ウェーバーがニコロ・マキアヴェリに関心を抱いたのは、彼が一二歳のときであった。一八七六年八月二一日に、彼は母に宛てた書簡のなかで以下のように書いている。「わたしはいまマキアヴェリの『君主論』を読んでいます。これはブレンディッケ博士が貸してくれたものです。彼はさらに『反マキアヴェリ』も貸してくれようとしています」(2)。とは言っても、ウェーバーはこのイタリア・ルネサンス期の政治思想家について論文を残したわけではない。彼がマキアヴェリに言及することは何度かあるものの、それはつねに断片的である。このことから、ウェーバーとマキアヴェリの関連は薄いと判断を下したとしても、決して間違いではない。たとえウェーバーが博士論文『中世における商事会社の歴史』(一八八九年)において精力的にイタリア史と取り組んでいたとしても(3)、同時代のロマニスト、カール・フォスラーと活発な書簡のやり取りをしていたとしても(4)、また彼の『都市』研究がイタリアの「コムーネ」についての豊富な知識なしには書きえないものであったとしても(5)、ウェーバーとマキアヴェリを結ぶ線は、彼の書き残したものを手がかりにするかぎりは、それほど鮮明ではないのである。

しかしながら、マックス・ウェーバーは実際にはしばしばマキアヴェリと対比されてきた(6)。ウェーバーの政治理論を「リアリズム」として評価する研究者も、決断主義的ないしナショナリスティックな権力政治的思考を非難する者も、「ウェーバーは、ニーチェの同時代人であるとともに、マキアヴェリの後継者である」

というレイモン・アロンの見解を支持してきたのである。[7] ウェーバーとマキアヴェリの親近性は、歴史的コンテクストを考慮に入れるならば、一層はっきりする。ウェーバーは彼の成長期にビスマルクによるドイツ統一を経験したが、こうした状況は、マキアヴェリが蛮族からのイタリアの解放を訴えた時代と重なるところがあったのである。[8] ウェーバーの論文「ヨーロッパ列強におけるドイツ」に関連して、J・P・メイヤーは以下のように述べている。

ここで意図されているのは、一九一六年という変化した状況におけるビスマルクの現実政治の再解釈である。権力国家の理念は、マックス・ウェーバーの政治社会学のライトモチーフなのである。[…] ビスマルクというお手本は、マックス・ウェーバーにマキアヴェリの『君主論』の教えを理解させた。[9]

この引用にもあるように、ウェーバーとマキアヴェリの関連という議論の焦点は、権力政治である。ウェーバー解釈、マキアヴェリ解釈がいかに多様であるとしても、権力の問題が中心になっているとみなす点で解釈者の見解は一致している。そしてまたウェーバーが責任倫理について議論するときも、彼はマキアヴェリの問題圏にいる。『職業としての政治』においてウェーバーは、「責任倫理家は、これに対して、まさにあの人間の平均的な欠陥を計算に入れる。責任倫理家には、フィヒテが正しく述べているように、人間の善意や完全性を前提にする権利はまったくなく、自分の行ないの帰結を、それが予見できていたかぎり、他に転嫁できないと考えるのである」と述べている。[10] この際ウェーバーは間違いなくフィヒテの「マキアヴェリ」論文を意識している。[11] フィヒテはこの論文のなかでマキアヴェリの『ディスコルシ』第一巻第三章から、「国家をうちたて、それに法律を整備させようとする人は、次のことを肝に銘じておく必要がある。すなわち、すべての人間はよこしまな（bösartig）ものであり、勝手きままに振舞えるときはいつなんどきでも、すぐさま本来の邪悪な性格を発揮するものだと考えておく必要がある」との一節を引用している[12]。そしてフィヒテはこの引用をもとにしつつ、人間の邪悪さゆえに権力政治が必要であるという、リアリズム的政治思想の伝統においては周知のテーゼを主張する。ペシミスティックな人間学が権力国家を正当化するのである。こうしてフィヒテは、「強制装置としての国家は万人の万人に対する戦争を前提にする。そして国家の目的は、少なくとも外的に、平和をもたらすことである」と述べるのである[13]。ウェーバーの「責任倫理」概念は、マキアヴェリとフィヒテとともに、このような権力政治的な思考とつながっていることは疑いえない。

第二節　権力政治と分化

1　分化としての近代

権力政治的な契機に着目して、マキアヴェリとウェーバーの親近性を指摘する議論は、多くの場合、ある一定の解釈枠組みを前提にしてなされている。それは、近代の社会理論の中心的なテーゼである、（機能）分化としてのモデルネという解釈枠組みである[14]。この枠組みによればウェーバーは、目的論的な統一的秩序が複数の合理性へと解体し、「自律的な文化諸領域が分化する」点を近代のメルクマールとしたとされる[15]。そして実際彼は「中間考察」において、次のように述べている。

内的・外的、あるいは宗教的・世俗的なさまざまな財所有の領域への人間の関係が合理化され、意識的に純化される過程は、個々の領域の内的固有法則性（innere Eigengesetzlichkeiten）を徹底して意識化させ、これによって外界との関係における原初的な素朴さにおいては隠されていた、領域相互の緊張関係に陥らせるものであった[16]。

ここにおいて、ウェーバーは分化という表現を用いているわけではない。しかし彼がゲオルク・ジンメルの「社会分化」論を読んでいたことはたしかである[17]。またウェーバーは、経済、政治、美、エロス、知といった領域の固有法則性を宗教との関連において記述するが、これは彼なりの仕方で近代の分化傾向を論じているものと言って差しつかえないであろう[18]。

こうした理論枠組みにおいてマキアヴェリは、政治の領域を宗教の領域から分け、それによって宗教から解放された政治の固有性を直視したという点において、まさに最初の近代政治思想家と言われることになる。そしてウェーバーは明らかにこうした方向性で近代を認識し、それを比較宗教社会学というアプローチによって、より一般的・普遍史的な視座からとらえ直したと解釈されるわけである。

ヴォルフガング・モムゼンは、「ウェーバーは、政治的価値秩序の領域が他の価値領域に対して自律的であるという教説によって、マキアヴェリの思想に接近する」と述べ、そのうえでウェーバーの権力政治を批判するが[19]、こうした解釈はまさに分化論という解釈枠組みを前提にしている。

2　カウティリヤ問題

分化として近代化をとらえ、この趨勢のうちにいわゆる「価値自由」的科学、芸術の自律化などと並んで、「権力政治」を位置づけるという近代理解は、それなりに納得のゆくものであろう。しかしこの近代理解は、ウェーバーの政治思想を解釈する枠組みとしては大きな問題を孕んでいる。その問題性が端的に現れてくるのは、インドのマキアヴェリズムの書とされるカウティリヤの『アルタシャーストラ（実利論）』をめぐってである。ウェーバーは彼のインド研究においてカウティリヤを発見し、『職業としての政治』において次のように述べている。

倫理がこのように専門分化すること（Spezialisierung）で、インドの倫理では、政治の固有法則にただ従うどころか、これをラディカルに推し進めさせるような、まったく仮借のない君主の統治術（königliche Kunst）の取り扱いが可能となった。本当にラディカルな「マキアヴェリズム」――この言葉の通俗的な意味での――はインドの文献のなかでは、カウティリヤの『実利論』（これはキリストよりはるか以前のチャンドラグプタ時代の作といわれる）に古典的に現れている。これに比べればマキアヴェリの『君主論』などたわいもないものである。(20)

カウティリヤの『アルタシャーストラ』は、ウェーバーの言うように、近代西洋ではなく、キリスト以前のインドにおいて書かれた書物である。しかし政治の宗教からの自律化・分化といった基準で見るならば、カウティリヤは「近代」的と言わざるをえない。しかもマキアヴェリその人よりもその方向性において徹底しているがゆえに、より近代的ということにすらなる。(21)

カウティリヤの政治思想史上の位置づけという問題は、ウェーバーの西欧近代認識の破綻か、分化をメルクマールとした従来の解釈の変更かの二者択一を迫るものである。カウティリヤ問題が一九一九年の講演『職業としての政治』で語られているということは、このテーマがウェーバーの一時的な思いつきなどではなく、「西洋、なかんずく近代西洋の合理主義の独自な特性(22)」へと射程を延ばしていった彼の晩年のプログラムと結びついていると考えるほうが自然である。そうであるとすれば、分化によって西洋近代を特徴づけようとする議論、そしてこの枠組みと関連しつつ他領域からの制約から解き放たれて邁進する権力政治という近代政治の理解は、決してウェーバーのものではないということになる。

第三節　比較文化社会学における秩序と政治

カウティリヤ問題は、本研究の第Ⅱ章のテーゼの正しさをあらためて示すものである。すなわち、マックス・ウェーバーの政治概念は権力によって特徴づけられるような政治の領域と宗教の領域との関係性、さらにはそうした関係性を秩序づけている原理にまで降り立つことによってはじめて明らかになるのである。以下、権力政治の思想家と言われてきたカウティリヤとマキアヴェリが、それぞれいかなる価値領域の関係性、ないし秩序原理において政治を論じているのかを、ウェーバーの比較宗教社会学の枠組みにおいて検討する。

1　カウティリヤとインド的秩序

カウティリヤは古代インド、マウリヤ朝の創設者チャンドラグプタ（紀元前三一七―二九三年頃）の宰相であり、すでに述べたように『アルタシャーストラ（実利論）』の著者として知られる。[23]ウェーバーは『宗教社会学論集』所収の『ヒンドゥー教と仏教』（一九一六―一九一七年）において、カウティリヤを取り上げている。『実利論』が参照されるのは、ひとつには官僚制、租税の仕組みなど古代インドの社会制度を物語る第一級の資料としてであり、いまひとつにはいわゆるマキアヴェリズムの問題に関してである。本研究は、その課題からして、後者の点にしぼってカウティリヤを論じていく。

ダルマ（法）、アルタ（実利）、カーマ（享楽）は、古来インドにおいて、人間の三大目標であったが、カウティリヤはアルタを中心に据える。「法と実利に矛盾することなく享楽を追求すべきである。快が失われるといけないから。あるいは、相互に関連しあった〔人生の〕三大目標（法、実利、享楽）に、均しく〔専念すべきである〕。なぜなら、法・実利・享楽のうちひとつのみを過度に追求すれば、それはそれ自身と他のふたつとを害うからである。「実利こそ主要である」とカウティリヤは言う。なぜなら、法と享楽とは実利に基づくからである」㉔。

こうした基本認識から出発して、カウティリヤは国家理性を「アルタ」として躊躇することなく擁護する。彼の外交政策論である「六計（das sechsfache Verfahren）」は、権力の利害関係を冷静に見極め、行動することを、とことんザッハリッヒに推奨するものである。

敵よりも劣勢の場合は、和平を結ぶべきである。優勢の場合は、戦争すべきである。「敵は我々を、我々は敵を破ることはできない」と判断した場合は、静止すべきである。卓越した長所をそなえている場合は、進軍すべきである。能力が欠ける場合は、〔他に〕依投すべきである。所期の目的が〔他者の〕協力により成就され得る場合には、二重政策をとるべきである。以上が〔六〕計の〔適用の〕決定である㉕。

このようにカウティリヤの関心は徹底して実利に向けられる。しかし実利といってもそれは、目的のためなら手段を選ばないという、いわゆるマキアヴェリズムを意味するわけではなく、むしろ王の統治する国家に住む国民の安寧に主眼が置かれる。「王の幸福は臣民の幸福にあり、王の利益は臣民の利益にある。王にとって、自分自身に好ましいことが利益ではなく、臣民に好ましいことが利益である」㉖。カウティリヤにおいて実利は、国王のエゴイスティックな利害に還元されるものではないのである。

以上簡単にカウティリヤの主張を見てきただけでも、彼が「インドのマキアヴェリ」といわれる由縁はよくわかるであろう。実際カウティリヤとマキアヴェリの共通点のリストをつくろうとすれば、それはかなり長大なものになる。たとえばL・キューンハルトは、彼らの共通点として、簡潔に以下の点を指摘している。彼らはともにときの支配者の助言者であったこと。『実利論』と『君主論』はどちらも王の国家運営を指示するものであったこと。その分析は決して観念的・思弁的ではなく、きわめて現実的で合理的であったこと。ペシミスティックで懐疑主義的な人間像と、そこから帰結する権力的な政治論。内外の敵に対する厳しい態度。いわゆるマキアヴェリズムとの相違。政治的観点から宗教を見る点あるいは宗教の政治的利用。国家の自己保存を最終目的にした点。倫理的・観念的な国家論から現実的・合理的なそれへの転換、等である。(27)

マックス・ウェーバーも、他の多くの解釈と同じく、カウティリヤに典型的に現れてくるインドの政治論に「マキアヴェリズム」という概念を適用し、(28)以下のように論じている。

君主のダルマは、戦争を戦争のために純粋に権力それ自身のために遂行することである。君主は隣人を滅ぼさなければならなかった。そのためには策略、ペテンおよびさらに洗練された、騎士的でない狡猾な手段が用いられ、もし彼が困窮すれば奇襲、その家臣の間に共謀をそそのかすこと、腹心の部下の収賄が行なわれた。また君主は自分自身の家臣をさえスパイ、おとり、そして洗練された悪意と疑心のシステムによって抑制し、財政的に活用しなければならなかった。君主は権力の実践原理とわたしたちの概念においては徹頭徹尾「世俗的」なエゴイズムの持ち主であったが、これはまさに理論によって、完全にその固有法則にゆだねられていたのである。すべての理論的な政治は、政治権力を手にいれ、維持するための手段についてのまったく非倫理的な技術論（amoralische Kunstlehre）であり、この点においてイタリアの初期ルネサンスの君主が少なくとも平均的実践として心得ていた、およそいかなることをもはるかに越えていて、わたしたちの言葉の意味におけるいかなる「イデオロギー」をも欠いていた。そして同様の現象はあらゆる世俗の領域においてもくりかえされ

たのである。(29)

しかしながら、本研究のテーマはカウティリヤとマキアヴェリの共通点ではない。このような問題設定は、権力政治というレッテルを越えて、それぞれの思想家がいかなる秩序前提において権力政治を論じているのかを問題にする可能性を、したがってまた西洋近代の特性を明らかにする可能性を閉ざしてしまう。むしろ問題にされるべきは、カウティリヤとマキアヴェリの差異であり、それをそれぞれにおいて政治の領域と宗教の領域がいかに関係づけられているのかという位相にまで遡って明らかにすることである。

インドにおいてなぜカウティリヤのような仮借のないマキアヴェリズムが可能になったのかという問いは、インドにおいてのみある種の技術論が、「その究極的な、しばしばわたしたちにとってはグロテスクでしかありえないような帰結にまで高められた」のかという、より一般的な問いのもとでたどられるべきである。(30)ウェーバーは、このように問題設定をしたうえで、「有機体的職業倫理（organische Berufsethik）」という概念をインドのカースト制度に適用することで、この問いに答えようとする。(31)「インドのカーストはどのカーストも、もっとも卑俗なカーストですら、その生業に——泥棒の生業ですら例外ではなく——固有の神々もしくは固有の神々の意志によって基礎を与えられ、それぞれのカーストにまったく固有に割り振られた生の充足を見出し、そのカーストの品位感情をこうした「職業課題」の技術的に完全な遂行から手にいれるのである」。(32)ウェーバーによれば、「建築技術から、証明と議論の技術論としての論理学また性愛の技術論に至るまで、生の特別な職業と特別な領域のためのまったく技術的な技術論（technische Kunstlehre）」がインドにおいて発達することができたのは、まさにそこにおいてそれぞれのカーストが、「それぞれの「職業」のダルマを、他の基準がないために、もっぱらその［それぞれの職業の］技術の固有法則性（Eigengesetzlichkeiten）から取り出すことができた」からである。[33]「インドのマキアヴェリスト」、カウティリヤは、こうした社会システムを背景にしてはじめてマキアヴェリその人よりもラディカルになりえたのである。そしてカースト制度は「特殊な救済論」、すなわち輪廻思想と結びつくことによって、伝統主義的に安定したものとなった。というのも「将来の現世での生活がいっそう上昇するチャンス」は、「たとえ社会的にとても卑俗なものであったとしても、自らのカーストの義務を果たすことによって」確実なものになると考えられ、[34]したがってランクが低い者ほど、カーストの義務を遵守することになったからである。[35]

ヒンドゥー教のふたつの根本前提、つまり輪廻信仰（Samsara-(Seelenwanderungs-) Glauben）と業の教説（Karman-(Vergeltungs-) Lehre）は、こうした信仰を共有しない者の眼には、きわめて特殊かつ非合理なものに映っても仕方がない。[36]しかしウェーバーは、神の完全性と世界の不完全性の矛盾を問う神義論という観点において、インド的神義論を、ゾロアスター教的二元論、隠れたる神の予定説とともに「運命と報いの間の不一致の根拠への問いに対する合理的に満足のいく答え」のひとつに数え入れるばかりでなく、[37]「その首尾一貫性、およびずば抜けた形而上学的業績」をきわめて高く評価する。そしてウェーバーは、「自力による達人的な自己救済と救いへの普遍的な到達可能性、厳格な現世拒否と有機体的な社会倫理、最高の救いへの道としての瞑想と世俗内的職業倫理の結合という点」に注目するのである。[38]

ウェーバーの宗教社会学の中心にあるのは、宗教と現世の緊張関係という問題である。インドの宗教倫理が「群を抜いている（hervorragend）」とウェーバーが言うのは、徹底的な現世拒否（Weltablehnung）によって、より正確には現世逃避（Weltflucht）によって、宗教の固有法則性と現世の諸領域の対立が極端にまで押し進められ、無化されたことによる。一方において宗教は、非人格的永遠なる秩序の観照＝瞑想という形をとって、一切のはかない現世との接点を切り捨てることで、その達人的救済への道を確保する。他方で現世は、いかなる宗教的制約からも切り離され、その職業的・機能的合理性をそれ自身として展開する可能性を与えられるのである。

あるいはこうした世俗諸領域の固有法則性としての合理性の貫徹は、たんに許されていただけではなく、むしろ逆説的にも宗教倫理によって暗に正当化されることによってはじめて仮借なしに押し進められたと言うべきかもしれない。政治のダルマに関しては、『バガヴァッド・ギーター』におけるアルジュナとクリシュナの対話において、この問題、すなわち「カースト・ダルマに従った行為が、したがって救済を求める精神の行ないではなく物質の行ないが、はたして救いの価値をもちうるのか否か、またそれはいかなる意味においてもちうるのか」が見事に定式化され(39)、明快な答えが与えられている。

わたしたちはすでに、現世への関わり合いの極小化、つまり神秘主義者に固有の救済所有のあり方に由来する宗教的な「世を忍んで生きること」を知っている。原始キリスト教徒は、「あたかも彼が財産と妻をもたないかのように」それらをもった。バガヴァッド・ギーターでは、これに独特な色づけがなされている。知識ある人間はまさに行為において、より正確には現世における自らの行為に対立しつつ、自らを証明するのであるが、これがなされるのは、彼が命じられたもの――これはつねにカースト義務によって命じられたものであるが――をたしかに遂行しはするが、しかし内面的にはまったくこれに関わらないでいることによってである。つまり行為しないがごとくに行為することによって、自らを証明するのである。その際とりわけ結果をまったく顧みることなく、その成果への欲望を抱くことなく行為するということが条件である。というのもこの欲望こそが［人を］現世に巻き込ませ、したがって業を生じせしめるからである。原始キリスト教徒が「正しきを為し、結果は神にゆだねる」ように、バーガヴァタの信者は「必要な仕事」を――わたしたちであれば「日々の要求」と言うであろうが――、すなわち「自然によって定められた職務」を為すのである(40)。

ウェーバーのインド論は、しばしばピューリタニズムにおける世俗内禁欲（innerweltliche Askese）との対比において、現世逃避的瞑想（weltflüchtige Kontemplation）の概念のもとで理解される。[41] そしてもちろんこれは正しい。しかし同時にこの位相だけでは、インドの秩序を語ることはできない。秩序の総体は宗教倫理に還元されえない。ヒンドゥー教的秩序原理は、現世逃避的瞑想だけでなく、まさにこれが「有機体的な社会倫理」と結びついた点に求められなければならないのである。現世拒否をもっとも極端に押し進めた古代仏教は、カースト制とはなんら関係がなかった。なぜなら「このような比類のない、本当に首尾一貫した現世逃避の立場からは、なんらかの経済倫理ないし合理的な社会倫理へ至るいかなる道もない」からである。[42] こうして古代仏教は俗人にはほとんど配慮を示すことなく、決して大衆的救済宗教にはなりえなかったがために、「ヒンドゥー教諸宗派の正統派および異端派との競争に耐えられず」「それが生まれた国から姿を消すことになったのである。[43]」これに対してヒンドゥー教は「有機体的な社会倫理」と接合することで、とりわけ世俗の君主権力と折り合うことに成功する。一方では「世俗の行ないとは内的に結びつかない」世俗外的な主知主義的救拯論があり、他方では「日常生活において現実的に行為する階層」がある。これらが「有機体的」社会理論のなかで無媒介かつ「伝統主義的に」結びついた点が、インドの秩序の特徴なのである。[44]

カウティリヤに話をもどせば、彼はこうしたインドの社会秩序原理を背景にしていたがゆえに、宗教的倫理との対決を必要とせず、したがって「良心の呵責」をまったく感じることもなく、そればかりか倫理的に正当化さえされながら、その職務を徹底してザッハリッヒに記述することができたのである。[45] マキアヴェリ以上のマキアヴェリストはいわゆる秩序崩壊による無規範的カオスから出てきたエゴイズムのモンスターではなく、むしろ宗教的倫理とのある特殊な関係性においてはじめて可能になった存在なのである。「純粋に固有法則にしたがった（マキアヴェリズム的な）君主のダルマの解釈」は、「君主時代の政治状況」によるところが大きい。しかし「一貫したバラモン的な合理化」によって方向づけられていた点は、見逃されてはならないのである[46]。

2　儒教的秩序

カウティリヤとの対比で、ウェーバーのマキアヴェリ解釈を論じる前に、儒教の秩序観を簡単に整理しておきたい。ウェーバーの理論枠組みにおいて、マキアヴェリの権力政治が前提とする秩序観は、インドと中国の秩序観という両極との対比において、はじめて十全に位置づけることができるからである。

当然のことながら中国にも、熾烈な権力闘争があった。諸侯間、あるいは読書人の間でも、場合によってはマキアヴェリズム的と呼びたくなるような権力政治が行なわれていた[47]。しかしウェーバーは、中国においては、インドにおけるようには政治の固有法則性が貫徹されたとは考えなかった。中国的な秩序は、政治がその固有法則性にしたがって自律化することを妨げてきたとする。中国的秩序は、ウェーバーの図式においては次の点において、インド的秩序の対極に位置する。すなわち、ヒンドゥー教および仏教が、宗教と現世の緊張関係を徹底して突き詰め、相互を架橋不可能なまでに分断した点によって特徴づけられるとすれば、儒教はこの緊張関係を「絶対的な最小限にまで縮減」する点において特徴づけられるのである[48]。こうしてウェーバーは以下のように書く。「儒教は、仏教とは鋭く対立して、もっぱら世俗内の俗人の道徳であった。そしてさらに鋭く仏教と対立することに、儒教は現世、すなわちその諸秩序と因襲への適応（Anpassung）であり、それればかりか結局のところ教養ある世俗人のための政治的準則と社会的なエチケットの巨大な法典にすぎなかったのである[49]」。

儒教は、宗教と現世の二元論あるいは緊張関係において、前者を後者に回収した。宗教と政治の関係でいえば、世俗の支配者は同時に「正当な最高司祭」であり[50]、世俗的権力と宗教的な権威を一手に握っていたのである。こうして中国では、「自分自身の魂の救いへの関心が自然的社会的秩序の諸要求とキリスト教的に対立するということは考えられず[51]」、一元的で、調和的な安定した秩序が実現した。ウェーバーが「儒教の「理性」は秩序の合理主義なのである」と言うとき[52]、それはこうした意味において理解されなければならない。このようにして現在存在する秩序が調和的秩序として聖化され、それに対する適応が規範化されるが、このことは「世界連関が粗野でごたごたした宇宙一体観的に表象されている状況」、すなわち「呪術の園(Zaubergarten)」を温存していくことに他ならなかった[53]。したがってウェーバーは、「それ自体が古い経験的知識と技能(Können)の合理化は、中国においてはそれがいかなる種類のものであれ、呪術的世界像の方向に展開した」と述べる[54]。ここでは文化諸領域の自律化と固有法則性の展開は決定的に阻害されざるをえず、「国家論(Staatskunde)」もその例外ではなかったのである[55]。

中国文化に対立の契機がないということは、その政治理論に多大な影響を及ぼした。たとえどんなに暴力的に国家権力が行使されたとしても、その他の基準が原理的に欠如しているために、倫理的に正当化されるということが容易におこりえたのである。したがって、こうした秩序において罪の概念が意味するのは、「両親、先祖、官位の上の者といった伝来の権威に対する、したがって伝統的諸権力に対する違反、その他では伝来の慣習や儀式そして結局は確固たる社会因襲に対する呪術的に重大な侵害」にすぎなかった[56]。中国においては、いま現在の秩序を超越し、批判し、転覆するいかなる理論的可能性をも排除され、したがって「抵抗(Widerstand)」と「反逆(Rebellion)」の区別がない[57]。これらはすべて、確認してきたような緊張の契機の欠如に由来しているのである。

3　マキアヴェリと西洋的秩序

カウティリヤとマキアヴェリはともに、政治における権力の問題を強調した。こうした点において両者の区別はない。しかし本研究にとって重要なのは、いかなる秩序を背景として、あるいはいかなる政治と宗教の関係性を前提にして、彼らが権力を論じているのかである。マックス・ウェーバーはこうした点において決してカウティリヤとマキアヴェリの差異を見逃してはいない。彼は『職業としての政治』において以下のように述べている。

政治の守護神、あるいはデーモンは、愛の神と、それればかりか教会を通じて現れる神とさえ、内的緊張関係（innere Spannung）のなかで生きている。そしてその内的緊張は、いつ何時、どうしても解決できないような対立（Konflikt）という形で爆発してもおかしくないような緊張関係である。このことは教会支配の時代ですら知られていた。フィレンツェに対して、何度も何度も聖務禁止（Interdikt）が出されたが――これは当時としては、カント的倫理判断の（フィヒテの言葉を使えば）「冷たい承認（kalte Billigung）」などよりも、はるかに人々とその魂の救済にとって強力な（massiv）力であった――、しかし市民たちは教会国家に対して闘った。そしてこうした諸状況との関連においてマキアヴェリは、ある美しい一節において、わたしが間違っていなければ『フィレンツェ史』の一節であるが、彼の英雄の一人に、自分の魂の救済よりも祖国の都市（Vaterstadt）の偉大さを重んじた市民たちを賞賛させているのである。(58)

ここでの論点はたしかに、宗教（魂の救済）ではなく政治（祖国愛）を決断したフィレンツェ市民へのマキアヴェリ（さらにはウェーバー）の共感的評価である。そしてここからウェーバーのナショナリスティックな側面を指摘することもできるであろうし、実際そのように解釈されてきた[59]。しかしそのように理解する前に問わなければならないのは、なぜウェーバーは『フィレンツェ史』第三巻七章の一節に注目し、それを「美しい」と呼ぶのかということである。その一節とは以下である。

彼らは破門などほとんど問題にせず、教会財産を没収し、聖式を挙行するように聖職者たちに強制したにもかかわらず、八聖人と呼ばれた。それほどまでに当時それらの市民たちは、霊魂よりも祖国を尊重したのであった[60]。

もしウェーバーがパワー・ポリティクス、宗教に対する政治の優位、ないしは愛国心を強調したいのであれば、この引用はそれほど適切というわけではないのではないか。なぜウェーバーは、ヘーゲルがそうしたように[61]、『君主論』の最終章「イタリアを手中におさめ、外敵からの解放を激励して」を引き合いに出さなかったのだろうか[62]。マキアヴェリ、ウェーバー、権力政治を等置する議論では、微細ではあるが、決定的な齟齬が見逃されてしまうのである。

ウェーバーのマキアヴェリ像は、一九世紀にヘルダー、フィヒテ、ヘーゲルによって「発見」されたものとは異なる[63]。ウェーバーは権力政治や愛国心ではなく、政治と宗教の緊張関係に注目している。インドと中国の秩序観と比較するならば、次のことを確認することができよう。すなわち、政治と宗教の緊張関係というのは、世界中どこにでもあるものではなく、むしろ（言葉のウェーバー的な意味における）西洋において、ないしはマキアヴェリにおいてのみ、ありえたのである。つまりマキアヴェリはこうした緊張を孕んだ秩序を背景にして権力政治を論じたのである。

ウェーバーはこうした緊張関係を説明するために、これを『道徳論の体系』におけるフィヒテの「冷たい承認」という言葉と対比している。[64] ウェーバー自身が言うように、この言葉は第一義的にはカントの倫理学を指して用いられている。「道徳律は理論理性に対して優位」し、[65] 学的真理は「美的な感情（ästhetische Gefühle）」ではなく、むしろ「冷たい承認」に依拠しているというわけである。[66] しかしこの言葉は同時に、ウェーバーにとっては、インドのカーストの有機体的社会倫理を特徴づけるものである。

こうした恩寵をクリシュナが与えるのは、正しく、すなわちダルマにしたがって、結果を顧慮することなく、また自らの行動に個人的関心をよせることなく、行為する者に対してである。西洋的に表現すれば、自己の行為に対して、ダルマに照らして正しいというフィヒテ的な「冷たい承認」をもてばそれでよいのである。[67]

ウェーバーの著作においては、「冷たい承認」と緊張の回避が対応し、「実質的（massiv）」要求と緊張関係が結びついている。[68]「実質的」という言葉は、「わたしたちをもっとも強く揺り動かす最高の理想は、いつの時代でも、もっぱら他の理想との闘争を通して実現される」という認識に基づいて、用いられているのである。[69] マキアヴェリの時代の人々が「強力に（massiv）」教会に帰依していたというとき、それは、カント的な倫理学やダルマによってあらかじめ定められた規範に「怒りも興奮もなく」ただ無条件に従うということを意味してはいなかった。ウェーバーにおいて、緊張と情熱は相互に結びついている。そしてそうした理解から、中国とインドの文化においては、緊張関係の欠如ゆえに、「情熱」は疎遠なものであったとする。[70] また古代ユダヤ教の「預言者たちの灼熱せる情熱」についても、[71]「推測するに典型的な預言者は絶え間ない緊張状態にある〔…〕この緊張が解かれたとき——そしてこの緊張は神の声として到来した解釈のひらめきによって解かれたのであるが——そのとき預言者の言葉がほとばしり出たのであった。ピティアと解釈する司祭的詩人はここにおいては分離されていなかった。つまりイスラエルの預言者はこのふたつを一人格のうちに兼ねそなえていたわけである。このことこそが、その恐るべき精神的昂揚を説明する」と分析するのである。[72]

ウェーバーのマキアヴェリ理解がどれほど適切なものであるのかについては、ここでは検討しない。マックス・ウェーバーはそもそも政治思想史の研究者ではないし、[73]本研究も、ウェーバーの西洋的な秩序の考察に必要なかぎりにおいて、彼のマキアヴェリへの言及を検討してきたにすぎない。ここで確認すべきは、以下の三点である。まず、ウェーバーのマキアヴェリは、宗教からの政治の自律と権力の発見ゆえに近代政治思想の創始者とされる通常の解釈のマキアヴェリではないこと。次にウェーバーの比較文化社会学におけるマキアヴェリが前提にしていた秩序は、政治の完全な独立ではなく、宗教の領域との緊張関係を孕んだ相対的な自律にその特徴をもつこと。そしてこの緊張を孕んだ秩序というのは同時に、ウェーバーの西洋文化の特徴づけであるということ、である。

第四節　文化の類型学とウェーバーのパースペクティブ

1　文化の三類型

インドのヒンドゥー教的秩序においては、徹底した現世拒否の宗教倫理がカースト制と結びつくことで、宗教の領域と政治の領域が分断され、それらの緊張が回避され、それぞれの領域が有機体的社会理論において相互に無媒介に並存していた。[74]この結果「必要な、すなわち戦士カーストのダルマと規則からして義務にかなない、戦争目的から見てザッハリッヒに必要な「仕事」をなせ」という要求が貫徹された。[75]

これに対して中国の儒教的秩序においては、現世を超越するいかなる契機もなかったがゆえに、無条件の現世肯定と現世適応の（宗教）倫理が呪術の園を温存し、諸領域の分化ならびにそれぞれの固有法則性にしたがった展開が閉ざされていたため、宗教の領域と政治の領域との対立は原理的におこりようがなかった。「救済への正しい道は、現世の永遠の超神的な秩序、すなわち道（Tao）への適応であり、宇宙的なハーモニーから帰結する共同生活をするうえで必要な社会的要請への適応であった。したがってとりわけ現世権力の確固たる秩序への恭順（pietätvolle Fügsamkeit）こそが救済への道だったのである」[76]。

マキアヴェリはとらわれのない目で現実政治を洞察したと言われる。しかし彼とて無前提に政治を見たのではなく、その視座はある一定の秩序観によって強く拘束されていた。一方においては中国とは異なって宗教の領域と政治の領域が分化しており、その意味で「カエサルのものはカエサルへ（というのも、カエサルのものが救いに何か関係あるとでもいうのだろうか?）」という言葉が成り立つような秩序であったが[77]、他方ではそうした分化はインドとは異なって完全な分断ではなく、つねに緊張関係を孕んでせめぎあっていた。したがってマキアヴェリの権力政治の前提となる秩序は、中国とインドの中間に位置づけることができるのである。

以上、ウェーバーの比較宗教社会学の理論枠組みにおけるカウティリヤとマキアヴェリの差異を、それぞれにおける宗教の領域と政治の領域の関係づけの原理にまで遡ることによって、明らかにした。宗教と政治が一体化している中国、宗教と政治が完全に分離しているインド、そして宗教と政治が緊張関係をもってせめぎあっている西洋という図式である[78]。そしてこうした図式を背景にして、インドのカウティリヤにおいてこそ、権力の獲得、維持、強化の論理としてのマキアヴェリズムがもっとも理論的に急進化されえたわけである。

マックス・ウェーバーにおける西洋近代は、カウティリヤ解釈に即して述べたように、機能分化という理論枠組みでは把握できない。価値領域の複数性は、価値領域相互の緊張関係と必ずしも同じではないのである。ウェーバーは孤立化（ないし分化）と衝突（ないし緊張）の差異に注目する。なぜなら「相互に関係しあうものだけが、対立関係に入ることができる。［…］対立関係においては、いつもある観点での合致（Übereinkunft）と他の観点での相違（Verschiedenheit）がある」からである。[79]「合致」の契機なくして緊張関係は成立しえない。こうした理解に基づいてウェーバーは、「価値衝突（Wertkollision）」と価値相対主義を峻別する。ウェーバー批判者は彼の理論を相対主義として批判してきたが、彼らはこのときこの「価値衝突」と価値相対主義の差異を完全に看過している。しかしウェーバーは、次のように明確に述べている。

この立場を「相対主義」として解釈することは、価値衝突の論者の見解に再三にわたって与えられてきたおそらくもっとも粗雑な誤解である。すなわち、「相対主義」とは、まさに諸価値相互の関係についての根本的に正反対の見解に基づいた人生観であり、（一貫した形式においては）きわめて特有の性格をもつ（「有機体的（organisch）」）形而上学においてのみ有意味に貫徹されうる人生観なのである。[80]

ウェーバーはこの引用において、相対主義を「有機体的な」[81]形而上学と関連づけている。彼が「有機体的」という言葉を使うのは、歴史学派との関連においてではなく、宗教倫理と現世の諸領域の間の緊張関係を「倫理の相対化と分化」によって解消し、諸カーストを無媒介に並存させるインドの社会秩序を意識してのことである。[82]「「有機体的」社会倫理は」「宗教的な救済価値とその倫理的に合理的な固有法則性を相対化する形式」のなかで、「実践的にもっとも重要な類型」なのである。[83] ウェーバーは『バガヴァッド・ギーター』に関して、「インド的な「寛容」は、一切の倫理的および救拯論的な戒律のこうした絶対的な相対化に基づいている。それらは、カーストの所属に応じて有機的に相対化されているだけではなく、個人が求める救済目標によっても有機的に相対化されている」と述べている。[84] ここにおいて注意すべきなのは、ウェーバーが西洋にのみ知られていた「等属国家（Ständestaat）」と、[85] インド社会における「有機的職業倫理」を明確に分けていることである。ウェーバーがインド研究に取り組んでいたのとちょうど同じ時期に発表した政治論文「ドイツにおける選挙法と民主主義」（一九一七年）において、彼は、「いわゆる等属国家において真に特徴的なことは、「自然的な経済的職業グループ」による「有機的」社会構成ではないということである」と指摘する。[86] そして「ヨーロッパの一部においてのみ完成に至った等属国家」に特徴的なことは、「物的財の私的所有の仕方に応じて個人および団体が政治的権利を得ること、このような特権保持者が［…］妥協によって政治的問題を解決するために共通の会議に集まること」であると言う。[87] 等属国家とカースト秩序、西洋とインドを分かつものは「妥協」である。古代インドの「有機体的」カースト秩序においては、分化と相対化のゆえにカースト間の対立はなく、したがって妥協はありえないのである。

通常、相対主義とは、いくつかの同列のパースペクティブがあり、それらの間に優劣がつけられないという見解のことである。こうした意味においては、ウェーバーの価値理論も「相対主義」ということになる。しかし彼の理論を理解するためには、これだけでは不十分であろう。ウェーバーはこうした同列の諸パースペクティブ間の関係性という位相に着目することによって、「緊張関係」と「孤立化した並立」を区別するのである。そしてこの区別こそが、ウェーバーの立場といわゆる相対主義を分かち、また彼の意味での西洋文化とインド的な文化を分かつものなのである。

孤立と緊張というこうした区別は決して客観的ないし本質主義的な区別ではない。このことには注意が必要である。たしかにウェーバーによって描かれる西洋的秩序は、ユダヤ・キリスト教的な人格神という観念とかなりの関連性がある。[88] アジア的な対立に関して、ウェーバーは以下のように述べている。「たしかに神的なものと「現世」との対立はあった。〔…〕しかしアジアでは、この対立はいずれにおいても、生活における積極的な活動によって克服されるべき、「罪」の力、ラディカルな悪の力に対する倫理的な神の対立ではなかった」。[89] しかしながら、世界を超越した創造神という観念から自動的に、ウェーバーが西洋のメルクマールとみなすような、宗教とその他の領域の間の緊張関係が成立するわけではない。「こうした連関は決して絶対的なものではない」のである。[90]「西洋」とはひとつのイデアール・ティプス、つまり「現実の特定の諸要素を思考のうえで高めることによって獲得された」ひとつの「ユートピア」であり、[91] したがってヨーロッパの歴史にはウェーバーの「西洋」像からズレる現象がたくさん含まれている。

ウェーバーはキリスト教の世俗国家への関係を分析し、以下の四つの類型に分類している。すなわち、「一、現存するローマ帝国を反キリスト者の支配として完全に忌避する」立場、「二、国家に対する完全な無関心。つまり（つねに不当である）暴力に対しては受動的に忍従し、したがってまた直ちに救いを脅かすわけではない強制的要求を積極的に充足する」立場、「三、具体的な政治共同体から距離をとる」立場、そして「四、公的権威（Obrigkeit）を積極的に評価する」立場である。[92]「完全な忌避」という第一の類型は、紛争を回避するために政治と宗教を完全に分断するインド的な社会秩序に近いものである。これに対して、第四の「官憲（Obrigkeit）」の積極的な承認という類型は、政治と宗教が無矛盾に融合する中国的な秩序に近いものである。このように考えてみるならば、マックス・ウェーバーの比較文化社会学的な類型論は、西洋文化の自己認識であることがわかる。ウェーバーにおいては、他の文化圏の研究がすなわち自らの文化と社会の分析だったのである。

ウェーバーは「官憲国家」という概念を用いて、中国における「家父長制的な支配」とともに[93]、ドイツのルター派の政治を論じている[94]。中国の文化の分析が同時代のプロイセン社会への視座を鋭くし、また現実政治へのコミットメントが比較文化社会学の研究を深めている[95]。ウェーバーが中国の神政政治的な家産制国家における「宗教的・功利主義的な福祉国家」の考察をするとき[96]、これは近代社会の診断とつながっている。たとえば彼はロシア研究において、以下のように述べている。

「個人主義」的な生の諸価値のための闘争はどこにおいても外的世界の「物質的な」条件を考慮に入れなければならないが、そうであるだけ一層、「個人主義」的な生の諸価値の「現実化」は「経済的発展」をあてにするわけにはますますいかなくなる。「民主主義」や「個人主義」の「発展」が物質的利害状況の「法則的」作用にゆだねられる定めにあるとするならば、今日そのチャンスはほとんどないに等しい。なぜなら物質的利害状況は間違いなく正反対の方向に進んでいるからである。アメリカの「慈恵的封建制」においても、ドイツのいわゆる「福祉厚生施設」においても、ロシアの工場体制においても、いたるところで新たな隷従の檻が用意されている[97]。

インドに関してもウェーバーは、古代インドの秩序と近代社会の平行性を意識していた。彼は上記の引用に続けて、以下のように論じる。「同時にまた、経済がしだいに複雑化し、部分的な国有化ないし「都市所有化」が進み、国民共同体の支配領域が広がるにしたがって、行政においてもつねに新たな事務仕事が生まれ、さらなる分業的専門化が進み、職業教育が高度化する、つまりカーストが形成されるのである」(98)。ますます機能分化していく近代社会は、ウェーバーの目には、種々のカーストが相互に孤立的に並存している古代インドの社会に近づいていっているように見えていた(99)。こうした意味での近代化に直面することでウェーバーが抱いた危機意識を基礎にして、彼の比較文化社会学の研究は展開していく(100)。プロテスタンティズム研究の末尾において、したがってインド研究の以前ではあるが、ウェーバーは「精神のない専門人、心情のない享楽人。この無なるものは、人間性のかつて達したことのない段階にまですでに登りつめたと自惚れるだろう」と書いた(101)。こうした近代人像はのちに古代インドにも投影されることになる。またウェーバーの『政治論集』もこうした連関を前提にしてはじめて理解することができる。彼は近代の官僚制に関して以下のように述べている。「この隷従の檻は、過去の賦役国家に見られるように、社会的領域において被支配者の「身分制的（ständisch）」な組織が官僚制の網に組み込まれる（実際、官僚制に従属する）ようになるならば、いよいよ破壊しがたくなるであろう。その際には、「有機体的（organisch）」な社会編制が、すなわちオリエント的・エジプト的ではあるが、これとは対照的にマシーンのごとく厳密に合理的な社会編制がしだいに立ち現れてくるであろう(102)」。ここにおいてウェーバーは「身分制的」と「有機体的」に括弧を付けている。このことは、彼がこの対概念を自身の比較文化社会学の意味で用いていることを意味する。ウェーバーによれば西洋にのみ知られていた「身分制」国家は非西洋の「有機体」的社会編制と対立しているのである(103)。

ここでウェーバーは、近代西洋社会に非西洋的な要素を見出している。従来、ウェーバー研究者は彼の西洋近代を一塊のものとしてとらえてきた。しかしながら、マックス・ウェーバーの著作において西洋と近代は区別されるべきではないのか。次章、第Ⅳ章においては、この西洋と近代の齟齬に焦点を当てる。

補論　ウェーバーのワーグナー解釈

この補論では、マックス・ウェーバーのリヒャルト・ワーグナー解釈を手がかりにして、マキアヴェリの権力政治が、政治と宗教の緊張関係によって特徴づけられる西洋的秩序を背景としているという本章のテーゼを傍証したい。(104)

ウェーバーは『プロテスタンティズムの倫理と資本主義の精神』において、バニアンの不安との対比において、「教皇と破門に対して戦いながら「自分の魂の救いへの憂いよりも、祖国愛を優先する」フィレンツェ市民の名誉のために、マキアヴェリが表現した誇らしい現世精神」について述べたあと、(105)その流れでワーグナー（あるいは彼のジークムント）に言及する。「リヒャルト・ワーグナーが死の決闘を前にしてジークムントに言わせている「ヴォータンによろしく言って下さい。ヴァルハラによろしく言って下さい。［…］しかし、ヴァルハラの冷たい歓びのことなど、どうか一切口にしないで下さい」という感覚」に注目するのである。(106)

一見すると、この箇所は祖国愛ないしナショナリズムを問題にしているように思われるかもしれない。実際ウェーバーは『職業としての政治』の講演メモに、「マキアヴェリ：祖国愛／ワーグナー：ジークムント」と記している（ただし活字になる段階ではワーグナーの名前はなくなっている）。(107)さらにマキアヴェリとワーグナーは、ウェーバーの同時代人にとって、ナショナリズムのシンボルであったということも付け加えておくべきであろう。パウル・ホーニヒスハイムはウェーバーのワーグナーへの態度について論じ、「ワーグナーに対するウェーバーの態度を理解しようとするのならば、ウェーバーの成長した時代、およびワーグナーが果たし、彼の信奉者が彼に付与した役割を無視してはならない」と言う。[108] そして「ワーグナーの人気」は「その民族的性格（Volkstümlichkeit）」のゆえであったと指摘する。[109]「一八七〇年の出来事の影響下に育ち、生きてきた世代は、その劇に何よりも愛国主義的・ゲルマン的なものを見たのである」[110]。

しかしウェーバーは、ナショナリズムや現世精神のゆえにワーグナーに魅せられたわけではない。これは彼がマキアヴェリのなかにたんなる愛国心を見出したわけではなかったことと同じである。むしろそれどころか、ホーニヒスハイムが伝えるところによると、ウェーバーは「ワーグナーによってひき起こされたナショナリズム的喧噪」をひどく憎んでいた。[111] ウェーバーのワーグナー解釈のポイントを理解するためには、彼がジークフリートではなく、『ヴァルキューレ』の第二幕で死の予告をするブリュンヒルデと話すジークムント」に注目している点に注意が必要である。[112]

（妹のほうにやさしく身をかがめ、そっと額にくちづけをしたのち、
おもむろにブリュンヒルデに向き直り）
それならばヴァルハラに伝えてほしい――
ヴォータンによろしく、

ヴェルゼや
他の勇者たちにもよろしく、
そして穏やかな
斎女たちにもよろしく。
（きっぱりと）

仲間入りはご免こうむる[113]！

マリアンネ・ウェーバーは伝記の最終章で以下のように記している。「ウェーバーはイースターの朝、実にさまざまの深みを含んでいる『ヴァルキューレ』のテクストを朗読した。みなと一緒にこれを楽しむことで祝祭を閉じるつもりだったのだ。［…］ヴァルキューレの意味は思索の枷を脱して芸術的形象にまで高まってはいなかったが、それでもヴァルキューレは大きな印象を残した。ウェーバーはジークフリートと死を告げる女との魂の格闘をとくに愛した。彼女はジークフリートにヴァルハラ、すなわち勇士の天界を約束する。しかしそこには彼の恋人はいないと言う。これに対してジークフリートは「ヴァルハラの冷たい歓びのことなど、どうか一切口にしないで下さい」と答える[114]」。

マリアンネはここで「ジークフリート」と書いている。しかしこれは明らかに誤りである。ウェーバーのヒーローはジークフリートではなく、ジークムントである。そしてこの違いは本研究にとっては決定的なまでに重要である。もしウェーバーにとって異教的な此岸性が問題であるのであれば、彼が『ヴァルキューレ』におけるジークムントに言及することは見当違いと言わなければならない。彼はむしろ、ヴォータンの杖をへし折り、神々の没落をもたらすジークフリートにこそ注目すべきであったろう。しかしウェーバーは、あらゆる律法の彼岸にある「超人」ジークフリートには関心を抱いてはいない[115]。ウェーバーが惹き付けられたのは、さまざまな矛盾する律法に引き裂かれ、その緊張の只中におかれるジークムントなのである。このことを考えると、ホーニヒスハイムの以下の指摘は正しい。「ウェーバーの心を捉えたのは悲劇の詩人としてのワーグナーであった。運命的に課され、背負わされたものは逃れがたく、かつ引き受けなければならないとする詩人としてのワーグナーだったのである[116]」。このように見てくるならば、ウェーバーのワーグナー解釈は彼のマキアヴェリへの視座ときわめて近いことが明らかになるであろう。いずれにしても問題なのは、対立・緊張、あるいはそうした意味での悲劇の契機なのである。

第Ⅳ章　比較文化社会学における自然法
――プロテスタンティズム、西洋、そして近代の齟齬

他の諸文明においては、ただひとつの原理の、ただひとつの形式の絶対的支配、あるいは少なくとも過度の優越が専制の一因であったのに対して、近代ヨーロッパにおいては、社会秩序の諸要素の多様性、それらの要素が互いに他を排除しえなかったことが、今日優勢な自由を生んだのであります。互いに他を根絶しえなかったので、種々の原理は一緒に存在しなければならず、互いの間で一種の和解を行なわなければならなかったのであります。各々の原理は自分に適すべき発展部分のみを所有することに同意したのであります。他のところではひとつの原理の優勢が専制を生み出したのに対し、ヨーロッパでは文明の諸要素の多様性と、それらが生きてきた闘争形態から自由が生じたのであります。(ギゾー)[1]

禁欲的プロテスタンティズム、西洋、そして近代――この三概念(Trias)の形成にマックス・ウェーバーが決定的な役割を果たしたことは、いまさら指摘するまでもないであろう。『宗教社会学論集』の「序言(Vorbemerkung)」において、ウェーバーは以下のように問題を設定している。「近代ヨーロッパ世界に生を

うけた者が普遍史的諸問題（universalgeschichtliche Probleme）を取り扱おうとする場合、彼は必然的に、そしてそれは当をえたことでもあるが、次のような問題の立て方をするであろう。すなわち、いったい、どのような諸事情の連鎖（welche Kettung von Umständen）が存在したために、他ならぬ西洋（Okzident）という地盤において、またそこにおいてのみ、普遍的な（universell）意義と妥当性をもつような発展傾向をとる文化的諸現象——少なくともわたしたちはそう考えたいのだが——が姿を現すことになったのか」[2]。この一節は、近代化がいわゆる西洋化と同一視でき、かつ肯定的に評価される場合に、とくに意味をもち、かつアクチュアルに思われることであろう。こうした前提のもとでウェーバーの比較文化社会論を解釈したのが、いわゆる近代化論であった。たとえばロバート・N・ベラーは、近代日本の経済発展の成功を説明するために、ウェーバーの「プロテスタンティズム・資本主義テーゼ」に依拠しつつ、日本の思想伝統に禁欲的プロテスタンティズムの「機能的代替物」を探そうとした[3]。さらに興味深いのは、ベラーのみならず、ベラーの批判者も同じ前提で議論をしていることである。たとえば、日本はたしかに外面的な近代化には成功したが、禁欲的プロテスタンティズムに比肩すべき「エートス」に欠けていたという議論がそれに当たる[4]。

近代化と西洋化の同一視および近代化の一義的肯定という前提は、しかしながら、いまやそれほど自明ではない。いろいろな形で近代の負の側面が問題にされ、またさまざまな文化において、さまざまな仕方で近代化がありうるのではないかという議論（近代の複数性）が出されている[5]。そしてこの当然の論理的な帰結として、西欧中心主義がますます鋭く意識され、さらにまた「西洋においてのみ」という議論の文化本質主義的な意味合いに批判が集まっている[6]。

こうした理論状況をふまえたうえで本章では、マックス・ウェーバーにおける禁欲的プロテスタンティズム、西洋、そして近代の三者関係を、彼の著作における自然法理解をたどることで再検討する。ここでの関心は、これら三つの概念の連続性を論証することではなく、むしろ近代化論において覆い隠されてきた齟齬をあぶり出すことである。この際、自然法に注目するのは、以下の三つの理由からである。まず、自然法がウェーバーによって「西洋にのみ」固有の現象のひとつに数えられていること。次に、自然法観念の変遷とその意味の分析がプロテスタンティズム研究においてひとつの重要なテーマになっていること。そして最後に――一般的な確認ではあるが――、自然法理解がかなりの程度において政治観と相関すること、である。

第一節　ウェーバー・コントラ・自然法？

「ウェーバーと自然法」というテーマはこれまでほとんど研究されたことはない。したがって本題に入る前にまず、こうしたテーマ設定を阻んできた従来の解釈枠組みを明らかにしておきたい。

1　ウェーバー批判

ウェーバーの自然法論がほとんど研究されてこなかったのは、とりわけ「ウェーバーと全体主義」の親近性を問題にする解釈枠組みによるところが大きい。この枠組みにおいては、ウェーバーの理論は全体主義と親和的であり、少なくともそれに対して免疫力がないとされてきた。ウェーバーの理論には、「目的合理性」に還元されえない、「価値合理的」な自然法が欠如していたというのである。

こうした批判は、第二次世界大戦後、とりわけトミズムによって唱えられた「自然法ルネサンス」と結びついている。[7] しかしマックス・ウェーバーにおける自然法観念の欠如を問題にする議論は、トミズムに限定されない。ヴォルフガング・モムゼンの『マックス・ウェーバーとドイツ政治』もこうした解釈枠組みのもとで書かれている。彼は、ウェーバーからシュンペーターへの流れを確認しつつ、以下のように述べているが、これはこの解釈枠組みの範型をなしている。

「政治指導をめぐる競争的闘争」としての民主主義というシュンペーターの有名な理論は、ウェーバーの説のひとつの注目すべき後継者である。〔…〕シュンペーターに対しては、次のような問いを立てなければならないであろう。すなわち、民主主義体制と民主主義的行動様式に自然法的な源泉から流れ出る内面的な価値評価が伴っていなければ、その程度の「ゲームの規則」の尊重すら、そして公正や寛容は、はたして長期的に維持されうるのかという問いである。〔…〕こうした民主制はますます強力に寡頭制化する傾向にあることは間違いなく、そしてつねに権威主義的支配に転化する危険性をもつのである。こうしたことはかなりの程度ウェーバーの民主主義エリート論に当てはまるのである。(8)

こうした文脈において、レオ・シュトラウスの『自然権と歴史』にも言及しておくべきであろう。彼のエソテリシズムをいかにとらえるかという問題はあるものの、彼の『自然権と歴史』は、ウェーバー批判のなかでしばしば引用され、「ウェーバー・コントラ・自然法」という議論枠組みの形成に大きな役割を果たしてきた。たとえば以下の一節は、いわゆる「社会科学」のあり方のとても痛いところを突いている。

自然権の否定は必然的に悲惨な結果に至らざるをえないように思われる。〔…〕現代の社会科学は、わたしたちが選びとった一定の目的のための手段に関しては、わたしたちを大いに賢く、利口にしてくれる。しかしそれは、妥当な目的と不当な目的、正しい目的と正しくない目的を区別する際には、何ら助けになりえないと自認している。〔…〕現代の社会科学に従うかぎり、副次的に重要な事柄に関しては利口でありうるし、また利口になりうるであろうが、しかしもっとも重要な点に関しては完全な無知に身を委ねるほかない。［…］こうしてわたしたちは、些事にたずさわるときには正気で冷静でいるのに、重大な問題に直面すると、狂人のように一か八かの賭けに打って出る人と、同じ立場に立つことになる。――つまり正気のほうは小売りしながら、狂気のほうは卸売りするという具合なのである。(9)

この箇所において、シュトラウスはウェーバーの名前を出してはいない。彼の標的はむしろ、行動科学的な政治学である。しかしシュトラウスが――モムゼン同様――、合理性を任意の目的のための手段の最適化に限定してしまう目的合理性を問題にしていることは明らかである。シュトラウスはこうした目的合理性に還元されえない法、ないし規範に目を向けるのである。もちろんモムゼンとシュトラウスでは、自然法という概念において理解している内容は相当異なる。(10) しかしそれでも彼らの著作の影響のもとで、「ウェーバー・コントラ・自然法」という解釈枠組みが形成されてきたのである。

2　ウェーバーにおける反自然法的な要素について

モムゼンが指摘するように、たしかにマックス・ウェーバーには、民主主義や人権に対する価値合理的な、あるいはモムゼンが考えるような意味での自然法的な信念は希薄と言わざるをえない。従来の議論では、その根拠として、次の三つの理由が指摘されてきた。

第一点目は、いわゆる「価値自由」に関係する。ウェーバーの「事実と価値の峻別」の要求は超経験的な「自然的」秩序や法に対して基本的に無関心な実証主義として解釈され、その意味で自然法に対立するものと言われてきたのである。レオ・シュトラウスのウェーバー批判は、まさにこの点を突いたものであった。(11)

第二点目は、法実証主義に関係する。ウェーバーの『法社会学』における形式合理化の議論は、自然法的な公理の崩壊と法実証主義の成立の社会学的な説明を含んでいる。[12] ウェーバーはここに近代における法の発展傾向を見るのである。そして彼の『法社会学』はしばしば、ケルゼンとの関連で議論されてきた。[13]

そして第三点目は、いわゆる権力政治に関係する。モムゼンは「マックス・ウェーバーにおいては、民主主義に固有の基本価値がネイションの権力利害関心の後ろに強力に押さえ込まれていた」と主張したが、[14] ウェーバーの「国家理性」的観点のラディカル化は、近代自然法的な基礎を掘り崩さざるをえないというのも、彼の権力政治観の極端さを鑑みると、十分説得力をもつ議論であると言える。

上記の三つの基本的には独立した議論の枠組みのそれぞれがそれぞれを支えつつ、ウェーバーの理論と自然法は水と油のように関係のないものだという理解を生み出している。そして自然法とは何かという大問題をわざわざ問うまでもなく、ウェーバーの政治理論はいかなる意味における自然法——あるいは「規範」——をも否定するものであり、その意味において全体主義との関連を否定できないという通説が、すでに長い間定着している。

3　ウェーバーの自然法への関心

しかしウェーバーには自然法への関心がなかったと言うならば、それは大きな間違いである。その関心がなみなみならぬものであったことは、たとえばカール・フォスラーへの書簡（一九〇八年五月五日付け）でも確認できる。

わたしが最後に［…］トマス・アクィナスに取り組んでから、もう一五年ほど（1 1/2 Jahrzehnte）になります。したがって本書で国家論と倫理というとき、ひょっとするとかなりのものが別のパースペクティブのもとに移しうるのではないかというわたしの感じが、何によるものなのかを、積極的に証拠を示すことはおろか、明確な定式化によって提示することもできません。［…］［それでも］自然法（lex naturae）、自然の理性（naturalis ratio）といった難しい概念が、この未解決の問題が横たわる領域であると言えるかもしれません。わたしは［自然法に］きわめて強い関心をもっています、まさにこの面にもっとも詳しいトレルチがそうであるのと同じくらいに。(15)

これに対応する形で、ウェーバーは彼の著作のさまざまな箇所で自然法の問題を取り上げている。『科学論』においてウェーバーは、歴史学派の「有機的自然法理論」と批判的に対決しているし、(16)プロテスタンティズム研究、(17)ロシア研究、(18)中国研究、そしてインド研究においても、(19)自然法は重要な位置を占めている。しかし「ウェーバー・コントラ・自然法」という解釈枠組みを前提にしてウェーバーの著作に取り組むことで、これらはすべてないがしろにされてきたのである。

第二節　比較文化社会学における自然法

1　「西洋にのみ」固有の現象としての自然法

『法社会学』において、ウェーバーは自然法を以下のように定義している。「「自然法」はあらゆる実定法から独立し、実定法に先立って妥当する規範の総体である。こうした自然法的な規範は、人為的な（willkürlich）法定立によって権威を授けられるのではなく、逆に自然法的規範があるから人為的法定立の拘束力がはじめて正当化されるのである。つまり、自然法的な規範はそれが正当な立法者によるものだからではなく、それ自身の内在的な諸性質のゆえに正当なのである」[20]。ここにおいてウェーバーは実定法との関係において自然法を定義している。これはいわゆる法実証主義につながっていく視座である。しかしウェーバーの自然法への視座は、すでに示唆したように、自然法と実定法の関係に限定されるわけではない。

従来看過されてきた論点のなかで、本研究にとって重要なのは、比較文化社会学の文脈における「西洋にのみ固有の現象としての自然法」という論点である[21]。「西洋、なかんずく近代西洋における合理主義の独自な特性」、自然法はまさにこのウェーバーの理論の中心点に直接かかわっている[22]。『法社会学』において、ウェーバーは――おそらく当時、自分が発見したばかりのこの論点に心を昂らせながら――、しつこいくらいに「のみ／だけ（nur）」を連発しながら、以下のように要約している。

西洋だけが、完全な発展をとげたディングゲノッセンシャフト的裁判と、家産制の身分制的ステロ化とを知っていた。また西洋だけが、合理的な経済の発展を知っており、この経済の担い手たちは、最初は身分制的な諸権力を倒すために君主の力と同盟したが、その後は君主権力に対して革命的に対立するにいたった。したがってまた西洋のみが「自然法」を知っていた。西洋のみが、法の属人性と、「自発的合意がラント法を破る」という命題との完全な除去を知っている。西洋のみが、ローマ法という個別的な形成物を成立させ、ローマ法の継承という事件を経験した[23]。

西洋のみに固有の現象としての自然法という論点は、『法社会学』のみでなく、のちに述べるように、中国研究、インド研究においても継続されていく。この論点はこれまでのウェーバー研究において注目されずにきたが、彼の比較宗教社会学における中心テーマのひとつなのである。

2　禁欲的プロテスタンティズムと西洋合理主義の連続性という解釈枠組みについて

a　プロテスタンティズムと「西洋」の連続性という前提の疑わしさ

これまでもウェーバー研究において「西洋」概念はとても精力的に議論されてきた。しかしながら、自然法というテーマがこの文脈で議論されたことはほとんどない。[24] ここには、モムゼンの解釈が前提にしている「ウェーバー・コントラ・自然法」という解釈枠組みが作用している。しかしこれに加えて、ウェーバーの「西洋」概念をめぐる議論から自然法というテーマを排除してきた背景として、もうひとつの解釈前提にも言及しておくべきであろう。それは、禁欲的プロテスタンティズム、近代資本主義、そして西洋合理主義は一貫した連続体であるとする解釈枠組みである。

これまで多くのウェーバー研究者は、こうした解釈枠組みにおいてウェーバーの著作と取り組んできた。その代表的な一人としてヴォルフガング・シュルフターを挙げることができる。[25] しかしながら、禁欲的プロテスタンティズム、近代資本主義、そして西洋合理主義の連続性という前提はそれほど自明ではない。ウェーバーは『宗教社会学論集』の「序言」において、西洋にのみ成立した現象としていくつかの例を挙げている。[26] しかし、それらの意外なほど多くが禁欲的プロテスタンティズムとは関係が薄い。たとえばゴシック建築である。ゴシック建築はスコラ学の相関物であるとするパノフスキーのテーゼはさておくとしても、[27] ゴシックをプロテスタンティズムとの関連で説明しようとするのはかなり無理がある。それどころかドーム建築はしばしばプロテスタンティズムの急進派によって破壊されてきた。[28] またウェーバーは西洋にのみ固有の現象として、ローマ法、レーエン封建制、あるいは等属国家、ルネサンス期における合理的な実験、絵画における遠近法、音楽における合理的な和声音楽（対位法）などを挙げているが、これらの現象は、「西洋」とプロテスタンティズムをあまりに強く結びつける解釈枠組みにおいて、不自然なまでに軽視されてきた。同様のことが自然法にも言える。[29] ウェーバー全集『法社会学』の巻の編集責任者であるヴェルナー・ゲプハルトは、「法の一般的発展」に関するウェーバーの議論全般について、[30]「プロテスタンティズムの倫理が合理的な法の発展に対して有する意義という論点は、『法社会学』においては不明確なままである」と指摘しているが、[31] これは基本的に正しいと言わなければならない。

b　比較文化社会学の出発点としての『音楽社会学』

『プロテスタンティズムの倫理と資本主義の精神』は、マックス・ウェーバーの比較文化社会学の出発点となった著作である。しかしすでに述べたように、プロテスタンティズム、資本主義、そして西洋文化の連続性を前提にして、彼の著作を読むことには慎重でなければならない。[32] こうした想定から距離をとるならば、ウェーバーが現行の『経済と社会』の初期草稿とほぼ同時期に執筆した、いわゆる『音楽社会学』の重要性が浮かび上がってくる。ウェーバーはこの音楽研究において、のちに展開されることになる比較文化研究の基本原則を、すでに明確に定式化しているのである。その基本原則とは、以下の五点である。

（i）「西洋においてのみ」という問い

マックス・ウェーバーの著作における西洋合理主義というテーマの成立に関して、彼の音楽社会学的な論考は決定的に重要である。[33] このことに関しては、マリアンネ・ウェーバーも以下のように述べている。

音楽社会学の論文は、著者が企画した芸術の社会学への最初の礎石である。東洋と西洋の音楽形象をはじめて研究した際にウェーバーの心をとらえたのは、一見してもっとも純粋に感情に根ざしている芸術である音楽においても、あるいはこうした音楽においてこそ、理性（Ratio）がきわめて重要な役割を果たしており、そして西洋における音楽の固有性は、科学やあらゆる国家的および社会的諸制度の固有性と同様に、ある特有の性質の合理主義によって規定されているという発見であった。[34]

今日のウェーバー研究の水準からして、マリアンネの証言の取り扱いには細心の注意が必要である。[35] しかしこの点に関しては、正しいように思われる。ウェーバーはすでに『音楽社会学』において、「古代ギリシアや、あるいはまたたとえば日本のように、少なくとも［西洋と］同等のレベルに達した音楽文化をもった非西洋地域とは異なり、そもそもなぜ地球上のある一地点において、ともかくもかなり広範囲にいきわたっていた多声性（Mehrstimmigkeit）から、ポリフォニー音楽や和声的ホモフォニー音楽および近代的な音組織が発展したのか」との問いを立てている。[36] もちろんウェーバーが文化比較を行なうのはさらに以前からであり、『古代農業事情』（第三版、一九〇九年）はその代表的な著作である。[37] しかし「西洋においてのみ」という問題設定がはじめて十全な形で定式化されたのは、この『音楽社会学』においてであった。上記の引用はウェーバーの比較文化社会学の出発点と言えるのである。

（ii）「特有の発展条件」への注目

ウェーバーの現実科学は因果連関を追究するものである。しかし、それは単一の連関（monokausal）にのみ注目するわけではない。「西洋にのみ」の現象を説明するにあたっても、何らかの特徴的な要素を指摘するだけでは不十分である。そうではなくて、そうした現象を成立せしめる「特有の発展条件（spezifische Entwicklungsbedingungen）」が問われなければならない。ウェーバーは『音楽社会学』において、「多声性がかつて存在し、また現在も存在しているのは決して西洋音楽にかぎったことではない。そこでまず最初の問いは、西洋音楽に特有の発展条件である」と書いている[38]。この問いは『法社会学』にも引き継がれていく。あるいはより正確には、『経済と社会』の旧稿内での重心の変化を引き起こしていく。一九一〇年の「題材配分プラン（Stoffverteilungsplan）」では「法と経済の関係」であったものが、一九一四年の「著作プラン（Werkplan）」においては「法の発展条件」へと書き直されるのである[39]。

(iii) 非合理性を内包した合理性

ウェーバーにおいて西洋の音楽と他文化圏の音楽システムを分かつものは、「合理性」ではない。「プリミティブな音楽」も「規則性のない恣意のカオス」では決してないし[40]、中国の五音階はきわめて高度の合理性を有している。また西洋の和音和声法も「合理的に完結した統一体（rational geschlossene Einheit）」ではなく[41]、非合理性を内包している。こうした非合理性は、ウェーバーのポリ（多）遠近法主義と密接に関係する。彼の関心は、単数形で語られる合理化ではなく、「一義的な整合型は貫徹不可能であり、合理化のこうしたさまざまな基礎の間の妥協や選択が可能であり、また不可避であるということ、およびそれがいかなる意味においてか」を示すことにある[42]。ウェーバーが音楽を例にして明らかにしようとしたのは、「音楽の和声的合理化は、旋律上の諸事実との絶えざる緊張関係に身をおき、旋律上の諸事実を決して完全には自分のなかに取り込むことができないということ、そしてそれだけではなく、音楽の和声的合理化は——七度が、間隔的に見ると、非相称的な位置を占めている結果——それ自体のうちにも非合理的な要素を内包しているということ」であった[43]。

（iv）西洋理解

ウェーバーの世界音楽および文化の類型論は、個々のシステムないし文化において非合理性が占める位置に注目することで成り立っている。「世界宗教の経済倫理」の「序論」における以下の一文に、ウェーバーの比較文化社会学のすべてが凝縮されている。「あらゆる民族とあらゆる時代の重要な音楽システムを分かつものは、それぞれのシステムがいかにしてこの不可避の非合理性を覆い隠し回避するか、あるいは逆に調性の豊穣化のために利用することができたか、というその仕方によるのである[44]」。

ウェーバーにとって、それぞれの文化およびその音楽システムは決して閉じた実体ではない。「ピュタゴラスのコンマが音響物理学的にあますところなく合理化しようとする試みに抵抗するように」、「徹底した合理主義ではなかなか割り切れない」ことから来る非合理性を[45]、いかに処理するかというその仕方によって、それぞれの音楽システムの特徴が決まるのである。ウェーバーは中国の文化を非合理性を覆い隠すことによって特徴づけ、これに対して西洋の文化はこうした非合理性を「逆に調性の豊穣化のために利用する」と言うのである[46]。

（v）プロテスタンティズムと「西洋」文化のズレ

『音楽社会学』において、「西洋」という概念は禁欲的プロテスタンティズムと交わることがない。ウェーバーがプロテスタンティズムに言及するのは、教会からオルガンを追放したという点だけである[47]。同様のことが、一九一一―一九一三年の草稿において重要な位置を占める『法社会学』にも妥当する。

『音楽社会学』における西洋について言えば、ウェーバーが注目するのは、プロテスタンティズム以前の時代である。つまり、修道士による「楽譜」の改良がポリフォニー的音楽を発展させ、これが「ノートルダムやケルン・ドーム」といったゴシックの空間において演奏されるようになる。[48]ウェーバーはそうした時代に「西洋」の形成を見るのである。

さらにプロテスタンティズムと西洋のズレは、一九二〇年におけるウェーバーのプロテスタンティズム研究の改訂を検討することで、一層明確になる。現行のテクストにおいて「西洋」は、その形容詞形も含めて、九回出てくるが、改訂前の一九〇四／一九〇五年の時点では、一度しか出てこない。[49]ここから、ウェーバーは当初においては、西洋合理主義についての関心と展望をもって彼のプロテスタンティズム研究に取り組んだわけではなく、むしろ後になってから「西洋」というテーマをプロテスタンティズムに関する議論に接合したと考えることができるのである。

3　ウェーバーの自然法への視座——宗教と政治の緊張関係

以上のように、マックス・ウェーバーの比較文化社会学の文脈における自然法というテーマは、「ウェーバー・コントラ・自然法」という解釈枠組みと禁欲的プロテスタンティズムと西洋合理主義を連続的に解釈する枠組みによって、これまで議論されずにきた。しかしこのふたつの解釈枠組みのメガネを外してみるならば、『法社会学』における以下の箇所が浮かび上がって見えてくることになる。

教会が世俗的な諸力との関係を求める必要を感ずるにいたったとき、教会はすでにみたように、「自然法」というストア派の観念——すなわちひとつの合理的な思想形象——の助けを借りて、世俗的諸勢力との関係を調整した[50]。

わたしたちは前に、「自然法」が基本的にはストア派の所産であり、これをキリスト教が――キリスト教自身の倫理と現世の諸規範とを架橋するために――受けついだものであることを学んだ。自然法は、罪と暴力との現世の内部で神の意思にしたがって正当とされるところの「万人のための法」であり、神の帰依者に直接に啓示され、宗教的に選ばれた者にとってだけ明らかな神の命令とは区別されるものであった[51]。

ウェーバーは、自然法を論じるにあたって、その起源をノモスに対してピュシスを立てたギリシア哲学ではなく、また自然法ではなく自然権を出発点にしたホッブズでもなく、ストア派に着目するのである[52]。この点に関して、エルンスト・トレルチに言及しておくべきであろう[53]。彼は第一回ドイツ社会学者大会において、「ストア・キリスト教的自然法と近代の世俗的自然法」（一九一〇年）と題する講演を行ない、このテーマは『キリスト教的教会および集団の社会教説』（一九一二年）においてさらに発展させられている。トレルチは上記の講演においてすでに、「教会はいかにして、社会生活の非キリスト教的な事実および理念との関係を形づくることができたのか、そしていかに思想の内面からする動機づけをもってこれを形づくることができたのか」と問い、その答えを「ストア派の産物」である「キリスト教的自然法」に求めているのである[54]。

この点において、ウェーバーの見解は完全にトレルチと一致している。そしてウェーバーがこの講演にとても満足していたことは、当日不在であったフランツ・オイレンブルクへの書簡（一九一〇年一〇月二七日付け）においても確認できる。「トレルチ。講演、秀逸。とりわけ完璧に価値自由的。議論はこの日最高の出来」[55]。ウェーバーはここで彼にしては例外的と言っていいほどの褒め言葉を並べている。あるいはむしろ、こうした自然法理解という点において、ウェーバーはトレルチのエピゴーネンと言ったほうがフェアかもしれない。

しかし、ウェーバーとトレルチには微妙なズレがある。彼らはたしかに同じ対象をきわめて似た概念を使って論じているが、そのアクセントはほんの少し、しかしその内容において決定的にズレている。ウェーバーがおもに関心を向けるのは、それを背景にして自然法観念が成立したところの、宗教倫理と現世の緊張関係であり、これに対してトレルチが関心をよせるのは、自然法による対立の調停ないし克服である。前者においては緊張が、後者においては統一が問題なのである[56]。

同様のことが、彼らの西洋理解、ないし「統一文化（Einheitskultur）」という概念にも妥当する。トレルチはこの概念を西洋キリスト教文化の本質であるとする。彼は『社会教説』において、以下のように述べている。「キリスト教的統一文化はその統一をキリスト教の理念に直接負っているのではなく、キリスト教的理念によって支配され、我がものとされた自然法的・アリストテレス的・旧約聖書的な理念に負っているのである。この際、自然法は理論的には強力にキリスト教的理念に適応し、実践的にはキリスト教的理念と対立する社会秩序において形成されるのである[57]」。これに対してウェーバーは、「統一文化」を「西洋」のメルクマールではなく、むしろそれからの逸脱であるとする。『支配の社会学』の一節において、彼は以下のように述べている。

西洋の文化の特殊な発展の萌芽を宿していたのは、つまるところ、一方では官職カリスマと修道院生活の間の、他方では政治権力の封建制的・身分制的な契約国家の性格とそうした政治権力から独立し、それと交差する合理的・官僚制的に形成された教権制の間の、緊張と独自の調整（die Spannung und der eigenartige Ausgleich）なのである。社会学的な考察にとっては少なくとも、西洋の中世は、他の文化がそうであったところのものが、その程度においてはるかに少ない。すなわち、教権制が勝利して以来のエジプト、チベット、ユダヤの文化、儒教が完全に勝利して以来の中国文化、封建制が勝利して以来の——仏教を度外視すればであるが——日本文化、皇帝教皇主義および国家官僚制が勝利して以来のロシア文化、カリフ制と支配のプレベンデ的・家産制的なステロ化が最終的に確立されて以来のイスラム文化、そして最後に——もちろん多くの点で他とは異なった意味においてではあるが——古代のギリシア・ローマ文化が、それぞれ程度は違うが、それでも高度にそうであったところのもの、つまり「統一文化（Einheitskultur）」ではなかったのである。[58]

ここにおいて明瞭に示されているように、ウェーバーはあくまで緊張のほうに力点を置き、「統一文化でなかった」点をもって西洋のメルクマールとしている。[59]そして彼の「西洋」は近代ではなく、ヨーロッパ中世と関係するものである。[60]また彼の「西洋」は、プロテスタンティズムと西洋を連続的に理解しようとする多くの解釈とは矛盾する形で、プロテスタンティズムとも断絶している。ウェーバーはこの引用箇所に引き続いて、以下のように述べている。「政治権力と教権制的権力との同盟は、西洋において二度、その頂点に達している。カロリンガ帝国と、ドイツ＝ローマ帝国がその勢力の絶頂にあったかぎられた時期であり、二回目は、一方ではカルヴィニズム的神政政治の少数の例においてであり、また他方ではルター派およびイギリス国教会地域における強度に皇帝教皇主義的国家と、反宗教改革地域ではとりわけカトリック・スペインの大統一国家と、とくにボシュエ時代のフランスにおいてであり、どちらも強度に皇帝教皇主義的な性格をもっていた。その他の場合にはどこでも——そして当時においてさえかなりの程度で——西洋の教権制は政治権力との緊張関係のなかで生きてきたのであり、政治権力に対して、そして古代やオリエントの純粋な皇帝教皇主義的、ないし純粋な神政政治的な形態に抗して、特殊な制約となってきたのである」[61]。ここにおいても宗教と政治の緊張関係に焦点が当てられている。そしてこの緊張関係は「祭司が同時に王の機能を」もつような神政政治（Theokratie）においても[62]、また「世俗的権力のもとに祭司的な権力が完全に従属せしめられている」「皇帝教皇主義（Cäsaropapismus）」においても[63]、失われてしまうものなのである。こうした西洋文化への視座は、マキアヴェリの権力政治について論じた本研究第Ⅲ章の分析と一致する。すなわち、ウェーバーはさまざまな形で、しかし一貫して政治と宗教の緊張的関係について論じているのである。

自然法ならびに西洋文化の理解に関するウェーバーとトレルチのこうした違いは、両者の依拠する哲学的な前提の違いでもある。フリードリヒ・ヴィルヘルム・グラーフは、「ウェーバーが政治、倫理、宗教という異質な価値領域間の架橋不可能な裂け目を強調するところで［…］、トレルチは媒介を理論的に可能にしようと努力する」と述べている[64]。そしてこの相違をグラーフは、「わたしのテーゼによれば、トレルチとウェーバーの関係を研究する際には、これまでよりもはるかに多くの注意を彼らの果たした公的な役割の差に向けなければならない。トレルチが［ウェーバーに比べて］はるかに権力の中心の近くにいたということは、いずれにしても、彼が知識人の政治的コミットメントの実践においてのみならず、その理論においても妥協することが不可避であることを強調する（唯一ではないが）ひとつの理由であろう」と説明している[65]。ここではこのグラーフの解釈を検討することはしない。ただ、ウェーバーがストア・キリスト教の自然法に言及するにあたって注目していたのは、政治と宗教の緊張関係であり、この点が彼の西洋理解のメルクマールでもあり、さらに彼は自然法による現代文化の「総合」などは決して主張しなかったという点だけ、確認しておきたい[66]。

4　中国・インドにおける自然法観念の欠如

西洋政治の概念史の領域においては、宗教と政治の対立はしばしば自明視されてきた。しかしウェーバーの比較文化社会学においては、これはそれほど当たり前のこととはみなされていない。政治と宗教の緊張関係はあるひとつの関係性のあり方にすぎない。領域が複数あること、あるいは諸領域が分化しているということは、それらの対立の必要条件であっても、十分条件ではないのである。ウェーバーの『音楽社会学』の用語を使うならば、音の複数性（Mehrstimmigkeit）はポリフォニーの必要条件であっても、決して十分条件ではない。音の複数性は世界の多くの音楽文化に知られていたが、厳密な意味でのポリフォニーはそうした複数の音を配置するある特殊なシステムを前提にしてはじめて可能になるのである。いずれにしても、ウェーバーの比較文化社会学は、諸領域の関係性という水準に着目し、それらの特殊な緊張関係によって「西洋」を特徴づけ、こうした緊張関係との関連で自然法を解釈する。逆に言えば、ウェーバーは、中国とインドにおいては西洋的な緊張が欠如していたがゆえに、自然法観念が成立しなかったと解するのである。

a　中国[67]

自然法概念は多義的であり、その定義は研究の問題関心に依存する。したがってその問題関心如何によっては、中国にも自然法があったという議論は可能である。ウェーバー自身、彼の中国研究において、「先祖への恭順という絶対的で神的な自然法」という表現を用いている。[68]「神的で不変の自然法はあるにはあったが、それは呪術の効力という点において昔から折り紙つきの聖なる儀式および先祖の霊に対する義務という形においてのみであった」と述べるのである。[69]こうした意味での自然法はもちろん中国の儒教的な秩序観、すなわち「非人格的規範にして、調和的であり、あらゆる神的なものの上にあるコスモス」と相関している。[70]そしてこうした秩序観はまた、支配形態としての家産制国家、音楽における五音階と密接に結びついている。[71]しかしこうした種類の自然法は、ウェーバーの意味における自然法ではない。

「近代西洋的な自然法の発展」は――ウェーバーによれば――「実定法の合理化」を前提にしているが、中国においてこれは福祉国家的家産制の構造によって阻害されていた。[72]もちろんこれは中国の国家が、法の形式合理化に対して、実質的に合理的な性格をもっていたということではあるが、ウェーバーはむしろそれ以上に自然法の前提条件としての緊張関係に注目する。[73]「自然法的個人主義的な社会倫理は近代において西洋ではまさに形式的法と実質的な正義の緊張から生じた」と言うのである。[74]

中国の文化は緊張のラディカルな排除によって特徴づけできるが、自然法観念の欠如はこうした中国文化の特性に起因する。以上によりウェーバーは、「このような事情においては、西洋において、イスラムにおいて、あるいはまたある程度はインドにおいてすら存在した聖なる法と世俗の法の間の緊張（Spannung）が、完全に欠如していた。古代（とくにストア派）と中世の意味での自然法論は、哲学的ないし宗教的な公理の「現世」に対するかの緊張とそこから帰結する「原始状態」論を前提にしているが、それは儒教においてはまったく知られえなかった」と結論づけるのである。[75]

b　インド[76]

ウェーバーはインドにおいても自然法観念は不在であったと指摘する。[77]しかし理由は中国文化の場合と同じではなく、むしろ反対である。中国的秩序の特徴が、政治権力と宗教的な権威がひとつの矛盾のない調和的コスモスのなかにあり、両方が一人の人格に担われている点にあるとすれば、これと正反対のことがインド的な秩序の特徴をなす。ウェーバーは、「インドの国王は［…］純粋に儀礼的な事柄において実際には大きな権力をもっていたが、そうであったとしても、彼自身が同時に司祭であることは決してなかった」と述べる(78)。すなわち「インドにおいては、君主は基本的には純粋に世俗的な政治から、つまりカリスマ的な戦争指導者の戦争遂行から出てきたのに対して、中国では［…］最高司祭に由来する」と言うのである(79)。

「政治的最高権力と司祭的最高権力の一元性と二元性」は、もちろん「どこにおいてもきわめて重要な対立」である(80)。しかし中国のように未分化な一元性ではないにもかかわらず、インドにおいても――ウェーバーによれば――自然法はない。それは一元的か、二元的か、あるいは分化しているか、していないかという基準では見えてこない諸領域の関係性のあり方の問題である。この関係性のあり方において、西洋とインドの文化は区別される。すなわち、諸領域が特有の緊張関係にあった西洋とは異なって、インドにおいては「普遍妥当的倫理はなく、徹頭徹尾身分的に特化された私的・社会的な倫理があった」だけであり、「相互に異なるだけでなく、まさに互いに鋭く矛盾する身分的諸倫理の並存もまったく問題ではなかった」のである(81)。

こうした世界秩序においては、そもそも「根源的な悪」という観念はありえなかった。というのも「罪そのもの」がもちろんありえなかったからである。むしろつねにあったのは、カーストの所属によって決められた具体的なダルマに対する儀礼的な違反だけであった。その等級化において永遠なるこの世界にあっては、至福の原初状態も、至福の最終王国もなく、かくしてまた――実定的な社会秩序と対立するような――人間ならびに事物の「自然的」秩序も、したがっていかなる種類の「自然法」もなかった。あったのは――少なくとも理論的にではあるが――聖なる、身分的に特化された、それでいて実定的な法だけであり、またこうした法によって——無関係として——法的に規制されずに放置された分野では、君主、カースト、ギルド、氏族による実定的な規則と個人の取り決めだけがあった。(82)

統一的な無矛盾な性格ゆえに機能分化を抑止していた中国とは異なり、インドにおいてはさまざまなカースト秩序が分化していた。こうした諸カーストに対応する形で、インドではさまざまな特別法が並存していた。しかしこうした諸カースト間の関係は、西洋におけるような相互の緊張関係ではなく、むしろ無関係な並存であった。したがってそうした緊張関係を調整する必要もなく、そうした調整の理論としての西洋的な意味での自然法は出てきようがなかったのである。こうしてウェーバーは、以下のように述べる。「西洋において「自然法」を要請した諸問題の総体が、完全にかつ原理的に欠如していた。というのも、なんらかの審級の前での、少なくとも何らかの超現世的な「神」の前での人間の「自然的」平等はまったく存在しなかったのである。このことは事柄のネガティブな側面である。そしてこれはもっとも重要な側面である。すなわち、これによって、社会批判的な、自然法の意味で「合理主義的な」思弁や抽象の成立は完全かつ永遠に排除され、いかなる「人権」の成立も妨げられたのである(83)」。

5　西洋から近代へ

マックス・ウェーバーの比較文化社会学における自然法の位置をめぐる考察から、唯一自然法観念を成立せしめたとされる彼の「西洋」概念の核は、独自の緊張関係にあるということが明らかになった。「西洋」は、さまざまなパースペクティブがそれぞれ衝突しあい、そのいずれもが支配的な地位を占めることなく、それでいてこわれてしまわないような秩序のあり方と関係する。そしてこうした秩序は、音楽的に表現するならば、「ポリフォニック」と言うことができる。すなわち、「ひとつひとつの声部がすべて独立してその旋律としての権利を獲得し、しかもそれにもかかわらず、そしておそらくはまさしくそのことによって、アンサンブルがアンサンブルとして厳格な音楽的（調的な）統一性を守る」という秩序なのである。[84]

ウェーバーはこうして西洋的な秩序を、「単一支配的（monokratisch）」秩序、すなわち政治と宗教が融解しているような秩序との対抗関係において描き出す。西洋は神政政治ではないという点によって特徴づけられるのである。ウェーバーはすでに『古代農業事情』において、以下のように述べている。「神政政治への傾向が比較的少なかったのは、迷信にかかりやすい度合いが種族によって相違するという点によるものでもない。［…］西洋において宗教的なものが果たした、まったく異なる役割は、堅固な編制をもち、統一的に組織された祭司身分が存在しなかったこと、ならびにそれから由来するすべての帰結と関連する」。[85] これに対応して、ウェーバーはさまざまな形で西洋中世社会における競合、闘争、決闘、摩擦、緊張を取り上げるのである。

このように理解された「西洋」は――すでに示唆したように――つねに近代と順接的に結びつくわけではない。ウェーバーはたしかにしばしば引用される「序言」の有名な箇所で、「西洋の、なかんずく西洋近代の独自な特性」がテーマであると述べている。[86] しかし注意が必要なのは、ここでのアクセントは近代ではなく、西洋に置かれているという点である。ウェーバーは西洋にのみ固有な現象を列挙したあと、「これらの場合すべてにおいて」「西洋文化に特有な「合理主義」」が問題であると書いている。[87] 実際、彼の著作において、西洋と近代が結びつけられている箇所は、思われているよりもはるかに少ない。[88] ウェーバーが西洋文化のメルクマールとする諸領域間の緊張関係への視座は、西洋近代というよりも、中世社会に結びついている。こうしたテーゼは、すでに述べてきたように、ウェーバーの自然法に関する議論にも当てはまる。[89] ウェーバーは、個人の権利から出発する近代自然権思想ではなく、同時に秩序原理でもあるようなヨーロッパ中世の自然法の条件に関心を抱いているのである。[90] したがって、マックス・ウェーバーにおける西洋は、近代とはいったん切り離されなければならない。

しかしこのことはもちろん、西洋文化と近代を完全に分断すべきであるということではない。西洋中世の社会は、その非近代的性格にもかかわらず、近代化の苗床であった。西洋中世における伝統と近代の両義的関係を浮き彫りにした点は、ウェーバーの功績である。[91] 近代法に関して言えば、ウェーバーはこれを「形式主義」の概念によって特徴づける。法が「形式的」であるのは、「実体法上も訴訟上も、もっぱら一義的で一般的な要件のみが尊重される」かぎりにおいてである。[92] 法形式主義のポイントは、諸勢力のコンフリクトのゆえに法が形式化されるという連関である。なぜならいかなる「内容」からも独立した一般的規則という意味での「形式」が要請されるのは、対立が「内容」ないし「実質」的な正義をお互いに引き合いに出すことでは解決できないという事態を背景としているからである。「近代」の政治理論であるホッブズの『リヴァイアサン』が、一七世紀イングランドの宗教戦争を背景にしていたというのは、こうした文脈において決して偶然ではない。ホッブズは、宗教、つまりウェーバー的に言えば「内容」の位相の対立とは独立した位相、つまり「形式」の位相において国家を基礎づけようとしたのである。そしてこうした点に注目するならば、ホッブズは自由主義の定礎者と言うことができる。なぜなら「なんといっても自由主義的発想の特徴は、括弧をはずす、ないし括弧に入れることである。一致できない問題は論題からはずされ、これは決着がつかない、さしあたり考慮の外におきましょう、と宣告される」からである。[93] こうした法形式主義はしたがって、紛争の種になる内容的な差異を法の外部へと放逐し、そうすることによって法システムの統一性を維持しようとする試みと言うことができる。[94]

これに関してウェーバーは、以下のように指摘している。「「官憲的」な権力が、つまり君主とその官吏のインペリウムか、法の官憲的な守護者としての祭司勢力が、一方では法的知識の独立したカリスマ的担い手を、他方ではディング団体ないしその代表者の参加を、自分たちの［官憲的な権力の］全能（Omnipotenz）のために完全に排除することに成功したところでは、法形成は早くからあの神政政治的・家産制的な性格をとることになった。わたしたちはまもなく、法形成の神政政治的・家産制的な性格が、法の形式主義的性格に対していかなる帰結をもたらすかを、学ぶことになるであろう」[95]。形式化を妨げるのは全能（Omnipotenz）であり、これを押し進めるのは競合である。こうした意味において西洋的な自然法は、西洋的な社会秩序と密接に結びついているのである[96]。近代のメルクマールとしての形式性は法だけではなく、その他の領域にも当てはまる。ウェーバーは経済[97]や官僚制についても[98]、形式合理性という概念を用いる。また彼の価値自由もこうした文脈において理解されるべきであろう[99]。領域の自律化、ないし社会分化も、こうした対立と形式化の連関によって規定されているのである。以上により、緊張の契機を内包している西洋中世の社会は、形式化と分化によって特徴づけられる近代社会を形成する決定的な条件をなしていたと言える。

しかしそれでも、「西洋」と「近代」はウェーバーの著作においては決して同じものではない。西洋文化が近代化を促したという側面はあるものの、ウェーバーの西洋概念は、ある側面においては近代と対立する。この関連でウェーバーは、官僚制に関して以下のように述べている。「中世における集約的、「近代」的な国家組織の萌芽が官僚制的機構の発展と結びついて現れたことは間違いない。しかしまた官僚制的にもっとも発展した政治組織こそが、結局はかの本質的に不安定な勢力均衡状態に基礎をおく寄木細工［つまり、西洋中世の社会］を破壊するに至ったということもたしかなのである」[100]。近代化と歩みを同じくする官僚制化はその形式的性格ゆえに、近代化を可能にした緊張関係ないし競合関係という条件をしだいに掘り崩していく。

このことは、官僚制ばかりではなく、禁欲的プロテスタンティズムを決定的な要因として成立した近代そのものにも当てはまり、したがって「近代」自然法にも当てはまる。以下においては、ウェーバーの自然法観念を例にとりながら、プロテスタンティズムと「西洋」の差異について検討していきたい。

第三節　カルヴィニズムにおける自然法観念の転換とその政治的意味

1　比較文化社会学の文脈における自然法理解とカルヴィニズムの自然法観念の齟齬

イェリネクの『人権および市民権の宣言』が、ウェーバーのプロテスタンティズム研究にひとつのきっかけを与えたことは、よく知られている。[101] イェリネクは、「個人の、譲渡できない、生得的な、神聖な権利を法的に確定しようとする理念は、政治的ではなく、宗教的な起源をもつ。これまで革命の産物であると思われていたものは、実は宗教改革およびその闘争の果実なのである」と述べているが、[102] たしかにウェーバーのプロテスタンティズム研究は、こうしたイェリネクのテーゼを宗教倫理と近代資本主義の関係に適用しようとする試みとして解釈できる。そして実際、ウェーバー自身も一九〇五年の時点においては、「「良心の自由」の成立史ならびに政治的意味については、周知のようにイェリネクの『人権宣言』が基本である。わたし個人もこの著作から、あらためてピューリタニズムに取り組もうという刺激を得た」と書いている。[103]

しかし、ここにおいてひとつの矛盾に直面する。それは、これまで述べてきたような比較文化社会学における自然法理解とカルヴィニズムにおける自然法観念の矛盾である。ウェーバーの比較宗教社会学の視座によれば――すでに詳述したように――、自然法は「一方における宗教的啓示、他方における実定的政治的形態」という相互に緊張関係に立つふたつの力によって規定されるがゆえに、[104]「二重性（Dualismus）」を特徴とする。[105]あるいは支配構造におけるこの緊張的二重性こそが、自然法成立の条件であり、西洋に特徴的な点である。しかし禁欲的プロテスタンティズム、とりわけカルヴィニズムの自然法観は、この基準で見るならば、まさに正反対なのである。

すでにルターにおいて、わたしたちは分業に基づく職業労働が「隣人愛」から導き出されるのを見た。しかしルターにおいてはまだ不確定で、純粋に設計的・思想的萌芽にとどまっていたものが、カルヴィニストにおいては、その倫理的体系の特徴的な一部になったのである。「隣人愛」は――したがって被造物ではなく、神の栄光に奉仕するものである必要があるので――なによりもまず自然法（lex naturae）によって与えられた職業任務の遂行のうちに現れた。しかもその際「隣人愛」は、特有のザッハリッヒで非人格的な特徴を帯びた。つまり、わたしたちを取り巻く社会的コスモスの合理的構成に役立つような性格を帯びたのである。というのも、こうしたコスモスの驚くほど合目的的な形成と整備こそが［…］このような非人格的な社会の利益に役立つ労働を〈神の栄光を増し、したがって神意にかなうもの〉として認識させるのである。[106]

この有名な箇所は、これまでもしばしば、カルヴィニズムのザッハリッヒな性格の描写として引用されてきた。たしかにここには、伝統的社会から近代社会への転換が見事に描かれている。しかし見逃されてはならないのは、こうした転換の背後で、「プロテスタンティズムにおいて自然法の占める位置が［…］変化」していることである。[107]宗教と現世の緊張関係の領野であった自然法は、神の造り給うた世界の合目的的秩序〈自然法 lex naturae〉へと転化した。[108]無コスモス的な（akosmistisch）宗教倫理とコスモス的な（kosmisch）世界の妥協的調整の装置であった自然法が、前者を後者に回収する形で再編されたのである。これによって隣人愛は人格的なもの（persönlich）から非人格的なもの（unpersönlich）へと転換されることになる。ウェーバーは「中間考察」において、「ピューリタン的な職業倫理」は「緊張関係を原理的かつ内的に逃れるもの」であるとして、以下のように論じている。つまりそれは「達人的宗教意識として、愛の普遍主義を放棄してしまうもので、現世における活動を神の聖意――その究極的な意味はわたしたちの理解を絶しているが、それでもとにかく認識だけはできるポジティブなもの――への奉仕、また恩恵の身分にあることの検証を合理的に物象化し、さらにまたそれによって、世界のすべてのものとともに被造物的で、堕落しているとされてきた経済的コスモスの物象化を神意にかなうものであり、義務達成の素材として承認した」[109]。カルヴァンが、「この世の政治権力が神からの召命（Beruf）であって、ただ神の前に聖であり、正当であるだけのものではなく、もっとも神聖なものであり、この死すべき全人生において、きわめて尊ぶべきものであることは、もはや何びとも疑うべきではない」と論じることができたのは[110]、このように変容した自然法を背景としてであった。現世支配の合理主義は、こうした背景において理解されなければならないのである。

以上により、二重性をメルクマールとする「西洋」自然法と、こうした二重性を破棄しようとする「カルヴィニズム」的自然法は対立関係にあることが明らかになった。この対立関係をいかに理解するのかが、以下の課題である。

2　ピューリタニズムにおける二重性の破棄と近代政治原理

ピューリタニズムが近代政治原理の成立に果たした功績については、すでに多くの研究がある。とりわけ戦後日本のウェーバー研究では、禁欲的プロテスタンティズムにおける転換は、伝統（あるいは封建遺制）対近代社会という図式において、「呪術の園」の突破を可能にしたものとして肯定的に評価されてきた[111]。一九〇六年二月五日付けのハルナックへの以下の書簡は、こうした文脈においてたびたび引用されてきた。

ルター派はわたしにとって――わたしはそれを否定しません――その歴史的現象形態において、ぞっとするもののなかでもっともひどいものです［…］。わたしたちの国民が厳しい禁欲主義の学校を、ただの一度も、そしていかなる形においても、経験することがなかったということは［…］わたしたちの国民において（そしてわたし自身において）憎むべきと思われるすべてのことがらの源なのです。[112]

プロテスタンティズム内におけるルター派とカルヴィニズムの差異は、『プロテスタンティズムの倫理と資本主義の精神』においても、中心軸のひとつである。そしてこうした視点が、まさにトレルチとの交流に由来するものであることも、指摘しておくべきであろう。またなによりこうしたルター派批判が、当時のプロイセンがルター派に依拠することによって保守的ないし伝統的な官憲政治の体制を維持していたことへの痛烈な「批判的自己認識」であったことも、確認されるべきである。[113] いずれにしても、ピューリタニズムと近代政治原理の成立という枠組みにおいては、「禁欲はその真正な形態においてはつねに「反権威的」であるという点が強調されてきた。[114] そして、「とくに禁欲的な秘密結社・教派（Sekte）形成は、家父長制的、権威主義的な拘束をラディカルに打ち破り、人にではなく神に服従しなければならないという命題を彼らなりに適用して、近代「個人主義」のもっとも重要な歴史的基礎となった」という一節にとくに注目する形で、[115] 禁欲的プロテスタンティズムと反権威的、絶対的な内面的孤独、良心の自由、個人主義、そして民主主義の内的関係が肯定的に議論されてきたのである。[116]

プロテスタンティズム研究を一九二〇年に改訂した際、ウェーバーはくりかえし一見瑣末に見える限定をつけた。それはプロテスタンティズムの政治についてである。たとえば「「被造物神化」の拒否と、まずは教会において、しかし最終的には生活全般において、神のみが支配すべきという原理が、政治的に何を意味するかについては、ここでは問題にしない」という一節である。(117)ここでの「政治的」意味というのは、ピューリタニズムと近代政治原理の連関を肯定的にとらえるパラダイムにおいては解釈できない。なぜならこの一節が挿入されたのは、「ピューリタニズムの歴史をもつ国民はカエサル主義に対して比較的大きな免疫力をもっている。イギリス人は一般的に内的自由を保っており、一方では立派な人の「価値を承認」しながらも、他方では、大政治家へのヒステリックな偏愛や政治的事柄について「感謝の念」をもって服従すべきだというようなナイーブな思想を拒否しえた」という箇所のあとだからである。(118)こうした限定は、ピューリタニズムと近代政治原理の連関という論点が「プロテスタンティズム的禁欲の政治的・社会的倫理の総体の説明」ではなく、(119)プロテスタンティズムの政治的意味のひとつのパースペクティブにすぎないと考えることによってはじめて理解できる。禁欲的プロテスタンティズムの政治的意義は反権威主義的個人主義に限定されるものではない。またウェーバーが禁欲的プロテスタンティズムを全面的に肯定していたのか、あるいは「禁欲的合理主義からの撤退」であるかの二者択一でもない。(120)むしろ両方の視座を含んだ全体の構造にこそ目を向けるべきなのである。

本研究の解釈によれば、プロテスタンティズムの政治的含意の相対化は、これまで述べてきたような比較文化社会学における「西洋」的自然法とカルヴィニズム的自然法観念の矛盾と関係する。つまり、従来の解釈においては看過されてきた、ピューリタニズムにおける二重性の破棄の負の側面が問題なのである。この負の側面は、「聖戦」と関係する。これについてウェーバーは「中間考察」において、以下のように論じている。

> 有機的な社会倫理は、どこにおいても、きわめて保守的で、反革命的な力である。これに対して本当の達人宗教意識からは、事情のいかんによっては、まったく別の、革命的な帰結が生じうる。［…］ひとつの形式は世俗内禁欲から生じるものであり、それは世俗内禁欲が被造物的に堕落した現世の経験的な諸秩序に絶対的・神的な「自然法」を対置する力をもつ場合にはどこでも生じるものである。この際、合理的な宗教においてはどこでも何らかの意味で妥当する命題、人より神に服従すべし、という命題にしたがって、この絶対的・神的な自然法を実現することが、宗教的な義務となるのである。その典型は、真正なピューリタン革命であるが、それと同類のものは他にも見出せる。こうした態度は、聖戦（Glaubenskrieg）の義務と完全に照応するのである。[121]

『プロテスタンティズムの倫理と資本主義の精神』というモノサシにおいては、まさに正反対に位置づけられるカルヴィニズムとイスラムの相同性が、ここで浮かびあがってくる。[122] ウェーバーは、「カルヴィニズムは原理的に信仰を護る手段として暴力を、したがってイスラムにおいては当初からその本質的要素であった聖戦を知っていた」と指摘する。[123] 宗教と政治の二重性が除去されるところで、「ある種の冷たい神的な「国家理性」」が成立するのである。[124] 聖戦が聖戦になるのは、（信仰に外的な諸事情を顧みないことからくる）「容赦のなさ（Rücksichtslosigkeit）」と「規律（Disziplin）」のゆえであり、イスラム戦士とピューリタンはこれらをともに兼ね備えていたのである。「世界征服のための戦争という宗教的な戒律のもとで戦った、最初の数世代のイスラムの信仰戦士たちの容赦のない（rücksichtslos）自己忘却は、キリスト教的道徳律のもとにあるピューリタンの倫理的厳格主義、合法性そして合理的な生活方法論と同様、両方ともかの信仰［予定信仰］の影響から帰結した。聖戦における規律こそが、イスラムおよびクロムウェル軍の無敵の強さの源泉だったのである」[125]。この文脈で見逃されてはならないのは、聖戦の戦士たちのこうした「容赦のなさ」と、近代政治へのブレーク・スルーが、同じくかの二重性の破棄と関係しているという点である。

初期イスラム教のように、ひとつの宗教意識が真なる預言の暴力を伴ったプロパガンダを義務としているところでは、葛藤はまったくおこらない。初期イスラム教は、改心の普遍主義を意識的に放棄し、基本義務として聖戦（Glaubenskampf）に身を捧げる支配的な教団の支配に異教徒を屈服させ従属させることを目的とする。ここでは被征服者の救済は目的ではない。というのも初期イスラム教はそこにおいて決して普遍主義的な救済宗教ではないのである。神意にかなった状態はまさに、信仰者が忍耐を強いられた無信仰者を暴力支配（Gewaltherrschaft）することであり、したがって暴力行使それ自身はまったく問題ではないのである。世俗内禁欲は、次の場合に、これとある一定の親近性をもつ。すなわち、世俗内禁欲が――急進的なカルヴィニズムのように――罪深い現世を飼い馴らすために、これを「純粋な」教会に属する宗教的達人の支配下におくことを神意にかなったものとみなす場合である。こうしたことが、たとえばニュー・イングランドの神権政治においても、完全にというわけではないが、それでも実際において――もちろんさまざまな妥協をともなってではあるが――基礎にあったのである。[126]

禁欲的プロテスタンティズムとイスラムの親近性は、結局のところ、緊張、葛藤の欠如に起因している。[127]これは、ウェーバーが彼の比較文化社会学で描き出した「西洋」の基本的特徴の対極をなすものである。絶対的自然法と相対的自然法の二重性が破棄されることで、政治と倫理（宗教）間の暫定的な緊張関係は、政治を倫理的・宗教的な基礎のうえに据えるという方向へと急進化していく。この結果はじめて現世改造が可能になり、伝統主義は突破される。「恩寵の地位か、永劫の罰かという二者択一」を自らに厳しく突きつけることによって、[128] こうした「英雄主義」が可能となったのである。しかしここから同時に、「かつてその比をみないほどの専制支配」が帰結したことも、見逃されてはならない。[129] 禁欲的プロテスタンティズムの大きな功績は確認しなければならないが、しかしウェーバーは、「実定的宗教意識と政治的ラディカリズムの結合」は「凝り固まったファナティシズム（bigotter Fanatismus）」と親和的であるという点も強調してやまない。[130] 彼の「西洋」は、緊張関係の喪失から帰結するファナティシズムとの対抗関係において、形成されたのである。[131]

第四節　プロテスタンティズムと近代に対立する「西洋」

自然法に注目することで、マックス・ウェーバーの著作における禁欲的プロテスタンティズム、西洋、そして近代の齟齬を明らかにしてきた。諸価値領域の緊張によって特徴づけられる西洋概念はたしかに禁欲的プロテスタンティズムおよび近代と密接に関係してはいる。「「神的なもの」と「現世」の対立が［…］西洋においては歴史的に、生活態度のかの統一的体系化を規定し、こうした生活態度が通常［とりわけ禁欲的プロテスタンティズムにおける］「倫理的人格」と呼ばれる」一方で、[132] 西洋の秩序が孕む価値対立が、近代のメルクマールである形式化を促進したのである。しかしながら、近代と禁欲的プロテスタンティズムは、それ自身の苗床である価値葛藤という条件を掘り崩しながら成立し、展開してきたという連関を見逃してはならない。西洋中世社会を特徴づけるレーエン封建制に関して、シュテファン・ブロイアーは以下のように論じている。「あらゆる実定法に先立つ個人の固有の権利をとくに強調する西洋に固有の自然法論・人権論もレーエン封建制の遺産ではないのか、そしてこの遺産は市場経済と官僚制が進展するにしたがって消え去ってしまうのではないかと問うことはおかしなことではない。ともかくこのことは、ウェーバーが近代社会の未来に抱いていた深いペシミズムを説明するものであろう[133]」。

近代の自然権思想に対するウェーバーのアンビバレントな視座は、こうした認識と関係している。ウェーバー解釈の違いがどんなにあろうとも、彼が――理論的にも、実践的にも――きわめて「個人主義」的な思想家であったことは争われないであろう[134]。ウェーバーにとって、「「譲り渡すべからざる人権」という古い個人主義的思想は、飽食した人にとっての黒パンのように、「どうでもいい」ものでは決してない」のである[135]。実際ウェーバーはのちに「「人権」の時代からの獲得物なしでも、わたしたちは（わたしたちのなかで、もっとも保守的な人も含めて）なんとか生きていけると信じることは、はなはだしい自己欺瞞である」と述べている[136]。しかしそれにもかかわらずウェーバーは、「人権」から出発する形で政治理論を構築することはしなかった[137]。この点についてヴォルフガング・モムゼンは、ウェーバーが「古典的・自然法的理念と絶縁し、指導者的政治家のカリスマ的・人民投票的指導者としての地位を宣言する」からであると解釈している[138]。しかし比較文化社会学の文脈における自然法の議論を検討してみるならば、別の見方ができる。それは、抽象的で、普遍的な理念は、それが成立する条件である具体的な対立状況から離れるならば、「ファナティック」になる傾向があるという問題である。ここにおいては「人権」という理念をかかげる暴力行使に対していかなる歯止めもありえない。つまり「人権」は「極端に合理的な狂信」になりうるのである[139]。

マックス・ウェーバーは晩期になってから、「西洋」という概念を用いるようになる。このことからウェーバーの「西洋」への関心は、プロテスタント的近代の一元性と直面することによって、掻き立てられたものであると推測することができる。そうであるから彼は――すでに指摘したように――「西洋」を「ポリフォニック」な原理として認識するのである。[140] たしかにウェーバーはオスヴァルト・シュペングラーの「西洋の没落」テーゼには懐疑的で、「ディレッタントの歴史哲学的概念」と評していた。[141] しかしウェーバーはシュペングラーの危機意識を共有していないわけではなかった。ただウェーバーにおいて「西洋の没落」は、「西洋」に対する「近代」の勝利を意味したのである。

こうした関連において、ロバート・ベラーが彼の日本研究のペーパーバック版に付けた「イントロダクション」が興味深い。そこでベラーは、彼の著作の、つまりは近代化論の問題性について、以下のように述べている。「経済が近代化において重要な領域であり、経済を伝統的束縛から解放したり、経済固有の法則に沿って発展させるものはどんなものでも近代化にとってポジティブである。そして経済的発展がただたんに本質的に善であるばかりでなく、近代化の他の善さも、多かれ少なかれ、経済発展からもたらされもする。わたしはこうした仮定のもとで研究をしてきた。ところが、丸山［眞男］は、経済発展が政治的民主化もしくは倫理的普遍主義とはかならずしも相関していないと指摘するのである」。[142] 近代化論は、諸領域がパラレルに発展すると仮定することで、諸領域間の関係性のあり方に対して目を向けることがない。この枠組みでは、経済的な合理化の進展は政治的合理性を損なうことがあるという問題が見えてこないのである。別の言い方をすれば、ウェーバーにおけるポリフォニックな理念としての「西洋」は、こうした一元的に理解された近代化によって侵食され、侵略されてしまうものであり、したがって、こうした近代化と密接に結びついているプロテスタンティズム的近代は「西洋」とは決定的なところで対立するのである。

第Ⅴ章　ゲオルク・ジンメルとマックス・ウェーバーにおける美と政治——美的汎神論と抗争的多神論

激情と激情の葛藤のみが文学的葛藤であり、同じ激情の内部での些細ないざこざはそうではない。（キルケゴール）(1)

友・敵の区別の存在しない世界にあっても、おそらくはたいそう興味深い、さまざまな対立やコントラストはあるであろう。ありとあらゆる競争や駆け引きもあるかもしれない。しかしそこには、それを根拠にして、人が命を犠牲にすることを要求されるような、そうした対立は原理的にありえないのである。（カール・シュミット）(2)

第Ⅳ章では、マックス・ウェーバーの比較文化社会学の音楽（社会学）的起源を明らかにした。彼の「西洋」理解はポリフォニーに対応するものであった。本章では、ウェーバーの政治理解をさらに明らかにするために、美と政治をめぐる入り組んだ関係を解きほぐしていきたい。

第一節　マックス・ウェーバーにおける政治理論の美学化——責任倫理の一側面

1　信条倫理と責任倫理、あるいはモノ遠近法性とポリ遠近法性

「信条倫理」という概念を用いて、ウェーバーは実にさまざまな立場——「山上の垂訓」からサンディカリズムまで——を分析している。(3) しかし信条倫理の核心は、ある特定の信条、ないしは「倫理的行為の独自価値」(4)が絶対化されるという点にある。すなわち、信条倫理は「倫理的リゴリズム」(5)、あるいは「汎道徳主義」なのである。(6)

禁欲的プロテスタンティズムは、現世を倫理的に支配しようとするかぎりにおいて、信条倫理的であると言える。カトリックに関してウェーバーは、「厳格な信条倫理的な意味での「再生」は断念される。生活態度は倫理的に非方法的な、個々の行為の継起にとどまる」と述べている。(7) これに対して禁欲的プロテスタンティズムにおいては、「ハビトゥスの全体（Gesamthabitus）」が問題となる。(8) 信条倫理的な合理化が可能なのは、「脈絡のない個々の行為によってではなく、全生活態度の合理的方法的な方向づけによって」であり、(9) したがって信条倫理は道徳のモノ（単）遠近法的合理化であると言うことができるのである。

「信条」と「責任」の区別に関して、ウェーバーは『価値自由』論文において、以下のように述べている。

いかなる倫理によっても一義的に決定できない問いに属するのは、「正義」の要請の帰結である。〔…〕しかし個人的な行為の領域においても、倫理が自らの前提からは決着をつけることができない、まったく倫理に固

有の基本問題がある。以下のような問題が、こうした基本問題に属する。すなわち、倫理的行為の固有価値――「純粋意志」ないし「信条（Gesinnung）」と呼ばれるのがつねである――は、キリスト教の倫理家が定式化した「キリスト教徒は正しきを行ない、結果は神にゆだねる」という格率にしたがうことだけで正当化に十分であろうか。あるいは、ありうるまたは蓋然性があると予見できる行為の結果に対する責任――この責任は行為が倫理的に非合理な世界に巻き込まれているという事情に規定されている――が考慮に入れられるべきであろうか。社会的領域においては、あらゆるラディカルな革命的な政治的態度、とりわけいわゆる「サンディカリズム」は、前者の要請から出発し、あらゆる「現実政治」は後者の要請から出発する。両者は倫理的格率に依拠しているが、しかしこれらの格率は相互に永遠の対立関係にあり、純粋にそれ自身に依拠する倫理そのものの手段によっては決着をつけることはできないのである。[10]

信条倫理家には、世界は「非合理」なものに映る。しかしこのとき注意しなければならないのは、これは、ある一定の倫理的な観点から見て、「非合理」に映るということである。ウェーバーはたしかに信条倫理の問題性を指摘するが、それは信条倫理が「行為の結果」を顧慮しないということではなく、むしろ汎道徳主義によるものである。ロシア研究においてウェーバーは、以下のように論じている。

政治の領域においても「結果倫理（Erfolgsethik）」を絶対的に拒否することがここで意味するのは、無条件の倫理的な命令だけが、そもそも積極的な行為の導きの星でありうるのであり、正義のための戦争あるいは「聖なる」自己放棄の可能性だけがあるということである。こうした積極的な「義務」と認識されたものだけがなされるとなると、倫理以外のすべての価値が排除されてしまっているのであるから、「悪に対して歯向かうなかれ」というあの聖書の定式が知らず知らずのうちに再び効力をもつことになる。この定式は、トルストイのみならず、ロシアの民の魂のもっとも深いところに刻印されているものなのである。［ロシアでは］嵐のような行動力と状況への服従が急に入れかわる。これは、倫理的でないものの存在はおろか、可能性としての価値までも認めないことから来る帰結である。こうした倫理的でないものを認めないということが、ソロヴィヨーフ的な「聖なるもの」の汎道徳主義（Panmoralismus）と、純粋に倫理的な志向の民主主義の特色なのである。(11)

信条倫理は世界を道徳的観点でのみ構成しようとするため、それ以外のパースペクティヴは無化され、したがって諸価値観点の関係性については意識されることはない。信条倫理の社会理論としての問題点はここにある。信条倫理とは異なり、責任倫理は道徳外の価値を考慮に入れる。ここにおいては、道徳ないし宗教は相対化され、こうした相対化によってはじめて諸価値の間の関係性に注意が向くことになるのである。ウェーバーは『職業としての政治』のなかで「およそ政治というものは、それが目指す目標とはまったく独立して、人間生活の倫理的な営み全体（Gesamtökonomie）のなかでどのような仕事（Beruf）を果たすことができるのか」と問う。(12)こうした問題設定は、信条倫理的なモノ（単）遠近法においてはそもそも成立しえない。なぜならここでは、「行為の社会・倫理的な性質はまったく二次的な問題に押しやられる」からである。(13)信条倫理と責任倫理の違いは、それらが基礎にしているモノ（単）遠近法性とポリ（多）遠近法性の対立に由来するのである。信条倫理と責任倫理の関係はさらに、ウェーバー自身の立場とピューリタニズムの関係に対応する。一九〇七年に福音社会会議において、マリアンネ・ウェーバーが行なった講演「性道徳の根本問題」の以下の一節は、信条倫理ないしモノ遠近法性に関する当時のマックス・ウェーバーの構えを表しているものとして読むこともできるであろう。「わたしたちはもはや、ピューリタニズムや「ブルジョワ道徳」のように、ひとりの人間の倫理的な価値全体を性倫理の理想に対するその人の態度と同一視し、その理想に達しない者を「不道徳」と呼ぶことはないでしょう。わたしたちが学んだのは、さまざまな性質と行為のあり方が集まって人間の高貴さを形づくること、そして人間が真剣な努力にもかかわらず、理想の高みに達しないとしても、その高貴さは必ずしも否定されないということでした」[14]。

責任倫理はたしかに行為の「結果」を考慮するものであり、その際「結果」とはまずなんと言っても権力政治との関連で理解されてきた。こうした理解はとりわけ冷戦という時代背景においてそれなりの説得力を獲得してきた。保守的な政治家は権力政治と密接に結びつく形での「責任倫理」を主張し、平和運動はこうしたスタンスに反対するというのはよくある光景であった。しかしながら、「結果」を暴力行使に縮減してしまうのは、ウェーバー解釈としては早計である。たしかに絶対的な平和主義は信条倫理的な性格をもつ傾向にあり、実際ウェーバーも、「純粋に信条倫理的で、無コスモス論的な山上の垂訓の要請と、そしてまたそれを基礎にした、絶対的要請としての宗教的自然法は、革命的な力を保持し、社会的な動揺の時代になるとほとんどつねに根源的な力をもって立ち現れてきた。それはとくにラディカルに平和主義的な教派を生み出し、そのなかのひとつはペンシルベニアにおいて対外的暴力をもたない国家という実験を行なった」と述べている[15]。しかし同時に、暴力が倫理的目的や正義のために行使されるかぎりにおいては、信条倫理が暴力を正当化することもありうる。信条倫理においては、道徳以外の他の価値基準がカットされてしまっているので、こうした暴力のエスカレーションに対して基本的に歯止めがきかないのである[16]。

したがってウェーバーの信条倫理と責任倫理という対概念は、権力政治と平和主義という対概念とは区別して考察されなければならず、そのうえで「結果」に責任を負うというときの「結果」が何を意味しているのかを考えなければならない。こうした関連において、「学問」に関しての以下の一節は興味深い。

〔学問は〕目的とされたものの実現可能性があると思われた場合に、もちろんそのときのわたしたちの知識の限界内においてではあるが、必要な手段の使用が、あらゆる出来事のあらゆる関連において、所与の目的のありうべき達成のほかに、いかなる結果（Folgen）をもたらすかを確定することができる。そうしてわたしたちは、その行為者に対して彼の行為の意欲された結果と意欲されざる結果を秤量（Abwägung）できるようにし、これによって以下の問いへの答えを与えるのである。すなわち、意欲された目的の達成が、他の諸価値を傷つける（Verletzung）ことになるという形において、いかなる「犠牲をはらう」のかという問いである。[17]

ここにおいてウェーバーは、①意欲された結果と②意欲されざる結果の秤量を言い換えて、①′意欲された目的の達成と②′他の諸価値を損なうことの秤量としている。こうした書き換えが可能なのは、さまざまな、場合によっては矛盾してしまう諸価値があるというポリ遠近法的な前提のうえにおいてであり、彼が責任倫理を語るのはこうした前提で理解された「結果」をめぐってなのである。[18] 責任倫理のこうした側面は、冷戦期の二項対立的な思考によって、長い間見えなくされていた。しかし今日、こうした善悪図式では理解できないし、かつ解決できない多くの問題に直面している。たとえば「リスク」をめぐる議論はこうした状況に対応するものであり、ここでは「副次的結果の舵取り（Regierung der Nebenfolge）」[19]、ないしさまざまなパースペクティブの秤量が問題にされる。こうした点において、ウェーバーの責任倫理はアクチュアルなのである。

2　政治の美学化？

一九二〇年の『プロ倫』改訂において、ウェーバーはキルケゴールに関連する以下の一節を挿入した。

カルヴィニズムは、個人を宗教的な事柄においてはまったくそれ自身のうえに据えたが、彼らには、(ゼーレン・キルケゴールの意味での)「個人」と「倫理」の分裂(Zwiespalt)は存在しなかった。[……]カルヴィニズムの倫理の功利主義的な性格の起源はまさにここにあるのである。[20]

この一節は、マックス・ウェーバーがその著作においてキルケゴールに言及した唯一の箇所である。もちろんウェーバーがキルケゴールをよく読んでいたことは間違いないし、[21] ルカーチとの会話のなかでしばしばキルケゴールが登場したということもよく知られている。[22] またウェーバーの著作におけるいくつかの重要な概念、たとえば「領域」、「デーモン」、「あれか、これか」などはキルケゴールと所縁の深いものである。しかしそれでも、キルケゴールがウェーバーに影響を及ぼした証拠は、ほとんど見出せない。実際マリアンネ・ウェーバーは、エリック・フェーゲリンの質問に答えてこう返答している。「その質問に答えるのはわたしにはとても難しいことです。主人はキルケゴールの著作の一部を、そしてまず間違いなく『死に至る病』を読んでいました。『死に至る病』はわたしの本棚にあります。わたしの記憶では、彼は心の病気の前、おそらくわたしたちが結婚した一八九三年ごろには、キルケゴールに取り組んでいましたが、その後は取り組んでいません」。マリアンネは、マックス・ウェーバーがキルケゴールの代表作を読んでおり、かつそれらが「若きマックス・ウェーバーを感動させた」ことは認めるものの、「マックス・ウェーバーが彼の晩期の著作においてさえキルケゴールから影響を受けていたとは思いません。あなたはどこにその平行性を見出すのでしょうか。わたしはそちらのほうに関心をもちます。キルケゴールからの明白な影響は基本的にないと思います」と言うのである。[23] しかしそれにもかかわらず、『プロ倫』に挿入されたこの一節は、禁欲的プロテスタンティズムとウェーバーの立場の差異を考えるにあたって、決定的に重要である。

カルヴィニズムの選びの教説から「個人のとてつもない内面的孤立化の感情」が生まれ、[24] これによって世界は「脱魔術化」されるとされる。[25] ウェーバーはこうした「幻想のない、ペシミスティックに色づけられた個人主義」に対して、[26] キルケゴールの「個人」を対置する。[27] 両者を分かつものは、「領域」の衝突という思想である。カルヴィニズムにおいては、絶対的な「倫理」によって「もっとも堅い紐帯からも個人を内面的に引き剝がす傾向」がもたらされるのに対して、[28] キルケゴールにおいては、「個人」は領域の分裂によって生み出されるのである。

カルヴィニズムは、宗教と現世の二元性を破棄することで、経済的な営利活動も含めた現世での行ないがそもそも宗教的に罪ではないのかと自問することはない。このことと関連して、ウェーバーは「幸福な頑迷さ (glückliche Borniertheit)」という表現を用いる。

「禁欲者は、現世内において行為しようとするとき、つまり世俗内禁欲の場合であるが、ある種の幸福な頑迷さでもって世界の「意味」についてのいかなる問いにも対処し、これに頓着してはならない」。[29] 現世の活動が宗教的に聖化されることで、経済活動の成果を計るモノサシはそのまま宗教的な価値のモノサシになる。禁欲的プロテスタンティズムは「世俗の職業において義務を果たすことを、およそ倫理的自己確証がもちうる最高の内容として重要視した」のである。[30] この結果、諸価値の異質性と緊張関係は功利主義のなかで見失われていく。[31] こうした宗教と経済の相互浸透は、近代資本主義の基礎となった。しかし同時に、政治と宗教の基準がひとつに溶け合うことで、カルヴィニズム的な神政政治が帰結したのである。

すでに第Ⅳ章で述べたように、カルヴィニズム的神政政治は、ウェーバーの意味における「西洋」文化とは対立する。ここにおいてさらに確認すべきは、カルヴィニズムは責任倫理とも対立するということである。というのも、責任倫理が成立するのは、カルヴィニズムにおいては絶対的な基礎である「倫理」が相対化されることによってだからである。キルケゴールの立場は、倫理が美によって相対化されることによって確立されたが、ウェーバーの「西洋」文化理解および責任倫理の思想も、芸術（社会学）的考察を経ることではじめて確立されたのである。道徳的リゴリズムを前にして、政治と美は同盟する。この同盟は、モラリストの「善か、悪か」という二者択一を拒否し、多様性や非固定性を賛美するのである。[32] 政治は「あらゆる目的の相対化」を含意しており、[33] したがって道徳的リゴリズムとは相容れない。

このとき善・悪というカテゴリーはもちろん、「選択（Wahl）」ないし「決断（Entscheidung）」という概念がすでに——永遠の決断の留保としての美との対抗関係において——すぐれて倫理的であるという点には注意が必要である。キルケゴールは『あれか、これか』において、次のように述べている。

あなたの選択は美的な選択であり、美的な選択は選択ではない。そもそも選ぶというのが、倫理的なるものの本来的で厳格な表現なのだ。〔…〕美的な選択は、完全に直接的でありそのかぎりで選択ではないか、あるいは多様性のなかに自己を見失うかのいずれかである。〔…〕なぜなら絶対的に選択していないならば、たんにこの時だけ選択し、次の瞬間には別のものを選択することができてしまうからである。[34]

選択と決断をめぐって倫理と美は正反対の位置にある。シュミットが言うように、「ロマン主義者の精神状況において本質的なのは、神々の争いに、その主体的人格を介在させないということ」である。[35] 政治もこうした倫理と美の磁場のなかにある。完全な道徳化も、完全な美学化も、政治の可能性を閉ざしてしまうのである。

禁欲的プロテスタンティズムの政治は倫理の近くに位置し、これに対してウェーバーの責任倫理は美的領域に接している。「「芸術」が始まるのは、まさに技術者の「観点」が終わる地点である」という一節は、ウエーバーの政治概念にも妥当する。[36]　芸術と政治はともに一元性に対立するのである。こうした意味において、ウェーバーの責任倫理はひとつの美的政治理論と呼ぶことができる。

3　西洋と美的政治——ウェーバーの封建制論

ウェーバーにおいて、美的なものは道徳的なものの対極に位置する。しかし、美的なものは単（モノ）遠近法性と対立すると言ったほうが正確かもしれない。美的なものは複数性と流動性に密接に関連しているのである。ウェーバーがその比較文化社会学において西洋にのみ固有の現象のひとつとして挙げる封建制は、そのよい例である。[37]　ウェーバーはこうした関連において「遊戯（Spiel）」に注目し、[38]「芸術的生活態度との親近性」を指摘する。[39]　遊戯は、一方において、「経済的に合理的なあらゆる行為の対極」である。[40]　そうであるから「封建制は、ブルジョワ的・ビジネス的な事象性に対しては、内面的に軽蔑をもって拒否し、それを汚らしい貪欲であり、自分に対してとくに敵対的な生の力であると感じる。封建制の生活態度は、合理的な経済信条の対極を生み出し、ビジネス的な問題に対しての無関心の源泉になるのである」。[41]　また他方において、遊戯の契機は当然にも倫理と政治の同盟、つまり道徳主義とも対立する。ウェーバーは「信仰騎士層（Glaubensritterum）が永続的に生活を支配していたところではいつでも——その最たるものはイスラムであるが——、自由な芸術的な遊戯も、ただかぎられた活動領域をもっていたにすぎなかった」と指摘している。[42]

遊戯の契機によって特徴づけられる封建制は統一的な単一支配の秩序ではなく、またそのかぎりにおいて「芸術的」なのである。封建制は、「支配者、官職保有者、および被支配者のあくまでも具体的に規定された主観的諸規範や諸義務のコスモスであり、あるいは事情によってはカオスである。そしてこれらの規範や諸義務は相互に交錯し、制限しあい、そしてその共働関係においてひとつの共同社会行為が成立するのである」[43]。

本研究は、第Ⅲ章、第Ⅳ章において、マックス・ウェーバーの「西洋」概念がさまざまな領域の特殊な緊張関係によって特徴づけできることを明らかにした。いまや、次のように言うことができるだろう。すなわち、ウェーバーの意味での西洋文化は多様性と遊戯の契機を有しており、したがってそのかぎりにおいて「美的なもの」と関係する。そしてウェーバーの責任倫理も、このように理解された「西洋」と相関しているのである。

第二節　ウェーバーのジンメルに対するアンビバレントな態度
——存在論的な基礎前提の差異

ウェーバーの責任倫理が美的な政治理論として特徴づけできるとするならば、マックス・ウェーバーとゲオルク・ジンメルの親近性という問題が浮上してくる。なぜなら、ジンメルこそが「美的」社会理論家として知られているからである[44]。ポスト・モダンの議論に触発される形で展開されている近年のジンメル研究においては、ジンメル社会学の美的な側面が注目されている。ジンメルは「美的なもの」を定義して、「現実の偶然の断片は、幾千もの糸によって現実と結びつき、決して独立してあるものではないが、こうした断片から、それ自身に宿る全体性を、つまり一切の外的な存在を必要としないミクロコスモスを形づくること」と述べるが[45]、このことは彼の社会理論にもあてはまる。ジンメルが「エッセイ」というスタイルをとるのもこのことと関係する。ウェーバーもジンメルの芸術的な側面をとても意識していた。『ロッシャーとクニース』の註において、「ジンメルの立場の体系的な批判はここでは行なわない。いつもながら内容的に洗練され、芸術的に形成された彼のいくつかのテーゼについては、近いうちにおそらく社会科学論集（Archiv für Sozialwissensch.）において扱う」と書いている。(46)

ジンメルは、ウェーバー同様、リアリズムないし現実の模写理論を否定する。「歴史的真理とはたんなる再現ではなく、精神的能動性である。そしてこの精神的能動性は、その素材――これは内的な模倣として与えられる――から、素材自体がまだそれでないあるものを作り出す」と言うのである。(47) このように、ジンメルにおいても、遠近法主義的な性格を認めることができる。そしてこうした遠近法主義的な方法論とそこから帰結する単一因果連関的でない社会分析という点において、ジンメルとウェーバーの違いはない。アレッサンドロ・カヴァリは、「学問領域としての社会学の方法論的な基礎にとって決定的に重要ないくつかの点において、［ジンメルとウェーバーが］一致することはこれまで考えられてきたよりはるかに大きい」と述べているが、(48) この指摘は、上記のことを考えると、基本的に正しいと言わなければならない。そしてジンメルにおいては、こうした遠近法主義と諸断片の美的構成とがしっかりと結びついているのである。

ウェーバーは、「真正な芸術家の特徴――歴史家ではたとえばランケに名人芸的に具わっていたものであるが――は、既知の事実を既知の観点に関係づけ、それでいながらある新しいものを創り出すすべを心得ているというところに、発現するのがつねである」と述べている。(49) このとき彼はジンメルの美学主義ときわめて近いところにいる。ひとつの観点に固定化せず、認識の観点を移し、あるいはまた、さまざまなパースペクティブをさまざまな仕方で整理し、組み合わせるとき、学問は美学化するのである。「解釈」に関して、ウェーバーは以下のように述べている。解釈は、「その人の内的な「生」、「精神の地平」を広げ、彼が生の様式のさまざまな可能性とニュアンスをそれ自体として把握し、また考え抜き、こうして自己を知的、美的、そして（もっとも広い意味で）倫理的に分化させながら発展させ、その「魂（Psyche）」をして――いわば

——より「価値に対する感性を豊かにする（wertempfindlich）」ことを可能にするのである」。そしてウェーバーはこれに続けて、「精神的な、また美的な、あるいは倫理的な創造物の「解釈」というものは、ここではこの創作そのものがそれとして作用する場合とまったく同じように作用する。「歴史学」とはある意味で「芸術」であると主張されるが、こうした主張は「そう言ってよい核心」をここに有しているのである」と言う。(50)

しかし、美学化という点で類似しているとしても、ジンメルとウェーバーの間にある差異にも留意しなければならない。ウェーバーはジンメルにしばしば批判的に言及している。たとえば『社会学の基礎概念』において、以下のように述べている。

わたしは、思われた「意味」と客観的に妥当する「意味」を可能なかぎり区別する。この点において、わたしは、『社会学』や『貨幣の哲学』に見られるジンメルの方法とは見解を異にする。ジンメルはこうしたふたつの意味を区別しないことがあるばかりか、しばしば意図的に曖昧にしている。(51)

ウェーバーの批判は一見すると、単純なもののように思われるかもしれない。ウェーバーは（経験的な）社会学者であり、その立場から（生の）哲学者であるジンメルを批判していると解釈するのである。たとえばヨハネス・ヴァイスは、以下のように論じている。「ウェーバーの懸念は［…］ジンメルが彼の文化理論的、時代診断的分析において経験科学的、社会学的論証と接合し、それとの関係を維持することができないし、その気もないという事情と関連する。［…］どこで社会学的、したがって経験科学的論証が終わり、別の、たとえば「形而上学的」ないし道徳哲学的な論証が始まるのかが、不明確なままなのである」。(52)たしかにウェーバーは、「ジンメルの究極的な関心は形而上学的な問題、つまり生の「意味」に向けられている」

と強調する。[53] しかしながら、だからといって、ジンメルの「形而上学」が主観的意味と客観的意味の区別に無頓着で、ウェーバーの社会学はこの区別に立脚していると単純に断定することはできない。なぜならジンメルの文化社会学はまさに、「個人的な文化とザッハリッヒな文化」の相違に注目するものだからである。[54] ジンメルは以下のように述べている。「わたしたちの生をザッハリッヒに充たし、また取り囲んでいるもの、つまり器具、交通機関、科学や技術や芸術の所産、これらは飛躍的に洗練された（kultiviert）。しかし個々人の文化（Kultur）は、少なくとも比較的進んだ段階においては、決して「ザッハリッヒな文化と」同じようには進歩していないし、それどころか後退さえしているのである」。[55]

主観的意味と客観的意味の区別は、さらに、マックス・ウェーバーの著作においても実はそれほど明確ではない。ウェーバーの学問論が遠近法主義的であることはすでに指摘してきた。なんらかの「主観的」な観点との関係づけなくしては、基本的に、いかなる客観的事実についても語れないというものである。そうであるとすると、遠近法主義からするならば、主観的な意味と客観的な意味の分離は原理的に無理であろう。またこうした遠近法主義という点からするならば、主観的／客観的という二元論に拘泥するのではなく、諸パースペクティブの相互作用（Wechselbeziehung）、ないし「遊戯的」関係に注目するジンメルのほうがウェーバーより一貫しているということを確認することができるし、またしなければならない。つまり、遠近法主義と美学主義は、ジンメルにおいて、相互にしっかりと結びついているのである。[56] デイヴィッド・フリスビーは、「ジンメルは近代について論じた最初の社会学者である」と述べたが、このテーゼはこうした文脈においてきわめて説得力があると言える。フリスビーは、「美的領域が近代の生活世界に定位していることを証明しようとする」「ボードレール的近代概念」をもってくることによって、[57] こうした遠近法主義と美学主義の連関を明らかにしている。ウェーバーの「因果連関」とジンメルの「相互作用」を比較し、後者のほうが「進んでいる」ことを論証しようとするクラウス・リヒトブラウの研究も、こうした連関において理解することができる。彼は、「ウェーバーがジンメルに対して主張した「主観的」意味と「客観的」意味の差異は、ジンメルによる歴史的認識の構成理論的分析においては、ファンタジーによる総合という枠組みで、意識的に「止揚」されている」と言うのである。[58]

したがって問題は、なぜジンメルは主観的に思念された意味を客観的に妥当する意味から区別しないのかではない。むしろなぜウェーバーが、彼の遠近法主義的な前提にもかかわらず、こうした区別にこだわるのかが問われなければならない。この問いは、主観／客観という構図を超えた次元において追究される必要がある。これに対して本研究のテーゼは、以下のものである。ジンメルとウェーバーの学問理解の違いは、彼らの存在論的前提の相違による。つまり、ジンメルは汎神論、ウェーバーは多神論に依拠しているのである。

ジンメルは論文「社会学的美学」において、「美的汎神論」について論じている。「わたしたちが美的深化のこうした可能性を最後まで考えていくならば、事物の美的価値という点においてもはや違いはなくなる。世界観は美的汎神論になる。いずれの地点も、救われて絶対的な美的な意味へと至る可能性を秘めており、またいずれの地点からも、十分に研ぎ澄まされた視線には、十全な美、すなわち世界全体の十全な意味が輝き出すのである」。[59] こうした汎神論的世界観に、ジンメルの理論全体の基礎を見出すことができる。[60] 彼の「アナロジー主義（Analogismus）」[61]も、こうした存在論的な基礎前提と密接に結びついている。[62] あらゆる対立関係はこうした基礎前提ゆえに解消され、主観的意味と客観的意味の差異も問題ではなくなる。むしろ、ジンメルは相互作用の全体性を問題にし、その全体連関において個々の要素を把握しようとするのである。

これに対して、ウェーバーの理論が基礎にしているのは多神論である。彼の西洋文化理解も、責任倫理も、いずれもこの前提から出発している。もちろん汎神論と多神論は場合によっては区別されずに用いられる。

こうした等置は、一神教的人格神との対抗関係においては、さして問題ないかもしれない。汎神論と多神論の区別は、しかしながら、ジンメルとウェーバーの社会理論の理解のためには、決定的である。『職業としての学問』の有名な一節において、ウェーバーは多神論について以下のように論じている。

純粋な経験から出発するならば、人は多神論に到達する。老ミルはかつてこのように言った。わたしはこの他の点において彼の哲学を評価しようとは思わないが、しかしこの点においては彼は正しい。〔…〕古代ギリシアの、まだ彼らの神々やデーモンから脱魔術化されていなかった世界において、ギリシア人はあるときにはアフロディテに、あるときにはアポロに、そしてとりわけそれぞれ彼らの都市の神々に、供物を捧げた。こうした神々を祀る態度には神秘的ではあるが内面的には真なる姿勢があった。脱魔術化され、仮面を剝がれても、意味は異なるが、今日でも事態は同じなのである。〔…〕かつての多くの神々は、脱魔術化され、したがって非人格的な諸力という形をとって、その墓から立ち現れ、わたしたちの生への支配権を求めて、いまや再び相互に永遠の闘争を始めている。(63)

この一節において、ウェーバーは多神論を「純粋な経験」から導き出している。しかし認識において「価値関係」が不可欠であるとすれば、経験的事実からこうした結論を導き出すことはそもそも不可能なはずである。なぜなら経験的事実はある特定の価値を設定してはじめて構成されるものだからである。実際ウェーバーは、『価値自由』論文において、絶対的多神論とミルについて論じたあとで、以下のように述べている。「これらの〔諸価値の〕間には、いかなる相対化も妥協もない。注意していただきたいのは、これは意味のうえにおいてないということである。なぜならだれもが〔日常〕生活において経験するように、事実において、したがって外面から見て、しかもいたるところにおいて相対化や妥協はあるからである」(64)。そして「日常を漫然と生きている人は、一部は心理的な、一部はプラグマティックな理由で規定された敵対的諸価値の混同を意識しないし、意識しようともしない」と述べ、この事態を「「日常」の浅薄さ」と言う[65]。このとき、ウェーバーは明らかに価値の多神論的対立という超経験的前提から出発している。つまり、遠近法主義的に忠実に考え通すならば、多神論は経験的研究の終着にではなく、むしろ出発点に位置するものなのである[66]。

ウェーバーが主観的に思念された意味と客観的に妥当する意味の区別に固執したということも、こうした葛藤的な価値論との関連で理解することができる。「主観において目的合理的に方向づけられた行為と客観的に妥当なものに「正しく」方向づけられた（「整合理的」）行為」との差異に関して[67]、ウェーバーは以下のように述べている。「たとえば呪術的な観念に方向づけられた行為は、何らかの呪術的ではない「宗教的な」行動よりも、主観的にはしばしばはるかに目的合理的な性格をもっている。というのは、宗教意識は、まさに世界の脱魔術化につれてしだいに、（主観的に）目的非合理的な意味連関（たとえば、「信条倫理的」ないし神秘的など）を受け入れることを必要とするからである[68]」。ここで問題にされているのは、「主観的」意味と「客観的」意味それ自体ではなく、むしろ価値領域間の対立である。具体的に言うならば、宗教的合理性と経済的合理性の対立が問題なのであり、かの「主観的」と「客観的」という対立はここから帰結しているのである。現行の『経済と社会』所収の『宗教社会学』においてウェーバーは、同じ事態を、別の仕方で論じている。「思考の合理化と並行して、宗教に特有な行為の「意味」を、経済的な日常生活の純粋に外的な利益のうちに求めるという傾向はしだいに減少する。したがってそのかぎりにおいて、宗教的な行為の目標は「非合理化」され、そしてついには「非世俗的な」目標、なんと言っても非経済的な目標が宗教的な行為に特有のものとみなされるようになるのである[69]」。つまり、「かの根源的、実際的な計算合理主義の後退」[70]は、主観的非合理性というよりはむしろ経済的な非合理性なのである。

汎神論的世界観においては、諸対立はより深いところにある統一性のもとで解消され、ここにおいて主観的意味と客観的意味の分裂も止揚される。これに対して多神論においては――少なくともマックス・ウェーバーの場合――、「神々」が複数いるということでも、それらが相互作用しているということでもなく、むしろ「世界のさまざまな価値秩序は互いに解きがたい闘争のなかにある」ということに重心がある。(71) ここからウェーバーは、「整合型、すなわち事実上示された整合合理性」と「主観的に合理的な、つまり一義的に意識された目的と「適合的なもの」として意識的に選ばれた手段によって方向づけられた行為」を区別すべきであると主張する。(72) 主観と客観の区別は、抗争的多神論という存在論的想定を前提にして語られているのである。

補論　ハーバーマス、ジンメル、ウェーバーにおけるボードレール解釈の違いについて

ウェーバーは、彼の多神論的価値論を説明するために、シャルル・ボードレールを引用する。彼はボードレールとニーチェに真善美の一致の否定を見る。(73) こうした解釈を裏づけるものとして、『悪の華』所収の「美への賛歌」の一節を引用することができる。

きみが天から来ようと、地獄から来ようと、それが何だ、
おお美よ！　法外な、怖ろしい、無邪気な怪物よ！
私の愛する、だがかつて識ったことのない無限の
扉を、きみの眼、きみの微笑、きみの足が、私に開いてくれるならば？

魔王から来ようと、神から来ようと、それが何だ?
天使だろうと、人魚だろうと、それが何だ、もしもきみが、――ビロードの目をした妖精よ、律動よ、香りよ、
淡い光よ、おおわが唯一無二の女王よ!――
宇宙の醜さを和らげ、一瞬一瞬の重荷を減じてくれるならば[74]?

「[悪の華の]序文[草稿]」においても、ボードレールは、「わたしにとって、悪から美を引き出すことは、面白いことに思えたし、仕事が困難であるだけにいっそう快く思えた。この書は、本質的に無益かつ絶対的に無垢なものであって、わたし自身が気晴らしをすること、また障害に対するわたしの情熱的な趣味を行使すること以外の目的をもって作られたものではない」と述べている[75]。これは基本的にウェーバーの解釈と一致する。ボードレールはここで「〈美〉と〈真〉と〈善〉の不可分性というご立派な理論」に異を唱えている[76]。こうしたプラトン的な真善美の一致への批判という点において、ボードレール、ニーチェ、そしてウェーバーの間には基本的に違いはない。

しかしながら見落としてはならないのは、ウェーバーのボードレールへの視座は彼の多神論的な前提によって規定されているということである。こうした視座の特殊性は、ウェーバーのボードレール理解を他の社会学者のそれと比較することによって、明らかになる。この補論では、ハーバーマス、ジンメル、ウェーバーのボードレール像の差異を浮き彫りにし、それぞれの理論家の存在論的な前提を明らかにしたい。

ユルゲン・ハーバーマス　分化のシンボルとしてのボードレール

ハーバーマスの解釈枠組みにおいて、ボードレールは〈美的〉モデルネの範型的な存在である。アドルノ

賞記念講演「近代——未完のプロジェクト」(一九八〇年)において、ハーバーマスは、「アドルノのように「モデルネ」の開始を一八五〇年頃と見る人は、モデルネをボードレールやアヴァンギャルド芸術の眼で見る」と述べている。[77] ハーバーマスは「美的モデルネ」を芸術の自律化とみなし、それが宗教や政治から切り離されることだとする。しかしハーバーマスは、フランクフルト学派の第一世代に比べて、美的なものの批判的ポテンシャリティをそれほど強く強調するわけではない。彼はむしろマックス・ウェーバーの「近代の時代診断」に依拠する形で、美的モデルネの契機を彼の「未完のプロジェクト」としての近代に取り込もうとする。「それまで宗教的および形而上学的世界像によって表現されていた実体的理性が三つの要因に分化し、それらは形式的にのみ(論証による根拠づけという形式によって)まとめられる。マックス・ウェーバーは、文化的モデルネを、このように特徴づけている。世界像は崩壊し、昔からのさまざまな問題は真理、規範上の正当性、そして本来性もしくは美という別種の観点のもとで分けられ、それぞれ認識問題、正義の問題、そして趣味問題として扱いうるということになった。近代においては、科学、道徳、芸術という三つの価値領域への分化がもたらされたのである」。[78] ハーバーマスがウェーバーの「新しい多神論」という定式のもとで理解したのは、まさにこうしたサブ・システムの多元化と分化だったのである。[79]

ゲオルク・ジンメル　美学主義のシンボルとしてのボードレール

ジンメル自身がボードレールに言及することはほとんどない。しかし美学主義という解釈枠組みにおいて、ボードレールとジンメルの親近性は明らかである。彼らの近代理解はきわめて類似しているのである。「現代生活の画家」において、ボードレールは以下のように書いている。「現代性(modernité)とは、一時的なもの、うつろい易いもの、偶発的なもので、これが芸術の半分をなし、他の半分が、永遠なもの、不易なものである」[80]。同様にジンメルは以下のように論じている。「近代といったものの本質は心理学主義である。つまり、わたしたちの内面の反応による、そして基本的にひとつの内的な世界としての、世界の体験と解明なのである。そしてこれは、固定された内容を魂の流動的な要素へと解消することであり、すべての実体はこうした魂から出てきたものであるし、またこの魂の形式というのはただ運動の形式なのである」[81]。彼らが関心をもつテーマ、たとえば大都市、貨幣および商品の世界、流行[82]、そしてノイローゼについても、共通性を確認できる。ディヴィッド・フリスビーは、近代についてのジンメルの文化社会学的分析とヴァルター・ベンヤミンの著作を対比した研究において、ジンメルとボードレールの親近性を指摘している[83]。彼は近代をとりわけボードレールに依拠して記述したうえで、ジンメルを「近代の最初の社会学者」と呼ぶ。そして「ジンメルが近代を論じる際に従ったのはボードレール的な近代概念であり、決してウェーバー的な観念ではなかった」と言う[84]。この際「ウェーバー的観念」という表現で意味されているものは、価値領域の分離・分化として近代を把握しようとするハーバーマスの解釈である[85]。フリスビーは、以下のように論じる。「もしハーバーマスがジンメルの近代の理論に取り組んでいたならば、彼は、美的領域が近代の生活世界に係留することを証明しようとし、美的領域が他の生活領域から分離することを基礎づけようとしない、そうした近代の観念と向き合ったことであろう。このように主張することは少なくともおかしなことではない」[86]。つまり分化としての近代とは対立して、フリスビーは「うつろい易く、一時的なもの」を「ジンメルの近代の定義の核心」として強調し、こうした近代理解の基礎には「あらゆる現象の休むことなき相互作用という形而上学的前提」があると言うのである[87]。

ウェーバーが多神論的な価値論を定式化したのは、以下の一節である。

わたしたちは今日ふたたび、次のことを知っている。あるものは美しくないにもかかわらず神聖であるだけでなく、むしろ美しくないがゆえに、そして美しくないかぎりにおいて、神聖でありうるのである（イザヤ書第五三章や詩篇第二一篇にその証拠を見出すことができる）。また、あるものは善ではないが美しくありうるというだけでなく、むしろ善でないというまさにその点において、美しいのである。このことはニーチェ以来ふたたび知られており、またそれ以前にもボードレールが『悪の華』と名づけた詩集のうちにも示されている。あるものは美しくなく、神聖でなく、また善でもないにもかかわらず真でありうるということ、そしてあるものは美しくなく、神聖でなく、また善でもないからこそ、真でありうるということ、これはもう常識である。(88)

ここで描かれているのは、ハーバーマス的な意味における神々の多元化やサブ・システムの分化ではなく、フリスビーがジンメル解釈で示したような永遠の相互作用でもない。ボードレールとの関連で定式化された「神々の闘争」というメタファーによってウェーバーが言い当てようとしているのは、緊張関係（Spannungs-verhältnis）なのである。ウェーバーは抗争的多神論を基礎にして西洋文化を論じ、責任倫理を論じた。これと同様に、彼はボードレールの作品を抗争的多元論を前提にして解釈し、価値対立の契機を強調したのである。

第三節　ふたつの「闘争の社会学」

『社会学――社会化の諸形式に関する研究』のひとつの章において、ゲオルク・ジンメルは「闘争

(Streit)」を扱っている。この論考によって彼は「闘争の社会学」の創始者とされ、今日においても、タルコット・パーソンズのパラダイムに異を唱えようとする諸々の闘争理論に決定的な影響を及ぼしている。(89) ウェーバーについても、闘争や緊張を熱心に議論する点においてジンメルに劣るものではなく、また闘争を必ずしもネガティブに論じないという点においても両者は共通している。しかしながら本研究は、闘争理解に関するウェーバーとジンメルの差異に注目する。この差異は両者の存在論的な位相に目を向けることによって明らかになるであろう。

ゲオルク・ジンメルは闘争をひとつの「社会形式」として把握したうえで、その「ポジティブな契機」を強調する。そしてこの契機は「概念的には分離できるが、実際上は分離できない統一へと一体化する性格と結びついている」と言う。(90)

闘争そのものがすでに、対立するものの間の緊張の解消である。闘争が平和を目指すということは、闘争が諸要素の総合であり、相互協調とともにひとつのより高い概念に属している相互対立であるということの、ひとつの、とくに自明な表現にすぎない。(91)

闘争をネガティブなものとして排除しようとする闘争理解とは反対に、ジンメルは、闘争には諸対立をより高次の段階やジンテーゼへともたらす契機が具わっていると論じる。こうした認識によってジンメルは、調和的な社会像によっては閉じられてしまう紛争解決の可能性を開くことに成功するのである。今日、コミュニタリアン的なコンセンサスを重視した統合に抗して社会統合を論じるために、ジンメルの闘争理論にあらためて注目が集まっているが、これは決して偶然ではない。(92) こうした連関において重要なことは、このようなジンメルの社会学的な洞察の基礎には彼の美的な視座があるということである。この視座によれば、芸術作品も社会も、分化、多元化、そして遊戯的なコンポジションによって考察されることになる。実際ジンメルの闘争理解は、彼の芸術理解とパラレルである。『社会学』の「闘争」の章において、ジンメルはラファエロに言及し、「ラファエロの『聖体の論議（*Disputa*）』のなかの教父たちの聖なる集会は、実際の争いとしてというわけではないとしても、なおさまざまな意見と思考方向の著しい多様性として描かれており、この多様性から、かの会合のまったく生き生きとした性格と真に有機的な連関が現れ出ている」と述べている。[93]また「ミケランジェロ」論文では「諸対立が芸術的統一へと至る特殊なあり方は、闘争なのである」と書いている。[94]

ウェーバーは『社会学の基礎概念』において闘争を定義して、「行為が、単数あるいは複数の相手の抵抗を排して自分の意志を貫徹しようという意図に方向づけられている」「社会形式」としている。[95]この定義には、彼の行為論的なアプローチが明確に現れているが、[96]それ以外にも、ウェーバーの闘争についての議論とジンメルの闘争の社会学は、以下の二点において区別される。

まず、ウェーバーは闘争それ自身にこだわっている。すでに述べたように、ジンメルが闘争を論じるのは、より高次の統一性ないし宥和との関連においてである。ジンメルにとって矛盾とは閉じた統一性から展開された統一性へと至る道である。彼は、「互いに対立していて、もともと排除しあう状態を固定してしまうから、矛盾が生じてしまう」と言う。[97]ポジションの「固定」は、ジンメルの弁証法的な思考においては、解消され、さらに展開されるべきものなのである。

もちろんウェーバーも「コンフリクトが「止揚された」ものとなりうるような立場はおよそ存在しない」と言っているわけではない。しかし彼は、「内的なコンフリクトがありうるものであり、そしたまた「適合的」である」との前提から出発している。[98]ウェーバーは、すでに論じてきたように、再三にわたり緊張の契

ているのである。[99] 機を強調するが、彼はこのとき基本的な図式においてより高次の宥和を意図せず、闘争それ自身にこだわっているのである。

ウェーバーの闘争理論の第二の特徴は、彼が分裂と統合というロジックではなく、むしろ「闘争と競合の諸条件（Kampf-und Konkurrenzbedingungen）」を追究しようとする点にある。[100] ジンメルの関心は同上のロジックにあり、そうであるから彼は「アナロジー」を使って議論を組み立てようとする。これに対してウェーバーが取り組んだのは比較文化社会学であり、これはジンメル的なアナロジー主義においては看過されてしまう位相に注目するものである。本研究はすでに、ウェーバーの著作における西洋文化が、ある緊張関係の一定のあり方によって特徴づけられることを論証した。もちろんどこにおいても、緊張やコンフリクトは存在してきたし、いまも存在している。それは中国の文化においてもそうである。しかしウェーバーは、緊張やコンフリクトの「条件」にまで踏み込むことによって、他の文化圏における緊張関係とは区別される西洋に特有な緊張関係を浮き彫りにしたのである。

ウェーバーによれば、中国の文化の基礎には調和的な（harmonisch）世界観がある。美的領域はその調和的な秩序の全体に調和している（in Einklang）ので、それ自身として自律化することはない。ウェーバーはこうした美的文化について、「文学的文化のもっとも立派な花は聾啞のようにその絹の豪華さを守ったのである」と述べている。[101] 中国文化における「永遠に妥当する、古典的な精神的美の基準という意味での」美的なものは、[102] 西洋的な文化理解とはまさに対極に位置する。[103] そして中国において政治と美は相互に融解する。ウェーバーは、「李鴻章の日記を読めば、彼がもっとも誇りに思っていたのは、彼が詩を作り、よい書家であるということに対してであるということがわかる」と述べている。[104] そして「多面的に教育された儒教的な「君主」」は、[105] 中国に特有な「美的な価値」なのであるとする。[106] こうした融解は、世界史的に甚大な意味をもつ。ウェーバーは李鴻章に言及した箇所で、続けて以下のように述べている。「中国の全運命は中国の古典を中心に発達したこの階層〔読書人（マンダリン）〕によって決定された。当時の西洋の人文主義者に、これと同じような立身出世のチャンスがほんの僅かでも与えられていたならば、わたしたち〔西洋人〕の運命もこれときわめて近いものになっていたかもしれない[107]」。ある文化の運命は、秩序の諸条件によって規定される、緊張ないし闘争のあり方に委ねられている。中国においては、「支配者層のアゴーンは、家産官僚制の状況内にあっては、すっかり、受禄者や典書的な学位取得者たちの競争に終わり、この競争が他のあらゆるものを窒息させた」のである。[108]ウェーバーによれば、中国的文化における競合は、価値領域が分化せず、緊張関係がないということから一元的な出世競争という形になる。中国的な文化の条件においては、競合は「西洋的な」意味での政治的・多元的空間をもたらすのではなく、むしろ逆にこうした空間を「窒息」せしめるのである。

「オリエントの家産制とその貨幣俸禄との一般的帰結」としての「統一的な帝国」に関しても、ウェーバーは以下のように書いている。「まさに貨幣経済の進展と、またこれと並行して国家歳入がしだいに俸禄化するにつれて、エジプトにおいても、イスラム国家においても、そして中国においても〔…〕「硬直化（Erstarrung）」と評価されるのがつねである、あの現象が現れるのを目撃する[109]」。ここにおいてウェーバーは、「窒息」という現象を中国だけではなく、価値領域の緊張関係を欠くあらゆる文化に見出している。こうした観点において、中国とエジプトは同じカテゴリーに入れられるのである。しかしここでそれ以上に注目すべきなのは、ウェーバーが、宗教的な動機からなされた緊張関係の除去から帰結したプロテスタンティズム的近代にも、同様の問題性を見出している点である。プロテスタンティズム研究の末尾において彼は、近代社会の未来に住むという「末人」を「機械化された石化（mechanisierte Versteinerung）」という表現を用いて特徴づけるのである。[110]

西洋的な文化において、ウェーバーが注目するのは、「芸術活動の高度にアゴーン的な形成のための特別の社会的条件」である。[111]「西洋に特有のもの」というのは、「西洋の芸術家」の自己認識、および「芸術を「科学」と同じ地位にまで高めること（Erhebung）によって、みずからの芸術には永遠の意義を、そして自分自身には社会的プレステージを与えようとするところの、文化史的・社会的に制約された、徹底して合理主義的な芸術家たちの名誉欲（Ehrgeiz）」に見出せると言うのである。[112] 多神論的な対立の成立という点で、この「引き上げ（Erhebung）」は決定的な意味をもつ。なぜなら「芸術と真理の間に分裂があるとすれば、まず芸術が真理と同格の位階へ引き上げられることが必要」だからである。[113] 中国の文化には、芸術を科学と同じ地位にまで高める「（西洋のルネサンス的な意味における）合理主義的な名誉欲へのいかなる起動力も欠けて」おり、[114] そうであるから西洋的なあり方における価値葛藤は成立しようもなかった。中国的な「石化」はこうした事態に由来しているのである。

中国と西洋の闘争の差異へのウェーバーの視座は、彼の同時代のドイツ政治の分析と呼応している。彼は「あらゆる政治の本質とは、闘争であり、同志と自発的追随者を徴募する活動である」とし、そして以下のように述べる。「このかなり困難な技芸（Kunst）を鍛えるために、官憲国家の官僚のキャリアシステムはいかなる機会をも提供しない。周知のようにビスマルクにとっては、フランクフルトの連邦議会が［政治の］学校であった。［…］近代の政治家にとっては議会における闘争が、政党にとっては国家における闘争が与えられた闘技場（Palästra）なのである。この闘技場は他のなにものによっても代替不可能な価値をもっている。少なくとも［官僚組織における］昇進のための競争によっては代替されえないのである」。[115] ここでウェーバーは政治的アクター間の闘争と官僚制における「出世競争」を区別しているが、このとき前者が西洋文化に、後者が中国文化に対応している。そして政治的闘争と昇進をめぐる競争の違いは、結局のところ、諸価値の関係性のあり方に起因するのである。もし諸価値が一次元的に調和化されるならば、闘争は「出世競争」へと変容する。これに対して諸価値が対立しつづけるならば、ここにおける対決は「政治的」闘争になる。[116]厳密な意味におけるマックス・ウェーバーの政治概念は、まさにこうした価値対立と関係している。そうであるから彼は、「ある問題が社会政策的な〔社会的にみて政治的な〕(sozialpolitisch) 特徴を備えているということの標識は、まさに、その問題が確定された目的からの技術的考量に基づいて解決されるようなものではなく、問題が一般的な文化領域に入り込んでいるため、統制的価値基準それ自体が争われうるし、また争われざるをえないというところにある」と述べるのである。[117]

こうした根本的な差異が明らかになったのは、ウェーバーが――ジンメルとは違って――闘争の条件を追究したからである。ジンメルはその汎神論的な前提のゆえに、闘争の文化的な条件に注目することなく、アナロジー的な分析に向かった。[118]これに対してウェーバーは、「G・ジンメルの『貨幣の哲学』においては、「貨幣経済と資本主義」があまりにも同一視されており、それが内容的な説明を損なうことになっている」と批判する。[119]近代資本主義の文化的諸条件の総体としての生活態度に注目するウェーバーにとっては、貨幣経済と資本主義の差異はきわめて重要であるが、これはジンメルにおいてはさしたる問題ではないのである。

第四節　ウェーバーの美学主義への距離と、責任倫理と信条倫理の同格対立

すでに論じたように、ウェーバーの政治理論ないし彼の責任倫理の概念は、禁欲的プロテスタンティズムのモラリズム的政治とは異なって、多元化とコンポジションと結びつくかぎりにおいて、「美的なもの」と

一定の親和性をもつ。しかしウェーバーとジンメルの闘争理論を比較することで、ジンメルの汎神論的な闘争が徹底して美的なのに対して、ウェーバーの多神論的な闘争は限定的にのみ美的であるということが明らかになった。たしかにウェーバーの政治理論は一方において、汎モラリズムと対立して、美的なものによって特徴づけることができる。しかし彼は他方においては、美学主義とは距離をとり、美的なものを全体に拡張せず、他領域と緊張関係に立つひとつの領域に限定するのである。

これに対して、ジンメルはさまざまなテーマを美的領域の内部において取り扱う。こうしたアプローチに対応する形で、ジンメルは決して領域間の対立を論じたりはしない。「現実は決して世界そのものではない。そうではなくて、芸術の世界や宗教の世界と並んで存在するひとつの世界であり、それは同じ素材から別の形式、ないし別の前提にしたがってまとめあげられたものである。［…］宗教的生活は世界をもうひとつ創造するのであり、それはある特別な調子における全存在を意味する。そのため、純粋に理念的に考えるならば、別のカテゴリーによって打ち立てられた世界像とは決して交叉することはありえず、したがってそれらと矛盾することもありえないのである」(120)。このような認識ゆえに、ジンメルの生の哲学においても、生と形式の対立は問題にされても、形式と形式の対立は問題にされないのである。

諸価値領域の緊張関係に対するウェーバーの視座は、プラトニズムとの対比において明らかになる。たしかにプラトンは、たとえば『エウテュプロン』において価値をめぐる対立について論じている。「しかしそれでは、何に関して意見が一致せず、またどんな決着に到達できない場合に、われわれはお互いに敵対し、立腹しあうのだろうか？　これはたぶん君には即答できないだろう。むしろ、ぼくが言うから考えてみてくれたまえ、問題となる事柄とは正と不正、美と醜、善と悪であるかどうかをね。われわれがそれに関して意見を異にし、またそれの充分な決着に到達することができない場合に、お互いに敵となるにいたる問題とは、はたしてこれらの問題ではないのだろうか、――ぼくでも君でも、またほかの人たちでもすべて、お互いに敵となるような場合はいつでもね？」（7c-d）[121]。しかしここで看過されてはならないのは、プラトンは、真善美の一致という想定のゆえに、ウェーバーの意味における価値葛藤を考えてはいないということである[122]。キルケゴール、ボードレール、そしてニーチェにおいてそうであったように、ウェーバーにおいては道徳の領域における「善悪」の対立が問題なのではなく、むしろ道徳の領域が他の領域と矛盾する、そうした領域間の対立が問題なのである。

ウェーバーが美的なものから距離をとるのは、彼が闘争それ自体を擁護しようとするからである。すでに述べたように、政治と美の同盟は、汎モラリズムに抗して、遊戯ないし緊張の契機を救い出すために、形成される。この同盟は、同じ立脚点ゆえに、解消されることになる。なぜなら、汎美学主義は、汎モラリズムと同様、同列の諸価値領域間の緊張を脅かしてしまうからである[123]。完全な美学化はこうした意味における闘争を除去してしまう。こうした事態について、カール・シュミットは以下のように述べている。「形而上学的なものと道徳的なものから経済的なものへと至る道は、美的なものを経由する。どんなに崇高であったとしても美的な消費と享受を経由する道は、精神生活の全般的な経済化と、生産と消費に人間の実存の中心的カテゴリーを見出す精神情況へと至るもっとも確実で、もっとも快適な道なのである」[124]。シュミットは、経済化ないし一元的に功利主義的な傾向との関連で美学主義を論難する。これらはいずれもポリ（多）遠近法主義的闘争を取り除こうとするものである。もちろん美的なものの特徴は差異化、多元化の契機にある。しかし美的なものの原理が絶対化されるならば、諸領域の闘争は不可能になり、美的な価値がいわばその外側から問題にされる可能性はなくなってしまう。ウェーバーの注目する諸価値の緊張というのは、まさにこうしたものである。ウェーバーは、道徳主義的な一元化にあっては、美的なものの側に立つが、美的な一元化に対しては道徳的なものを救い出そうとする。[125] つまり、マックス・ウェーバーの理論の基礎というのは、ポリ（多）遠近法主義的な抗争主義であり、これは美的な「対立とコントラスト」とは区別されなければならない。[126] 彼の闘争概念は、厳密な意味では、ある芸術作品の構成要素間の遊戯でも、また美と醜の間の争いでもなく、むしろ道徳と美の対立である。ある領域の内部における闘争ではなく、領域間の緊張が問題なのである。

以上のようなマックス・ウェーバーの多神論的な闘争概念は、責任倫理と信条倫理をめぐる議論とも関係している。ウェーバー解釈の多くは、責任倫理を一方的にもち上げ、「信条倫理の「価値を引き下げ（Abwertung）」」てきた。[127] こうした解釈の範型をなすのは、カール・マンハイムの『イデオロギーとユートピア』の第二論文である。[128] ここにおいてマンハイムは「運命倫理」[129]、信条倫理、責任倫理を進化論的に解釈し、以下のテーゼを立てる。「責任倫理は、第一に、信条に従って行動するだけではなく、そのつど計算可能なさまざまな帰結を可能なかぎり考慮に入れ、第二に［…］信条そのものを徹底した自己吟味にかけるというふたつの要求を含んでいるのである」。[130] しかしこのとき見逃されてはならないのは、マックス・ウェーバー自身は信条倫理と責任倫理という「根本的に異なったふたつの調停しがたく対立した格率」を、同列に置いているということである。[131] 彼は、両方ともそれぞれの倫理的原則に依拠しており、「これらの格率は相互に、純粋に自分自身に基づく倫理そのものの手段によっては調停不可能な、永遠の争いにおかれている」と述べるのである。[132] そして実際いくつかの箇所で、ウェーバーはサンディカリストに好意的な態度をとっている。[133] マックス・ウェーバーの著作におけるこうした要素は、責任倫理を強調する解釈枠組みにおいては、しばしば軽視されてきた。しかしながらこの際、キルケゴール、およびそのヘーゲル批判における諸価値間の緊張という問題が看過されてしまうことになる。[134] キルケゴールもウェーバーも、「領域」という概念を使って議論することによって、いかなる「総合」にも挑戦しようとしているのである[135]。

美的なものは基本的に何ものをも排除しない。「あれも、これも（Sowohl-als-auch）」なのである。ジンメルは以下のように述べている。「わたしたち近代人にあっては、生活も感覚も、価値評価も意欲も、分散して無数の対立を形作り、つねにイエスかノーの間、あるいはイエスとノーの間に身を置いて、自己の内面生活をも、自己の外の世界をも鋭く分化したカテゴリーに組み入れている。そのようなわたしたち近代人には、あれか、これか（Entweder-Oder）の必然にまどわされることなく、さまざまな対立を統合することこそ、あらゆる偉大な芸術の本質に属しているように思われるのである」[136]。この一節に美的なものの特徴がよく現れている。これに対して道徳的なものの本質は、区別することにある。「あれか、これか（Entweder-Oder）」なのである。美学化は不可避的に道徳的なものを損ない、道徳化は美的なものを傷つける。同じことが信条倫理と責任倫理の関係にも妥当する。ウェーバーは、このような対抗関係を顧慮しつつ、このふたつの倫理を同列とみなすのである[137]。

信条倫理と責任倫理という対概念へのこうした立場は、これまでしばしば相対主義、あるいはさらにはニヒリズムとみなされ、批判されてきた[138]。しかし、こうした立場はむしろ抗争的多神論というウェーバーの存在論的な前提とつながっている。ウェーバーが自らを方向づけているのはいつも闘争、ないしその継続という基準でなのである。そうであるから彼は――多くの解釈者がそう考えてきたように――責任倫理に肩入れしつつも、ライバル関係にあるふたつの倫理のうちの片方を勝たせることをしないのである。まさにここにマックス・ウェーバーの政治理論の両義性がある。たとえば、以下の一節である。

成功する政治はつねに「可能なものの芸術（Kunst des Möglichen）」であるということは、正しく理解されるならば、当たっている。しかし、可能なものの彼岸にある不可能なものに手を延ばすことによってのみ、可能なものが達成されたということも、それに劣らず正しいのである。まさにわたしたちの文化の――おそらく他のあらゆる相違にもかかわらず（主観的に）多かれ少なかれポジティブに評価されてきた――特有の性質を形づくってきたのは、つまるところ、可能なものへの「適応（Anpassung）」という唯一の現実的に首尾一貫した倫理、すなわち儒教の官僚道徳ではなかった。すでに論じたように、ある行為の「成功価値」とならんで、その行為の「信条価値」がある。少なくともわたしは、他ならぬ科学の名においてこれが国民から体系的に取り除かれてよいとは思わない。[139]

このような両義性を生み出す、闘争それ自体へのウェーバーの視座は、彼の全理論の基礎にある。

第Ⅵ章　マックス・ウェーバーのアビ・ヴァールブルクへの手紙

サセッティは、ひとつの新しい倫理的な均衡を求める、揺れ動く自己感情をよく意識していた。そうであるから彼は、ふたつの正反対の格言によって、象徴的に自らを特徴づけることを選んだ。すなわち、ラテン語の祈りの受動性〔「運命がわたしに慈悲深くありますように（Mitia Fata mihi）」〕をフランス語のモットー〔「わたしの力のかぎり（A mon pouvoir）」〕に対置したのである。

（アビ・ヴァールブルク(1)）

第一節　闘争と権力政治

マックス・ウェーバーの思考は、闘争と緊張をめぐって展開されている。こうした契機は、彼の「西洋」文化の理解や、信条倫理と責任倫理に関する政治理論とも密接に結びついている。しかしながらウェーバーは、ジンメルとは異なって、闘争の「積極的な」機能のゆえに闘争というテーマに関心をもつわけではない。彼は、ホーニヒスハイムも言うように、「闘争としての闘争」にこだわるのである(2)。これに関して、レオ・シュトラウスは以下の指摘をしている。「ウェーバーの立場を規定しているのは、「パワー・ポリティクス

(Machtpolitik)」の精神であったように思われる。このことをもっともよく表しているのは、ウェーバーがこれと関連ある文脈において闘争と平和について語るときに、「平和」のほうには引用符を付けながら、闘争のほうには引用符を付けてあらかじめ注意を喚起するという手だてをとっていないという事実である。ウェーバーにとって、闘争は明白な事柄であり、平和はそうではなかった。平和は仮象であるが、闘争は現実なのである。価値間の闘争にはいかなる解決もありえないというウェーバーのテーゼは、したがって、人間生活は本質的に不可避な闘争であるとする包括的な見解の一部あるいは帰結なのである」[3]。

なにゆえにウェーバーはかくも熱心に闘争と緊張にこだわるのか。この問いはウェーバー批判者によってくりかえし提示されてきた。たとえばシュトラウスは、「啓示の助けをかりない人間精神は客観的規範に達しえないこと、あるいはさまざまな此岸的な倫理的教説間の闘争は人間の知性によっては解決不可能であることを、ウェーバーは決して証明していない」と述べる[4]。そしてシュトラウスは、ウェーバーの価値葛藤の価値論は、「たんに特殊な道徳的選好に駆られて要請されたものにすぎない」と言う[5]。またレイモン・アロンも、一九六四年にハイデルベルクで開催された第一五回ドイツ社会学者大会における講演「マックス・ウェーバーと権力政治」において、同様の問題を取り扱っている。アロンは、ウェーバーの理論には「一部にはダーウィン、一部にはニーチェに由来する生存をめぐる闘争という形而上学」と「多神論、つまり両立しえない諸価値の複数性」があるとし、こうした存在論的な前提を「ウェーバーの権力政治の哲学的基礎」として批判的に論じている[6]。シュトラウスとアロンのようにまったく毛色の違う思想家が一致していることからも明らかなように、闘争の擁護と権力政治的な志向とが内的に連関しているとする解釈は、ウェーバー研究の共通了解となっている。モムゼンの以下の一節は、こうした解釈枠組みの典型と言ってよいであろう。

ウェーバーは［…］国家を文化発展の前提として肯定し、［…］権力のなかに何か積極的なもの、つまりそれによってのみ社会生活において創造的な行為が可能になるような天与の手段を見出していた。ホッブズを想起させるような、いやそれよりもとりわけニーチェを想起させるようなラディカルさで、彼は闘争をあらゆる文化生活一般の基本原理とみなしたのである。(7)

ここにおいて、モムゼンは権力政治と闘争を結びつけている。しかしながら彼はこの結合について突っ込んだ考察を加えているわけではない。たしかに、いわゆる「リアリズム」の伝統においては、闘争と権力政治の内的つながりはあまりに自明なものである。しかしこうした枠組みにおいてウェーバーの政治理論を解釈する前に、ウェーバーが闘争の契機にこだわる、その根拠について考察すべきではないのか。なぜならカウティリヤとマキアヴェリを比較した際に論じたように、「リアリズム」という枠組みで解釈するかぎり、アウグスティヌス、(8)ウェーバー、そしてキッシンジャー(9)の区別がつけられなくなってしまうからである。したがってそれぞれの思想家において、闘争の契機が押し出されてくる、思想のコンステレーションに注目する必要がある。

本章では、ウェーバーとハンブルクの芸術史家アビ・ヴァールブルクの関係に焦点を当てる。(10)それは、彼らが闘争に関して共通にもっていた前学問的な構えを可視化するためである。

第二節　アビ・ヴァールブルクの「フランチェスコ・サセッティの終意処分」論文

マックス・ウェーバーは一九〇七年九月一〇日、一通の手紙をアビ・ヴァールブルクに書いている。これは、ヴァールブルクがウェーバーに送った論文「フランチェスコ・サセッティの終意処分」に対するお礼の手紙である。[11] この研究においてヴァールブルクは、ルネサンスを個人主義、世俗主義、合理主義によって特徴づけるブルクハルト以来の非歴史的で、二項対立的な図式から距離をとろうとする。彼は初期ルネサンス期のフィレンツェのある銀行家を例にとりつつ、この時代の世界観的な対立に注目するのである。ヴァールブルクには、その銀行家フランチェスコ・サセッティ――彼の名前はアッシジの聖フランチェスコに由来する――は「善悪の彼岸」に立つ、[12] 経済的な「超人（Übermensch）」とは思えなかった。[13] 彼はむしろ以下のように書く。「フランチェスコ自身の言葉は、終意処分の現世志向的な本文においても、なんのためらいもなく「新しい時代の人物」をあらわにしているわけではない。それどころか、「中世」――もしこの言葉によって、古代的な装いをした、ルネサンスのエゴセントリックな超人とは正反対の時代遅れの奥ゆかしさを思い浮かべるとすれば――は、彼の「観照的生活（vita contemplativa）」の宗教的な感情習慣のなかに存続しているのみならず、「活動的生活（vita activa）」の様式にも決定的に影響を及ぼしているのである」。[14] ヴァールブルクは支配的なルネサンス理解に反対する。「わたしたちは、自分たちが超人、つまり教会の息苦しい牢獄から個人を解放する者を歓迎するルネサンス人が、実際にはいかに中世的であったかを認めたがらないのである」。[15] ヴァールブルクの目にはサセッティは、「商業的ないし植民地的膨張の時代にはいつでもくりかえし現れる大特許業者や独占業者などの経済的「超人」」の原型ではない。[16] 彼はむしろ、中世的な敬虔と経済的な合理性に揺れ動く人なのである。ヴァールブルクはサンタ・トリニータの家族教会（Sassetti-Kapelle）のプログラムと、[17] サセッティの終意処分を歴史的に再構成することで、サセッティというひとりの人物の揺れ動く心情を描き出す。そしてサセッティの行為をこうした対立のバランス取りの結果として理解するのである。ルネサンスは決して中世からクリアに区別されうる「有機的な」、ないしひとつの完結した時代ではなく、むしろさまざまな対立する要素を含んでいる時代である。中世からルネサンスへの移行は突然、ドラマティックに生じたのではなく、むしろこうした対立のバランス取りが継続的にズレていった、その帰結にすぎないのである。

ヴァールブルクの論文が採用するアプローチは、以下のようなものである。

「ルネサンスというひとつの」有機的な様式の発展がはらむ決定的な矛盾の諸契機は、こうしたバランス取りの試みの歴史的・分析的な取り扱いによってはじめて明らかになる。こうした契機がこれまで無視され続けてきたのは、近代の美学主義が、ルネサンス文化のなかに素朴なナイーブさか、そうでなければすでに行なわれた革命の英雄的なジェスチャーを期待したためである。(18)

こうしたアプローチは、彼がハンブルク大学の最初のゼミナールで掲げた有名なモットー「神は細部に宿りたまう（Der liebe Gott steckt im Detail）」とも密接に結びついている。重要なことは「細部」への注目が、ヴァールブルクがウェーバーと共有するある理論的な基本前提に由来しているということである。それは、考察の対象は完結した統一体ではなく、むしろさまざまな諸要素から構成されているという基本前提である。(19)そしてこうした基本前提を支えているのは、いくつかの共約不可能なパースペクティブがあり、そのなかのいずれも——少なくとも理論的には——特権的な地位を占めえないという前提である。そうであるからウェーバーは世界を「対立からなるひとつの世界」(20)として描き、またヴァールブルクは「ひとつの「時代」を形成する複雑な力の磁場を理解」(21)しようとする。ヴァールブルクが注目する「細部」は緊張の磁場のなかで形成され、そうであるから体系的・一般的な枠組みにおいてはすくい取ることができないのである。

アビ・ヴァールブルクのイコノロジーは、まさにこうした「細部」を問題にするものである。(22)「フェッラーラのスキファノイア宮におけるイタリア芸術と国際的占星術」（一九一二年）において、ヴァールブルクは彼のイコノロジー的方法について、以下のように論じている。「わたしはフェッラーラのスキファノイア宮のフレスコ画を解明しようとするわたしの方法によって、次のことを示したつもりである。つまり、国境警察的な偏見にひるんで、古代、中世、近代を相互に関連する時代として見ることも恐れず、またもっとも自由な芸術作品も、もっとも応用的な芸術作品も表現の同等のドキュメントとみなすことも恐れない、そうしたイコノロジー的分析方法こそが、個別の暗闇を解明する細心の努力によって、大きな一般的な発展の経過をそれらの連関において明らかにするのである(23)」。マックス・ウェーバーの文化社会学は、「歴史的個体」を、史的唯物論のようなひとつの定式に還元することなく、歴史的諸連関の帰結として構成しようとするかぎりにおいて、ヴァールブルクのイコノロジーと一定の親和性をもっている。また文化および時代を相互に孤立化させることなく、むしろその連続性に目を向けようとする点においても、彼らは共通しているのである(24)。

アビ・ヴァールブルク自身も、彼とウェーバーとの親近性をよくわかっていた。彼は一九〇七年三月二五日の日記において、次のように記している。

　マックス・ウェーバーの見事な論文、プロテスタンティズムの倫理と資本主義の精神を読む。この人物を是非ハンブルクに欲しい。この論文によって、わたしのサセッティ論文を信じる勇気がふたたび出てきた。なぜなら、問題設定が似ているからである。つまり、伝統的な（「世俗内禁欲的な」）感情生活を、新しい自信をもった現世志向の因果性としてみるのである。古いものへの情熱的執着は、危機的分裂を意識した移行状態（時代?-）のあとで、新しいものへの無条件な同一化へと導かれる(25)。

そして実際、ヴァールブルクは一九〇七年一〇月九日付けの手紙で以下のように書いている。

この論文〔サセッティ論文〕を、『資本主義の精神とプロテスタンティズムの倫理《ママ》』についてのあなたの論文に対する同志による感謝のしるしとしてお受け取り下さい。わたしは〔この論文を書いているとき〕その慣習的ではない方法ゆえに、問題の内的な核心を理解してもらうことを期待することすらできずに、境界領域で仕事をしているという感覚をもたないではいられませんでした。しかしわたしの論文を脱稿する直前、わたしはあなたの論文の論理展開に、誰かも別のサイドからいままさにトンネルを掘っているのだという、うれしい後ろ楯を見出したのです。[26]

第三節　マックス・ウェーバーの返答——「すばらしき微光」

ウェーバーはヴァールブルクに返答の手紙を書き、そこでサセッティをカルヴィニストと対比する。ウェーバーはサセッティの「分裂と懐疑の意識、すなわち経済的圧力のもとでの対立の意識」に「すばらしき微光（wunderbarer Schimmer）」を見出す。[27] 彼は分裂や緊張の意識を、カルヴィニズムの対極として肯定的に評価するのである。

ウェーバーは、彼の意味での資本主義の精神が中世末期に経済的に高度に発展していた諸国（北イタリアやフランドル地方）には成立しなかったと言う。そしてこれは、「（言葉のわたしの意味における）「職業倫理」の欠如に由来する、経済形式と倫理的生活様式の間の、まさにその緊張の帰結」であるとする。[28] つまりウェーバーの「資本主義の「精神」」は、経済の論理と宗教の倫理の緊張がある生活態度において止揚され、「職業倫理」に結晶化することによって、はじめて成立するのである。ここでもしウェーバーが禁欲的プロテスタンティズムとその職業倫理をひとつの直線的進化の終着点とみなしていたとすれば、彼はこの緊張を近代化を阻む要素として、ネガティブに評価したであろう。しかしウェーバーは反対に、『プロ倫』をめぐる論争のなかで、ヴァールブルクの名前を出さずに、しかし彼の研究を示唆しつつ、「フィレンツェ市民の、そのあり様における不朽の独自性」に対してこうした緊張がもつ帰結が、「ある繊細な芸術史家によって、芸術的モチーフの独自性に至るまで追究された」と指摘する。(29) そして「このことが芸術的な問題の枠組みにおいて証明されえたということ、このことにわたしはとても喜びを感じながら驚いた」と書くのである。(30)

ウェーバーとヴァールブルクの関係について、ベルント・ローエックは、「ハンブルクの心理歴史家とハイデルベルクの社会学者の間の対話はこれ以上の進展を見せたわけではなかった」と述べているが、それはおそらく正しい。(31) しかし、なぜウェーバーが初期ルネサンス期の芸術史の研究にかくも魅了されたのかを問うことはできるであろう。プロテスタンティズム研究の出発点は、周知の通り、「一四、一五世紀のフィレンツェは当時の世界の資本主義発展の中心地であり、政治的列強の金融・資本市場であったが、そうしたところにおいても利潤の追求は道徳上危険なものであり、あるいはいずれにしても寛容されるにすぎなかった」という認識である。(32) 経済的な富を獲得しようとする努力は、宗教倫理と衝突してきた。経済は宗教によって制約され、消極的にのみ許されてきたのである。

こうした歴史的背景と照らし合わせることによって、ルターにおける「職業(Beruf)」概念の革命的性格が明らかになる。この概念によって歴史上はじめて、世俗内の労働が救済のためにポジティブな意味をもつという宗教倫理が成立した。ここから、もっとも宗教的に敬虔な地域から近代資本主義が発展したという、例のパラドクスが出てきたのである。宗教倫理と資本主義の論理に引き裂かれた人間は、この職業倫理において、このジレンマを解消する答えを見出し、それによって内的分裂という苦しみを克服することができた。

この事態をウェーバーは以下のように表現する。「禁欲者が現世の内において行為しようとするならば、つまり世俗内禁欲の場合であるが、彼は現世の「意味」を問ういかなる問いに対しても一種の幸福な頑迷さをもって対処し、およそそのような問いには無頓着でなければならない。世俗内禁欲が、すべての人間的基準から離れた、カルヴィニズムの神の動機の絶対的な究めがたさを基礎にしてこそ発展しえたというのは決して偶然ではない。世俗内禁欲者はしたがって所与の「職業人」になる。彼は世界全体――それに対する責任は、もちろん彼ではなく、彼の神が負うのである――における彼のザッハリッヒな職業遂行の意味を問うこともなければ、問う必要もない。なぜなら彼にとっては、この世における彼の個人的な合理的行為において、彼には究極的には究めがたい神の意志を遂行しているのだという意識だけあれば十分だからである[33]」。

マックス・ウェーバーが関心を抱くのは、禁欲的プロテスタンティズムにおける宗教と現世の幸福な一致ではない。彼が注目するのは、「ピューリタニズムにおいて、「職業」、「(今日好んで言われるような)生」、「倫理」の間の大いなる内的緊張と葛藤が、空前絶後とでもいうべき仕方において、固有のバランス状態で示されている」「近代の経済発展の精神的側面」である[34]。彼にとっては緊張とそのバランス取りが問題なのである。こうした観点からウェーバーは、禁欲的プロテスタンティズムがその発端から孕んでいた危険性、つまり宗教が現世的な経済の論理に従属してしまうという傾向を指摘する。経済発展の経過のなかで、経済システムがその宗教的基礎を掘り崩し、自律化する事態を、ウェーバーは以下のように詩的に表現している。「ピューリタンは職業人たらんと欲した。わたしたちは職業人たらざるをえない。[…]バックスターの見解では、外的な財への配慮は、ただ「いつでも脱ぐことができる薄いマント」のように聖人の肩にかけられていなければならなかった。しかし運命はこのマントを鉄の檻にしてしまった[35]」。

近代資本主義社会に生きる人間が直面する問題は、禁欲的プロテスタンティズムのそれとは基本的に異なる。プロテスタントの課題は、現世における救済可能性を求めて、宗教と経済の緊張関係を止揚することであった。これに対して近代世界における問題は、一方においては、宗教的次元が経済的な功利主義へと解消されてしまうことであり、他方においては、宗教的心情が現実社会への通路を失い、芸術における表現主義とパラレルに、「対象喪失（Gegenstandslosigkeit）」によって特徴づけられるような、「神秘主義」に至るということである。この点に関してジンメルは、「今日では、とにかく大多数の人々にとって、宗教的信仰の此岸的・実在的な対象は切り捨てられてしまっているが、だからといって彼らの宗教的な意欲がなくなってしまっているわけではない」と述べている。[36] いずれにおいても、宗教と世界のバランスが損なわれてしまっているのである。

こうした背景のもとで、マックス・ウェーバーはプロテスタンティズム研究に取り組み、またそれに引き続いて比較宗教、文化社会学を展開した。彼はそこで宗教と現世のありうるさまざまな関係を探究している。ウェーバーは宗教と経済が溶け合うことに反対し、また同時に神秘主義にも懐疑的であった。ウェーバーは近代における神秘主義の問題を以下のように論じる。「主知主義に特有の、神秘主義的な救済の追求は、こうした緊張関係に直面すると、同胞意識を否定する現世支配に対してさえ敗北した。〔…〕職業労働へと合理的に組織化されているような文化の只中では、無コスモス的な同胞意識をはぐくむ余地など——経済的に不安のない社会層以外は——ほとんど存在しない。合理的文化の技術的・社会的諸条件のもとでは、仏陀やイエスや聖フランチェスコのような生き方をすることは、純粋に外的な理由で、破綻するよりほかはありえないように思われる」。[37] ウェーバーはもちろん神秘主義者ではなかった。しかし彼は神秘主義に無関心であったわけではなかった。彼はむしろ神秘主義に対する深い理解をもっていた。[38] ウェーバーの神秘主義への構えは、その禁欲的プロテスタンティズムへの構え同様、アンビバレントである。ここにおいてもマックス・

ウェーバーは引き裂かれているのである。

ウェーバーが「カルヴィニストのように確固たる倫理的基盤のうえにおらず」、また「やましさなしに超人を演じているわけではない」初期ルネサンス期の銀行家に関するヴァールブルクの論述を読んだのは、こうした背景においてであった。[39] ウェーバーはサセッティの分裂を彼自身の問題として実感したのみならず、こうした引き裂かれた状態に「すばらしき微光」を見るのである。[40] ウェーバーを魅了したであろうところのものを、ヴァールブルクはこう表現している。

人生観の諸対立が、社会の個々の構成員を一面的な情熱で充たし、生死を賭けた闘争に駆り立てるとするならば、そうした対立はとどまることを知らない社会的没落の原因である。しかし同時に、もしまったく同じこの諸対立が個人の内において緩和され、バランスを取られ、相互に否定し合うのではなく相互に豊穣にし合うのであれば、そしてそれによって人間を大きくすることを学ぶのであれば、最高の文化の花を咲かせる力なのである。フィレンツェの初期ルネサンスの文化が花開いたのは、まさにこうした地盤のうえであった。[41]

ウェーバーが「すばらしき微光」を見出したのは、禁欲的プロテスタンティズムにでも、神秘主義にでもなく、むしろフィレンツェの初期ルネサンスの引き裂かれた意識にであった。[42] 加速度的に展開する近代社会における専門人と、こうした社会をトータルに否定する神秘主義者ないしネオ・ロマン主義者をともに拒否しようとする理論家が、社会像ないしユートピアとして絞り出したのは、対立の除去ではなく、「対立のバランス取り」だったのである。[43] ウェーバーが闘争にこだわるのは、こうした事情に根ざしている。彼はまさに闘争に「人間の尊厳」を見出すのである。

わたしたちはいかなる逸楽郷（Schlaraffenland）も、そこへと至る平坦な道も約束すべきではない。此岸においても彼岸においても、思考においても行為においても、およそそのようなものを約束すべきではないのである。わたしたちの魂の平和が、こうした逸楽郷を夢見る者の平和ほど大きくはなりえないということこそ、わたしたちの人間の尊厳のしるしなのである。[44]

闘争の契機を内包した社会というのは、サセッティ論文を書いたときのヴァールブルクの理念でもあった。ゴンブリッチは以下のように指摘している。「ヴァールブルクがもっとも感嘆したのは、彼がフランチェスコ・サセッティに帰していた、対立する極の圧力のもとで、バランスを失うことなく、両極端を結びつけることができる、あの心理的な強さであった」。[45] こうした理念ゆえに、マックス・ウェーバーが「フロイトの弟子」オットー・グロースを批判したのと同じく、[46] ヴァールブルクもダンテの『神曲』のモチーフを使いながら、以下のように述べるのである。「わたしが地獄（Inferno）を通って引きずりだしてもらえるのは、煉獄（Purgatorio）を通って天国（Paradiso）に導く導き手としての能力を認める誰かだけである。しかしまさに近代人に欠けているのはこれである。みなが白い衣を着て、生殖器を失って賛美歌を唱う場所である天国、愛らしい小羊たちが肉欲を欠いた善良な黄色いライオンとともに散歩する場所である天国を、わたしは求めない。だがわたしは、理想、つまり勝利する人（homo victor）を視界から見失っている人間を軽蔑する」。[47] マックス・ウェーバーとアビ・ヴァールブルクはともに不安定な精神をかかえており、「逸楽郷」ないし「天国」において救済されることをある意味で強く求めていた。しかしそれにもかかわらず、彼らはともにこれを拒否したのである。[48]

第四節　悲劇の擁護

ウェーバーにおける悲劇の契機については、これまでもくりかえし論じられてきた(49)。悲劇は、ウェーバーにとってもヴァールブルクにとっても、できれば解消されるべき不運ではなく、ひとつの当為であり、これが彼らの学問的著作を根底において規定しているのである。フリードリヒ・マイネッケは、その基本的な感性が「悲劇的」と特徴づけられるような「時代の内密な精神関係」を指摘している(50)。当時は、さまざまな対立が相互に調停されることなく、争いあっていた時代だったのである。こうした時代に関して、ローレンス・スカッフは以下のように書いている。

文化における根本的な対立、つまり歴史学的見地と精神分析的見地の対立、道徳的・科学的志向と美的志向の対立、実験的ではあるがきわめて深刻な生への態度の混乱とおもしろみのない生真面目なある種ブッデンブローク的自由主義の対立、これらはすべてフロイトの帝都だけでなく、ヨーロッパの都市ではどこにでも見られたのである(51)。

ドイツ統一を成し遂げた父親たちの世代に対して、ウェーバーの同時代人は自分たちのことをエピゴーネンであると感じていた。「わたしたちの揺りかごの傍らには、歴史がある世代に餞別として贈りうるもっとも重い呪いが立っていた。それは、政治的エピゴーネンという過酷な運命である」(52)。ウェーバーは政治論だけでなく(53)、科学論においても(54)、宗教社会学においても(55)、彼の試みは決して「何か新しいもの」ではないという確認から始めている(56)。そして彼は自分の時代を以下のように描写している。「わたしたちの最高の芸術が親密なものであり、決して記念碑的なものではないということ、また、かつて預言者の精神として嵐のような情熱で大規模な共同体を突き抜け、それらを溶かして一体化させたものに対応するものは、今日、きわめて小さな内輪の共同体のなかで、直接的な人間関係において、ピアニッシモでもって脈打っているにすぎない。これらはともに偶然ではない。記念碑的な芸術信条を無理につくり、あるいは「発明」しようとするならば、過去二〇年の多くの記念碑のように、見るも無惨な出来損ないになってしまうのである」[57]。

こうした時代的背景のもとで、ウェーバーは創造的な緊張関係に注目するのである。本研究第V章において、ウェーバーとジンメルの差異について論じたが、まさに同じ世代に属するジンメルも悲劇の契機を強調する点においては共通する。彼の「個性的律法（individuelles Gesetz）」もこうしたコンテクストにおいて理解されなければならない[58]。同時に確認すべきは、ウェーバーらが悲劇的な対立と直面した時期、ないし世代は、それほど長くは続かなかったということである。すでにワイマール時代には、諸対立の微妙な均衡は分極的に解体し、そして極端へと向かう分極化は総合《ジンテーゼ》を社会理論の課題として要請した[59]。またこうした分極化は現実政治においては反動をひき起こし[60]、これはナチズムに至ることになる[61]。

今日、ウェーバーの思考を規定する悲劇の意識はもはやない。したがってマックス・ウェーバーの理論も現代の社会学者にとっては多くの点で不十分なものに映る。たとえばニクラス・ルーマンは述べている。「どのコードも同時にすべての他のコードに関する棄却値を実現する。このことは、他の価値に価値があるということが疑問視され、マックス・ウェーバーの意味における価値対立に至らざるをえないということではない。ただ他の形式、他の区別が棄却されるだけのことである」[62]。世界の分化とは諸要素の孤立化と解されれ、ここではそれら分化した要素の関係性への問いが立てられることはない。現代の社会理論は失われた全体性への憧憬をもっていないが、これなくしては悲劇的な世界認識はありえないのである。ホーニヒスハイムは以下のように論じている。

多くの人がマックス・ウェーバーのことを、バランスが崩れ、矛盾に満ちているとともに過敏な人物として記憶にとどめている。［…］この人ほど世界に対する外的態度において自己を分裂させ、個々の機会において全体としてではなく、意識してある特定の領域に属するものとして専心した人はいなかった。［…］それにもかかわらず、これらすべての個々の枠の背後に、これら分離した領域の背後に、わずかにフランシスコ会の唯名論にだけその類例を見出すような、そうした全体が隠されていたのではないか、いやそればかりか、全体というのはそのような形においてのみその適切な形象を見出すことができたのではないか、という問いが出てこざるをえないのである。[63]

ウェーバーは深い諦念をもって、「ファウスト的な全人」の時代は過ぎ去ったと言う。「専門の仕事に専念することは、それに規定されたファウスト的な人間性の全面性を断念することとともに、現代の世界ではすべての価値ある行為の前提条件である。したがって「行為」と「断念」は今日切り離しえない」と。[64] しかし看過されるべきではないのは、ウェーバーは「卑小を憎む力をなくしていない」人間であったということである。[65] そうであるからはじめて、「悲劇」が成立する。しかし今日、こうした悲劇の意識はなく、事柄は対立ではなく、個々バラバラの分化として体験される。

これに対してウェーバーは、「世界のさまざまな価値領域が相互に調停できない闘争にある」[66]、そうした「日常に耐える」ことを求める。[67] 彼の著作はこうした世界観が結実したものである。したがって、闘争を強調する社会理論が容易にいわゆる権力政治と結びつくことはたしかであるとしても、彼の「権力政治」をいわゆる帝国主義的な政治の枠内で理解することはできない。『職業としての政治』において、ウェーバーは以下のように書いている。

たんなる「権力政治家」は〔…〕どれほど力強く活動しようとも、実際にはその活動は空虚で無意味な結末に行き着くだけである。この点において「権力政治」の批判者は完全に正しい。こうした権力政治的な信条の典型的な担い手が突然内面から崩壊するのを目にして、わたしたちが体験することができたのは、こうしたいばりちらした、しかしその実まったく空虚なジェスチャーの背後に、いかなる内面的弱さと無力が隠されているかであった。こうしたジェスチャーは、人間の行為の意味に対するきわめて貧弱で、表層的な尊大さの産物である。この尊大さは、あらゆる振舞い、しかしなかでも政治的振舞いが事実として巻き込まれている悲劇にまったく気づかずにいるのである。(68)

たしかにウェーバーは、「権力は政治というものの不可避の手段であり、したがってすべての政治の原動力である」と主張する。(69) しかしマックス・ウェーバーの思想は権力政治よりもはるか深くにおいて、「悲劇」の原理によって規定されている。彼においては権力政治はひとつのパースペクティブとして、諸価値領域の緊張の契機を内包している「悲劇」の秩序に組み込まれていたのである。

第Ⅶ章　「ウェーバーと全体主義」再考
——エリック・フェーゲリンの視角から

殲滅は［…］そもそもある特定の敵に向けられているのではない。むしろより高次の価値を客観的と称して貫徹するために必要とされるのであり、そうした価値のためにはいかなる代価も高くないというのである。現実の敵対関係を拒否することではじめて、ある絶対的な敵対関係の殲滅に道が開かれる。（カール・シュミット）[1]

ファナティックな蒙昧主義を嫌悪するあまりに、自然法をファナティックな蒙昧主義の精神で受け入れてはならない。（レオ・シュトラウス）[2]

第一節　ウェーバー論争と全体主義研究ルネサンス

現代の政治学は、多くの重要な概念をマックス・ウェーバーから引き継ぎつつも、彼の政治理論の総体には概して批判的である。こうしたアンビバレントな評価は、全体主義の時代経験と関係する。ハンス・マイヤーの以下の記述は、今日の政治学の共通了解と見て間違いないであろう。

もちろん今日ではウェーバー的な権力政治観は、もはやドイツ政治学の唯一の特徴をなすものではないし、それどころかもっとも有力なものですらないであろう。これまでウェーバーに与えられてきた承認と賞賛がいかに大きかろうとも、彼は若い世代にとってはなにしろすでに歴史上の人物になっており、その歴史制約性は今日ますます明らかになっている。このようなパースペクティブの転換には、とりわけ第三帝国の体験が関係している。全体主義の諸経験がウェーバーの著作の限界を明らかにしたのは、決して偶然ではない。彼の制約のない多元主義と相対主義は、すなわち永遠の価値の闘争というペシミスティックな観念は、現代のイデオロギーの脅威に直面しては弱さのひとつの表現にすぎないように思えるのである。(3)

この引用に明確に現れているように、マックス・ウェーバーの政治理論はとりわけ全体主義の時代経験との関連で理解され、それゆえ批判的に評価されてきた。たしかにこうした解釈はウェーバー自身の概念構成によって裏づけることができる。実際ウェーバーの著作において、いわゆる全体主義に「親和的」な要素を探すことは、きわめて容易である。たとえば、権力志向的な政治の定義、ナショナリスティックな思考、闘争の不可避性という想定、カリスマ概念ないしカリスマ的指導者民主制、（相対主義的ないしニヒリスティックな価値論としての）価値自由の公理、近代自然法への懐疑、価値概念の非合理的性格、「あれか、これか」という問いの非妥協性、決断の契機、目的合理性等を挙げることができる。

しかし、見逃されるべきではないのは、ある一定の解釈はある所与のパラダイムを前提にしてのみ説得力をもつということである。ウェーバーの政治理論を全体主義との関連で批判的に考察しようとする議論に関して言えば、この枠組みの成立に決定的な役割を果たした著作として、ヴォルフガング・J・モムゼンの

『マックス・ウェーバーとドイツ政治　一八九〇―一九二〇年』（初版、一九五九年／修正第二版、一九七四年）を挙げることには異論はないであろう。[4] 本書の出版以来、少なくとも一九六四年のウェーバー・シンポジウム以降、ウェーバーの政治理論をめぐる議論は、この著作の影響下にあると言っても過言ではない。[5]

しかしながら第二次世界大戦後の課題と格闘し、「五〇年代末の特殊な精神的状況」を背景として形成され、[6] 支配的な地位を獲得してきたモムゼン・パラダイムは、冷戦の終焉以後の状況において再検討を求められているように思われる。[7] 実際、とりわけドイツは近年「全体主義研究ルネサンス」とさえ言われる状況にあり、[8] 伝統的な全体主義概念は再検討されつつある。ここでは、全体主義研究は共産主義研究と相関して進められている。[9] つまりアウシュヴィッツを歴史的に孤立させるのではなく、共産主義体制下における階級殲滅の論理あるいは強制収容所群島の問題とパラレルに捕らえていこうとしているのである。[10] これにともなって、ナチズム単独ではなく、むしろ二〇世紀というひとつの時代が考察の単位にされている。[11] あるいはまた、政教分離や人権という近代的政治原理よりも、極端な思考や敵の殲滅（Vernichtung）へと駆り立てる思惟様式、精神構造が注目されるようになり、[12] そしてこうした文脈でエリック・フェーゲリン、とくに彼の「政治宗教」概念が注目を集めているのである。[13]

ただし、もちろんこうした（おもにドイツの）全体主義研究の動向が、はたして「ルネサンス」と呼ぶに値するかについては疑問がないわけではない。そもそも個々の論点は、実際それほど目新しいものではない。しかし重要なことは、論点の新しさではない。冷戦の終焉以後の「文明の衝突」が主張されている状況に呼応する形で、全体主義概念は再構成されることを求められており、実際に変貌しつつあるという点こそ確認されるべきである。そしてこれに対応する形で、従来ウェーバーの政治思想研究を決定的に規定してきた「ウェーバーと全体主義」という構図、つまりモムゼン・パラダイムも再検討されなければならないのではないか。本章ではまず従来のモムゼン・パラダイムについて簡単にスケッチし、これとの対比においてエリック・フェーゲリンの全体主義理解を論じ、そのうえで後者の視角から「ウェーバーと全体主義」を再考したい。

第二節　モムゼン・パラダイム

ヴォルフガング・モムゼンの『マックス・ウェーバーとドイツ政治』[14]は、ウェーバーの政治理論を当時の政治史のコンテクストにおいて叙述しようとした歴史研究の書である。この著作は、未刊行の書簡や文書を含んだ膨大な資料に基づいており、今日でもこの分野の一番の研究である。しかしモムゼンの試みの圧倒的なまでの説得力は、情報量の多さばかりでなく、ウェーバーの著作における諸要素を権力政治の問題性というその一点に一貫して集約することに成功した点にある。モムゼンは、「マックス・ウェーバーの政治的著作は驚くべき完結性を備えた構想であり、それを内側から論破することはできない。ウェーバーの前提に入り込んでしまった者は、そこにとらわれて出て来ることができないのである」と言っているが[15]、このことは彼の解釈にも当てはまる。あるいはより正確に言うならば、彼の解釈が高度に無矛盾な完結体であるので、モムゼンは彼の著作への批判を「感情的」[16]、あるいは「根拠のない」[17]としてしりぞけることができるのである。したがって、ここではまずこの完結性の構造をできるだけ明瞭に素描したい。

1　価値概念の非合理性と価値としてのネイション

モムゼンは——多くのウェーバー批判者がそうするように——ウェーバーの『科学論』の基礎概念に属す

る価値概念に注目し、その「非合理的」性格を問題にする。ウェーバーによれば、歴史的素材は、ある特定の観点を設定してはじめて、収集され、秩序づけられるが、この観点ないし価値は合理的には基礎づけできない。ウェーバー自身このような価値の非合理性を何度も確認している[18]。

こうした価値の理解からいかなる政治理論が帰結するのか。モムゼンはこの価値概念をウェーバーのナショナリスティックな思惟と結びつけることによって、この問いに答える。「自らの国民国家の権力的地位、すなわちネイションは、ウェーバーにとって究極の価値であり、彼は合理主義的な一貫性で、その他すべての政治的目標をネイションに従属させる[19]」。モムゼンはそのうえでウェーバーの理論の問題性を鋭く指摘する。「ネイションは「価値概念」としては――ウェーバーにおいては――科学的批判の領域の外に置かれる。経験概念としてだけ、彼はこのネイション概念を価値自由的・社会学的な分析にゆだねるのである。したがって、ネイション的な思想が正当にも政治的行為の指導原理たりうるのかという問いは、まったく意識的に立てられることはなかったのである[20]」。価値の基礎づけ不可能性という認識は、ウェーバーの「価値自由」の要請にも関係するものであり、たしかにドグマ的な思想を相対化するのに寄与する。しかし同時に、ある特定の（基礎づけられていない）価値が独断的な仕方で絶対化されるという問題にも通じていることは否定できない。いわゆるウェーベリアンが彼の価値論の自由主義的な側面を強調するのに対して、モムゼンは同じメダルの裏面を問題にするのである。ここにおいて、モムゼンは極端に権力政治的な思想と価値自由をひとつの分析枠組みにおいて一貫して解釈する。「科学の価値自由という教説の出発点にあったものは、国民国家的な理念を唯一確実な基準に担ぎ上げようとする努力に他ならなかった」と言うのである[21]。

ドイツ帝国（Kaiserreich）崩壊を前にして、ウェーバーは「ドイツ将来の国家形態」（一九一八年）を発表する。この「純粋に時事政治的な論文」[22]において、彼はいわゆる人民投票的指導者民主制を提案する。彼の構想はワイマール憲法をめぐる議論においても大きな影響力をもつことになるが、モムゼンはこの指導者民主制の構想も一貫して権力政治という観点から解釈する。

ウェーバーの大統領制の提案は――彼が一九一七年から一九一八年にその重心をカリスマ的指導者に移したとしても――間違いなく議会主義化の要求とセットになっている。[23]彼の政治構想は基本的に民主的な憲法国家体制に結びついているのである。しかしモムゼンはその基礎づけに注目し、「ウェーバーの民主主義的国家思想は、外に対する権力の可能なかぎりの増大という理想のもとにある。［…］マックス・ウェーバーが議会主義的立憲国家をドイツに求めるのは、国民の最大限に自由な自己決定あるいは法治国家的な憲法秩序を期待したためではなく、むしろなんといってもネイション政治的な理由なのである」と指摘する。[24]

実際に、ウェーバーによる民主化の基礎づけの背後に、権力政治的な目的・手段の計算を見出すことは、可能である。彼は、「ドイツ政治制度の「民主化」と呼ばれるものをわたしたちが要求するのは、ネイションの統一を維持するための不可欠な手段としてであり、議会主義化を求めるのも政治指導における統一性の保証としてである」と明言している。[25]また『科学論』の一節では、「たとえば「国家」の権力利害が「究極の」目標であるとすれば、その人は、状況に応じて、絶対主義的な憲法も急進民主主義的な憲法も（相対的に）適合的な「手段」として見なければならないであろう。そしてそうであるとするならば、（手段としての）国家装置の評価の転換をある人の究極的な態度決定の転換とみなすことは、きわめて愚かしいことになるであろう」と述べている[26]。

議会主義的諸制度がネイションの利害関心という目的への手段にすぎないとすれば、議会は状況しだいでは廃止されうると結論づけることができよう。モムゼンは、ウェーバーの大統領制の構想を「反議会主義的、それればかりか全体主義的な方向に」解釈替えしようとしたのが、カール・シュミットであったとする[27]。モムゼンは、ウェーバーにおいては議会制の原則とカリスマ的な大統領制は相互に補完しあう関係であると強調しつつも[28]、以上の議論より、「[シュミットの]こうした企ては、ウェーバーにおいて特殊民主的な価値がネイションの国家利害の背後に引き下がっていただけに、それだけ容易であった」と指摘するのである[29]。

モムゼンの解釈枠組みでは、権力政治的な合理化が価値としてのネイションの絶対化と結びつくことで非合理に転化するという連関は、すでに確認した。この非合理性の度合いは、人民投票的指導者民主制におけるカリスマ的指導者という概念と結びつくことで、さらに高まることになる[30]。ウェーバー自身の定義からしても、カリスマ概念は非日常性、ないし非合理の契機を内蔵している。「カリスマ的支配者の権力の基礎は、彼の個人的な使命が被支配者によって「承認」されている点にあるが[…]、この承認は、普通ではないものや途方もないもの、あらゆる規則や伝統とは無縁であり、したがって神的に見られるものへの信仰的帰依にその源をもっている[31][…]」。モムゼンはそれゆえ、「ウェーバーは、彼が求めたような、偉大なデマゴーグによるこうした人民投票的・カリスマ的指導が、政治生活を非論理化し、情緒化するのではないか、そしてその終局にはカリスマ的な暴力支配がくるのではないかという問いを決して追求しなかった」と述べるのである[32]。

モムゼンはこうしてウェーバーの理論と全体主義支配の連関を指摘するが、これは「価値概念の非合理性と価値としてのネイション」と「人民投票的指導者民主制の非合理性」という二重の非合理がウェーバーの理論のなかで重なりあっていると見るがゆえである。そしてこの二重の非合理性を根拠にしつつ、モムゼンは以下のように述べる。「一九三三年、ウェーバーが思い描いていたのとはまったく異なった形ではあるが、「マシーンをともなった」カリスマ的・人民投票的な支配が実現した。もし人が誠実であるならば、ウェーバーのカリスマ的指導者支配の教説は、民主的な諸制度をラディカルに形式化することと相俟って、ドイツ国民をしてある指導者を、したがってそのかぎりでアドルフ・ヒトラーをも、喝采をもって迎え入れるようにした、その責任の一端を担っていたと確認しなければならないであろう[33]」。

もっともモムゼンは、しだいにウェーバーのカリスマ概念、ないし指導者民主制の構想に一定の理解を示すようになる[34]。彼は合理化と官僚制化の傾向のなかで「鉄の檻」が形成されつつあるとし、これを「普遍史的」問題と呼ぶ[35]。そしてこれに対してウェーバーはカリスマを立て、自由の余地を確保しようとしたと解釈するのである[36]。ウェーバーは、「こうした圧倒的な官僚制化の傾向を前にして、なんらかの意味で「個人主義的」な活動の自由のなんらかの残余を救い出すことは一体どうすればまだ可能なのか」と問いかけたことがあるが[37]、カリスマはこの問いへの答えというわけである。こうした視角の導入により彼のウェーバー解釈が複眼的になったことは事実である。しかし本研究のテーマである「ウェーバーと全体主義」に関しては、その基本的構図ならびに彼の全体主義理解はいささかも変化していないように思われる。モムゼンの著作が反響を呼んでいるなかで行なわれた第一五回ドイツ社会学者大会（一九六四年）におけるハーバーマスの発言は、政治史から合理化の負の側面に射程をのばそうとするモムゼンとは反対に、フランクフルト学派サイドからのウェーバーの政治理論への言及であるが、その問題とするところはピタリと一致している。「[鉄の檻に対する]ウェーバーの哲学的な答えは、合理主義的な世界の只中での決断主義的な自己主張であり、その政治的な答えは、意志の強い、権力衝動をもった指導者に活動の余地を与えることであった[38]」。こうしてウェーバーの政治理論が孕む「非合理性」――これこそが全体主義との親近性というテーゼの根拠である――は、ひとつの塊へと集約されていくのである。

3　非合理への対重（Gegengewicht）としての自然法

「第二版の序文」においてモムゼンは、彼の本の課題を以下のように述べている。「本書はある状況のもとで書かれた。そこでの問題は、つい最近のドイツにおける莫大なカタストロ－フ、とくにナチズムの台頭と支配に批判的に対決すること、そして強く安定したドイツの民主主義のために精神的で道徳的な基礎を提供することであった[39]」。モムゼンのウェーバーの政治理論に関する批判的研究は、こうした民主主義的な確信を基礎にしているのである。

しかしながらこのことは、ウェーバーの政治理論が非民主的ということではない。ただそれは、モムゼンが擁護しようとする「民主主義」とは異なるということである。モムゼンによれば、ウェーバーは民主主義をネイションの権力という目的のための手段として理解し、それによって「民主主義思想からその価値内容を剝奪」してしまっており、その意味で機能主義的に理解している[40]。これに対して、モムゼンは民主主義の「尊厳」に目を向け、これは決して外交上の「効率」に還元されえないと言う[41]。つまり彼にとっては、形式的な意味での民主主義ではなく、理念的な意味でのそれが問題であり、ウェーバーの言葉を使うならば、「目的合理的」ではない、「価値合理的な」民主主義――彼はこれを「かつての自然法的民主主義」と呼ぶ――こそが擁護されなければならないのである[42]。

こうした自然法的な民主主義という立脚点から、モムゼンはウェーバー（そしてシュンペーター）に以下のような問いを投げかける。「民主主義体制と民主主義的行動様式に自然法的な源泉から流れ出る内面的な価値評価が伴っていなければ、その程度の「ゲームの規則」の尊重すら、そして公正や寛容は、はたして長期的に維持されうるのか」[43]。モムゼンはここに「権威主義的支配に転化する」「危険」を見るのである[44]。

しかし、モムゼンは自然法の復興をナイーブに唱えたりはしない[45]。彼はウェーバーと批判的に格闘するものの、それでも依然としてウェーバーの影のもとにいる。「つねに変わることなき価値合理的な基本原則と基本権という意味での、実質的な価値秩序の思想が、それ自身の力で民主的立憲国家の枠組みにおいて支配を正統化しうることは、ウェーバーが近代の脱魔術化された大衆社会の条件のもとで可能とみなしたものの外にあった」[46]。かくしてモムゼンの大著は「政治的共同生活の価値合理的な形態の新しい形式」が探し求められなければならないという呼びかけで終わる[47]。

モムゼンにおける民主主義の自然法的な基礎づけの内実については、ここではこれ以上検討しない。それでもモムゼンの解釈を支える構図は明らかである。つまり、全体主義（非合理性）と近代自然法（合理性）が対立するという構図である。モムゼンにおいて全体主義は、ひとつの「非合理性」であり、これは価値概念の基礎づけ不可能性、極端な権力政治観、人民投票的指導者民主制のカリスマ的指導者、近代自然法的な規範意識の希薄さが、危機的な時代状況のもとで開花したものなのである。

4　モムゼンにおける責任倫理の基礎づけ不可能性

モムゼンが主張したのは、ウェーバーの議論が敗戦と革命の混乱という不安定な状況において、ナチズムの成立と発展に手を貸してしまったと言えなくもないということである。彼は決してウェーバーの政治理論を指して「全体主義的」ないし「ファシズム的」とは言っておらず、むしろただウェーバーの政治理論が有している「固有の可能性」ないし「場合によっては創作者の意図と対立してしまうような、固有の作用」について語っているのである。[48]「モムゼンのウェーバー批判」に投げつけられてきた非難に対して、モムゼンは誤解の余地なく反論している。「全体主義的に統制されたカリスマ的な支配の新しい形態への発展はマックス・ウェーバーの地平の外にあった。わたしたちはこのことを強調してきた。[…]彼個人は、わたしたちが知りうるかぎりの情報からして、確実にファシズムのもっとも厳しい対抗者になったであろう[49]」。

こうした点において、モムゼンよりも、彼の批判者のほうに非があるように思われる。[50] しかしこのことを確認したうえで、いかなる点においてウェーバーは全体主義と区別されうるのかが問われなければならない。この問いを前にして、モムゼンの解釈は失効する。モムゼンは、きわめて説得力のある仕方で、ウェーバーの理論に内在する弱さないし危険性を浮き彫りにすることに成功した。彼の叙述の明晰さと一貫性は、ウェーバーの政治理論解釈のなかでは群を抜いている。しかしながら、モムゼンのお膳立てにおいては、ウェーバーにおける反全体主義的な要素は追究しえないのである。

たしかにモムゼンは、以下のように書いている。「人民投票的・カリスマ的指導者支配は、力強い法治国家的な民主主義ではなく、ファシズム的な指導者国家の全体主義的暴力支配をとることになった。しかしウェーバー自身はこのことを体験することはなかった。こうした形式のカリスマ的支配に対する彼の態度に関しては、いささかの疑いもない。ウェーバーはレベルの低い大衆本能とナショナリスティックな情念に奉仕するようないかなる政治に対しても、最大限の情熱をもって抗したことであろう[51]」。しかし、モムゼンは一体いかなる理由から、ウェーバーは全体主義体制と戦ったであろうと言うことができるのだろうか。[52] モムゼンはここで「責任倫理」に言及する。「行為の究極の根拠とそのありうる帰結を合理的に計算することを政治家に求める、彼の責任倫理の教説は、ファシズム支配の誇大妄想と暴力的な偏狭さとは正反対の関係にある[53]」。しかしウェーバーの理論の究極的な根拠をナショナルな権力関心に見出し、その非合理性を徹底して暴いてきたのは、他でもないモムゼンであったし、実際彼はこうした危険性を責任倫理にも見出している。「責任倫理のモデルは、通常であれば人が非合理とみなすような、極端なポジションの選択をも認めてしまうものであり、このことは極端なポジションのありうる帰結の合理的な審査と決して矛盾するものではない」[54]。

もちろん、モムゼンも責任倫理をめぐるこうした不明確さを認めている。しかし、この不明確さは彼の解釈ではなく、ウェーバー自身の責任であるとみなす[55]。モムゼン・パラダイムにおいては、こうした見方は一貫しており、その意味で正しい。しかしながら、モムゼンが彼の完結した解釈枠組みにおいてウェーバーの国民国家的な思考に還元してきた諸要素は、別の視角から見るならば、まったく別様に現れてくるということになりはしないだろうか。

第三節　フェーゲリンの視角

1　ウェーバーとフェーゲリン――実証主義と秩序学のはざまで

エリック・フェーゲリン（一九〇一―一九八五年）は、レオ・シュトラウスやハンナ・アレントらとともに、ナチス時代にアメリカに亡命した政治哲学者のひとりである。彼は二〇世紀における全体主義の問題と格闘するために、古典哲学に取り組んだ。同様のことは、シュトラウスやアレントにも言える。彼らに共通しているのは、全体主義は近代からの逸脱ではなく、近代の論理的帰結であるという認識である。つまり、近代の危機を問題としているのである。モムゼンが全体主義を近代民主主義という立脚点から批判したとするならば、亡命哲学者たちは全体主義を一層深いところまでたどり返すことで乗り越えようとするのである。

フェーゲリンとシュトラウスにとって、マックス・ウェーバーがもっとも重要なテーマのひとつであったことは決して偶然ではない。ウェーバーの理論は近代についての社会哲学的な議論において標準となるモノサシを提供するものであったため、彼らはマックス・ウェーバーと批判的に対決することを避けるわけにはいかなかった。そもそもエリック・フェーゲリンは、マックス・ウェーバーの圧倒的な影響を受けつつ、それと同時にその思想圏から抜け出す道の探究を自らの課題とした世代に属する。彼は自叙伝において以下のように記している。「学問的に擁護しえないという理由で、イデオロギーを拒否すること。これが当時、わたしにとって定数となった。わたしの学問理解［の形成］においてとても重要であったのは、マックス・ウェーバーの著作に早期に取り組んだことであった。彼の『宗教社会学論集』と『経済と社会』がこの時期に出版され、当然わたしたち学生はこれをむさぼり読んだのであった」[56]。一九二〇年、ウェーバーがこの世を去り、彼の『宗教社会学論集』の第一巻が出版されたとき、フェーゲリンはウィーンの学生であり、一九二二年にハンス・ケルゼンとオットマー・シュパンのもとに博士論文を提出した[57]。

一九五二年、シュトラウスの『自然権と歴史』とほぼ時期を同じくして出版された『新しい政治学』において、フェーゲリンはウェーバーを「終わりと新しい始まりの間の思想家（Denker zwischen Abschluß und Neubeginn）」と呼ぶ[58]。ここで「終わり」というのは実証主義のそれである。フェーゲリンは実証主義を、「外なる世界に関する数学化された諸科学は特別な機能性の高さにおいて際立っており」、そして「自然科学的な方法が理論的なレリヴァンシィを提供するものである」というふたつの想定によって特徴づける[59]。そしてウェーバーは「事実」がすでに一定の価値によって規定されているということ、すなわち「価値関係」ないし認識の遠近法性を意識していた点において、実証主義から区別されるべきであるとし、「「価値」を、それがかつてそうであったもの、つまり政治的行為を秩序づける理念として」認識した点をウェーバーの功績とするのである。[60]

しかしそれにしてもなぜ、しばしば方法論の議論においてないがしろにされるウェーバーと実証主義との差異が、フェーゲリンにとってそれほど重要なのであろうか。ここにおいて現象学に言及することは、見当違いではないであろう。「人間や社会の正しい秩序に関する判断は「主観的」であり、現象界に関する事実判断だけが「客観的」である」という「実証主義のドグマ」に批判的な態度をとる点において、[61]そして「理論的レリヴァンスを方法に従属させることは、原理的に学問の意味を転倒させてしまう」と主張する点において、[62]フェーゲリンは現象学的と言うことができる。フェーゲリンの理論展開は実際、現象学的社会学者アルフレート・シュッツとの関係なしには考えられない。[63]しかしながら、本研究のコンテクストにおいて一層重要なのは、フェーゲリンの実証主義批判が彼の全体主義理解とつながっている点である。

フェーゲリンは実証主義を「科学主義（Szientismus）」と呼び、そこに全体主義との類似性を見出す。[64]科学主義としての実証主義が人間の「意味」を自然科学的因果連関のコスモスに一次元的に閉じ込めてしまう点を問題にするのである。同様にウェーバーも「中間考察」において、「経験的な世界考察、ましてや数学に方向づけられた世界考察は、現世におこる事柄の「意味」を問うようないかなる考察様式をも拒否するようになる」と述べている。[65]自然科学的パースペクティブが唯一のパースペクティブとして科学主義へと先鋭化され、「思惟的世界考察の唯一可能な形式であるとの要求とともに登場する」ならば、[66]人間の生の意味を問う次元は当然抜け落ちてしまう。フェーゲリンが価値関係の概念ないし認識の遠近法性をウェーバーの功績として評価するのは、まさにこうした連関なのである。

しかしながら同時に、まさにこうした認識の遠近法性は、フェーゲリンのウェーバー批判にも結びついている。すでに本研究第Ⅱ章において詳述したように、フェーゲリンはウェーバーの価値概念の非合理的な、あるいは「デモーニッシュな」性格を批判的に論じている。フェーゲリンは、「研究対象の選択の際の前提は、責任倫理的な立場の前提と同様に、暗闇にとどまっている」と指摘するが[67]、このとき彼が問題にしているのは、実証主義の疑わしい前提を明らかにし、それによって実証主義を克服、つまり「終わり」に導いたあの遠近法主義なのである。つまりフェーゲリンは、ウェーバーが「新しい始まり」の扉を開きつつも、それへの決定的な一歩を踏み出さなかったと言うのである。こうしたウェーバーへの両義的な態度は、フェーゲリンの仕事の総体を規定している。『自伝的省察』においてフェーゲリンは、「ここにウェーバーの著作の間隙がある。そしてこれは同時に、わたしが彼の理念と出会ってから、この五〇年間にわたり取り組んできた大問題でもある」と書いている[68]。

ここでフェーゲリンがウェーバーの思想の非合理的な性格を批判し、それによって「新しい始まり」を展望する視点は、「秩序学（Ordnungswissenschaft）」の構想である。フェーゲリンの基本テーゼは、『新しい政治学』の「ドイツ語版序文」において、明確に述べられている。「社会における人間の合理的な行為に関する学が可能なのは、すべての下位で、部分的な行為の目標設定が、最高の目的、最高善、すなわち神的存在の目に見えない基準への方向づけによる存在の秩序に関係づけられることによる」[69]。つまり、フェーゲリンは人間と社会の秩序の合理性を問おうとするのである。このような視座から見てウェーバーが問題であるのは、その理論の圏内においては、価値は個人の決断の領域に置かれてしまうために、秩序レベルの合理性を追究できないがゆえである[70]。

フェーゲリンにおける「秩序学」に関しては[71]、ここではモムゼンとの関連で、以下の点だけ確認しておきたい。すなわち、ウェーバーの価値概念の非合理性を問題にする点においては、フェーゲリンはモムゼンと完全に一致しているということである。モムゼンは価値の非合理性をネイション概念と結びつけ、こうしてウェーバーの全体主義に対する弱さを浮き彫りにしたとすれば、フェーゲリンもウェーバーの非合理性を秩序学としての政治学という彼の構想から明らかにし、その相対主義的でアナーキーな帰結を問題にするのである。しかし同時に、フェーゲリンとモムゼンの違いにも注意が必要である。すなわち、モムゼンはこうした価値の「非合理性」を全体主義の問題と結びつけるのに対して、フェーゲリンは――この点でウェーバーを厳しく批判しておきながら――全体主義の文脈では決してウェーバーを批判しないのである。おそらくこの違いは、両者の全体主義理解の違いに対応している。以下、政治宗教とグノーシス主義というふたつの概念に即して、フェーゲリンの全体主義理解を概観する。

2　フェーゲリンの全体主義理解

a　「政治宗教」

フェーゲリンが全体主義的現象を記述するために用いる「政治宗教（Politische Religionen）」概念は、以上で述べた「秩序学」の構想と関係する。フェーゲリンは政治と宗教の分離という近代的原理には依拠しないが、それは全体としての秩序の原理を問題にしようとするからである。

> 政治的共同体における人間の生活は、法や権力の機構の問題にだけ関わるような世俗の地域として切り離すことはできない。共同体は宗教的秩序のひとつの領域でもある。そして政治状態の認識は、共同体の宗教的諸力およびそれが表現されるシンボルをともに包括しなければ、あるいは包括はしてもそれ自身としてではなく、非宗教的カテゴリーに移してしまっては、決定的な点において不十分である。[72]

こうした想定から出発して、フェーゲリンはイデオロギー的な大衆運動の宗教的な根を探り当てようとする。[73]「政治的集合主義は、たんに政治的・道徳的な現象ではない。はるかに重要なのは、そこにある宗教的な要素であるように思われる」[74]。フェーゲリンのアプローチが特異な印象を与えるのは、それが政教分離という近代的な政治原理ではとらえられない次元を、[75]あるいは社会学的に言えば、（機能）分化という近代社会の理解ではとらえることのできない次元を主題化しようとするからであり、またそうであるから注目に値するのである。[76]

「政治宗教」概念によってフェーゲリンは、政治組織が宗教的に聖化され、それによって「実体」へと転化するという全体主義的なファナティシズムのメカニズムを明らかにすることに成功する。[77]政治と宗教の溶解ないし緊張関係の喪失によって、政治的暴力は宗教的な救済という名のもとに行使されることができるようになる。こうした関連においてウェーバーは、以下のように指摘している。「戦士が死を耐え忍ばなければならないということ、その理由、そしてその目的は、戦士にとっては――そして戦士を除いては「職業」で命を落とす人にとってのみであるが――まったく疑いのないものである。〔…〕暴力を行使する政治団体の存在意義を支えようとするあらゆる試みの基礎は、つまるところ、死を意味のある、聖なる生起の系列に組み込むことにあるのである」[78]。

ウェーバーはここにおいて政治宗教の問題性を戦士だけではなく、「職業で命を落とす」世俗内禁欲者にも見出している。禁欲的プロテスタンティズムは、すでに第Ⅳ章で論じたように、聖戦につながっていく危険性を否定できないが、こうした点において禁欲的プロテスタンティズムと「マホメットの根本的に政治的な宗教」との差はない。[79]また政治と宗教の緊張関係が解消されている点において、禁欲的プロテスタンティズムと中国的秩序の一定の近さが明らかになる。ヴォルフガング・シュルフターは儒教を特徴づけるために――フェーゲリンとはまったく関係なく――、「政治宗教」の概念を用い、以下のように書いている。「この際、禁欲的プロテスタンティズム、ヒンドゥー教そして仏教は、救済宗教の枠内における一貫した実践的ないし理論的な合理主義のケースであり、これに対して儒教は救済観念なき「政治（的）」宗教の枠内における一貫した実践的な合理主義のケースなのである」(80)。しかしこの二項対立図式は問題である。こうした図式においては、救済宗教もフェーゲリンの意味における「政治宗教」の問題性と無縁ではないということが見逃されてしまう。あるいはそれどころか、原理主義は大概において救済宗教と密接に結びついているものである(81)。ピューリタニズムは、緊張の契機を内在させた二元論を排除することで、「政治宗教」に近づいていってしまうのである(82)。

モムゼンはたしかに、ウェーバーの政治理論における「非合理的」な要素を明るみに出すことに成功した。そして実際こうした問題性は、ウェーバーが、「ドイツをそのかつての栄光という点において再興するためには、わたしは地上のどんな力とでも、それがたとえまぎれもない悪魔であっても、手を結ぶであろう。手を結ばないのは、ただ愚か者の力とだけである」と述べるとき、きわめて切実に現れてくる(83)。しかしながら、権力政治的な合理性は、全体主義的な暴力支配と無関係ではないが、決して同じではない。モムゼンは、「一切の倫理的制約を払いのけ、大量虐殺をその旗に書き込んだ権力思想の熱狂（Toben）を体験してしまったあとになっても、わたしたちはのんきにも最後までウェーバーにつき合うことができるのだろうか」と問いかける(84)。しかしむしろ問われるべきは、権力というひとつのパースペクティブがどうして「熱狂」にまで駆り立てられたのかということである。フェーゲリンのアプローチは、このメカニズムに切り込もうとするものであり、「近代の専制政治の正当化の論理」を「宗教心理学的および宗教社会学的なカテゴリーによって一層理解できるものにした」点で(85)、注目に値するのである(86)。

b　グノーシス主義

『新しい政治学』においてフェーゲリンは、全体主義的な社会を特徴づけるために、グノーシス主義という概念を使う。グノーシスとは通常は古代末期の終末論的な宗教運動を指すが、フェーゲリンはこれを近代の政治運動を記述するために用いるのである。こうした適用が可能なのは、フェーゲリンが政治秩序の歴史的であると同時に超歴史的な「シンボル」に着目するからである。こうした「シンボル」によって「政治社会は、自らをある超越的真理を代表するものとして解釈する」とされる[87]。『秩序と歴史』第一巻の「序文」において、フェーゲリンは彼の課題を以下のように述べている。「秩序と歴史についての研究とは、人間の、社会の、そして歴史の秩序について調べることである。［…］秩序の重要な類型は、それが歴史上に登場する過程における自己解釈のシンボルとともに研究されなければならない」[88]。こうした「シンボル」概念は認識論との関連で理解することができる。フェーゲリンは、先行する観点ないし枠組みなくしてはいかなる対象も考察できないというウェーバーの遠近法主義を、政治理論の領域に転用しようとするのである[89]。しかし本研究の文脈において一層重要なことは、フェーゲリンが「政治宗教」概念のひとつの弱点を克服するために、「シンボル」概念を用いているということである。フェーゲリンがあらゆる社会に政治の宗教的な根を見出そうとするかぎり、「政治宗教」概念は不可避的に不明確にならざるをえない。なぜなら――彼によれば――完全に非政治的な宗教もなければ、完全に非宗教的な政治もなく、したがってすべての政治体制は宗教的ということになってしまうからである。こうした不可避的な不明確さはウェーバーにおいても意識されており、彼は以下のように述べている。「神権政治的ないし皇帝教皇主義的な要素の最低限のものは、いかなる正統な政治権力とも――それがいかなる構造であったとしても――結びついている。なぜならどんなカリスマも結局は呪術に由来するなんらかの残余を必要とし、したがって宗教的な権力と親和的であり、そうであるから正統な政治権力にはつねになんらかの意味での「神の恩寵」があるのである」[90]。こうした事情ゆえに、フェーゲリンは「政治宗教」に留まることなく、政治と宗教の関係のあり方（シンボル）を主題化し、それによって秩序の類型論を行なうのである[91]。

フェーゲリンは、グノーシス的運動のメルクマールとして以下の六点を挙げる。

（i）「グノーシス主義者はそのおかれている状況に不満を抱いている」。
（ii）というのも「世界が本質的に間違って組織されている」と考えるからである。
（iii）彼らは「世界の災いからの救済は可能である」と信じる。
（iv）そしてここから彼らは「存在の秩序は歴史的プロセスのなかで変えられなければならない」という結論を導き出す。
（v）しかもこの際、こうした変化は「人間自身の行為によって」成し遂げられうるとされる。
（vi）以上の想定からグノーシス主義者は、「自己ならびに世界の救済のための処方箋を構成」し、「人類の救済の知を告げる預言者として登場」する[92]。

グノーシス主義者にとって世界は、「何らかの形で「有意味に」秩序づけられた全体をなすことを要求され、そして個々の現象はこうした要求によって測定され、評価される」ような、調和的秩序という意味でのコスモスではない[93]。むしろ彼らにとって現実とは、絶対的に堕落した、したがって絶対的に否定されるべきものである。グノーシス主義の二元論的で、終末論的な性格はまさにここに起因する。こうした二元論は、ウェーバーによれば――予定説とインドのカルマ説と並んで――「世界の不完全性に対する体系的に考え抜かれた解決」のひとつである[94]。しかしこうした神義論のレベルの完成度以上に重要なことは、グノーシス的な二元論者にとって、世界が完全に出口のない閉塞した空間として表象されていることである。彼らにとって世界は、ウェーバーのメタファーを用いるならば、「鉄の檻」なのである。[95]

生命なき機械は凝固した精神である。生命なき機械が凝固した精神であるということこそが、人間をその任務へと強制し、その労働生活の日常を、工場において実際そうであるように支配的に規定する力を機械に与えているのである。凝固した精神はまた生命をもった機械でもあり、それは訓練された労働の専門化、権限の確定、規制、そして階層的に段階づけられた服従関係をともなった官僚組織である。死せる機械とともに、この生命をもつ機械は未来においてかの隷従の檻（Gehäuse jener Hörigkeit）を作り出そうとしている。もし純技術的に優れた、すなわち官僚制的行政および事務処理が、懸案を処理する仕方を決定すべき究極かつ唯一の価値であるとするならば、人はおそらく、古代エジプト国家の貧農のように、いつかはその隷従に無力にも服さねばならなくなるであろう。[96]

グノーシス的な思想が、近代においても、あるいはむしろ近代においてこそ立ち現れてくるのには、ここに理由がある。近代の資本主義は「個人がそこに組み込まれる、ひとつの巨大なコスモスであり、そのコスモスは個人にとって――少なくとも個々の人間にとっては――現実問題として変更不可能な檻として与えられる」からである。[97] ウェーバーはこうした事態をプロテスタンティズム研究において次のように描写している。「運命は［いつでも脱ぐことができるはずの］マントを鉄の檻に変えた。禁欲が世界を改造し、世界において展開しようとすることで、現世の外的な財はしだいに、そしてついには歴史上類例を見ないような、人間への不可避の力を獲得したのである」[98]。こうして近代の官僚制は、かつての家産制的官僚制の檻と同じく、そしてその精度において一層強固に人間を支配する。

そしてここで見逃されてはならないのは、生の意味への渇望がこうした秩序の表象と密接に結びついていることである。ハンス・キッペンベルクは古代グノーシスとウェーバーに関する論文において、以下のように述べている。「こうした意味の危機は決して国家の弱さ、ましてや崩壊として考えられるべきではない。［…］国家権力が、ユダヤのローマ支配の時代にそうであったように、ますます強固に打ち立てられるほど、家族、労働、古来の法といった馴染みの制度はますます国家の行政の目的に従属し、伝統から解放された支配のインタレストによって規定されるようになる。生の欲求がこれまでの制度においてもはや実現されえない、こうした状況が、古代のグノーシスの体系の前提をなしていた[99]」。

官僚制化は、一方において、人間の生を凝結させる。しかし同時にそれはその固有法則性ゆえに、生を分割しもするのである。一九〇九年の社会政策学会においてウェーバーは、「中心的な問題は、こうした魂の分割、こうした官僚制的な生の理念の専制に対して人間性の残余を守るために、わたしたちはこのマシーンに何を対置すべきであるか」と述べている[100]。生の意味の危機は「魂の分割」にその起源をもち、そうした分割は、官僚制化が全体化し、それと結びつく形で諸領域がそれぞれの固有法則のもとに自律化、葛藤化する事態から帰結する。「すべての「文化」は、そう見るならば、人間が有機的にあらかじめ定められた連関から抜け出すことであり、したがって一歩一歩ますます絶望的な意味喪失に陥り、文化的財への献身も、それが課題、つまりは「職業」へと聖化されればされるほど、価値なく、そしてさらに相互に矛盾し、対立する目的のために意味なくあくせくするという呪われた運命にあるのである[101]」。

以上のように、生の意味問題は、鉄の檻と同様、とりわけ近代に特徴的なものである。しかし同時にこのふたつの現象は、近代に限定されない、超歴史的なものでもある[102]。社会の檻化と意味問題が交差するところにおいては、グノーシス的な思想が形成される。ここに現れるのが、厳格な二元論である。世界が絶対的な闇、不純として観念され、これに対してある政治組織ないし理念が光、純粋なものとされることで、超越性の契機は喪失する。フェーゲリンはこれを「再宗教化（Re-Divinisation）」と呼ぶ。「グノーシス的な経験はそのバリエーションのいずれにおいても、社会の再宗教化の核である。というのも人間は、こうした経験にはまりこみ、キリスト教的な意味における信仰の代わりに神的なものへ一層強力に参与しようとするならば、自らを神格化することになるからである」[103]。こうして政治的闘争は倫理的・宗教的な色彩を帯びることになる。そこにおいて闘争は善と悪の二元論のもとで展開され、救済願望と結びつくことで、最終的に敵を殲滅するまでエスカレートしていくような戦争にならざるをえないのである。フェーゲリンは、ナチズムだけでなく、ピューリタニズムから[104]自由主義、[105]そしてマルクス主義も含めた[106]近代そのものにまで、こうした共通の問題性を見出す。そして「今日の戦争の本当の危険性は、技術［の進歩］によって戦場が地球規模に拡大したことにあるのではない。むしろその真の恐ろしさは、戦争がその本性からしてグノーシス的戦争であること、すなわち、相互に相手を殲滅せん（vernichten）とするふたつの世界間の戦争であることによる」と述べる[107]。フェーゲリンの全体主義理解の中心にあるのは、この「殲滅」である。

第四節　フェーゲリンの視角から見たウェーバー、あるいはウェーバーの著作におけるグノーシスの問題

1　ウェーバーの闘争とグノーシス的闘争

全体主義のメルクマールを、善悪を二項対立的に立て、敵を殲滅するグノーシス的な闘争に見出すとすれ

ば、こうした基準からウェーバーの思想を検討することが次の課題である。すでにくりかえし論じてきたように、ウェーバーは比類がないほどの極端さにおいて闘争を強調した思想家であったが、彼の闘争概念はこれまで論じてきたような意味において「グノーシス的」と言えるのであろうか。これまで多くのウェーバー批判者は、彼の闘争とグノーシス的な殲滅闘争を同一視してきた。

価値は立てられることによって妥当する。では誰が価値を立てるのか。この問いに対してもっとも明瞭に、したがってそのかぎりでもっとも誠実に答えているのは、マックス・ウェーバーである。彼によると、それは個人である。個人が、純粋に主観的でかつ完全に自由な決断において価値を立てるのである。〔…〕価値を立てるという純粋に主観的な自由は、諸価値・諸世界観の永遠の闘争、万人の万人との戦争、万人の万人に対する永遠の闘争（das ewige bellum omnium contra omnes）をもたらす。それに比べれば、古き万人の万人に対する闘争（das alte bellum omnium contra omnes）、そしてまたそれどころかトマス・ホッブズの国家哲学の血なまぐさい自然状態は、本当に牧歌的である。古き神々は、その墓場より起き上がり、古き闘争を再開する。だが、神々は脱魔術化され、しかも——今日そう付け加えなければならない——新たな闘争手段を手にしている。その闘争手段は、もはや武器ではなく、身の毛もよだつような殲滅手段と根こぎの態度（Vernichtungsmittel und Ausrottungsverfahren）である。これこそ、価値自由な学問とそれによって可能になった産業・技術の恐ろしい産物なのである。〔…〕古き神々が脱魔術化され、たんに妥当する諸価値になってしまえば、闘争は無気味なものになり、闘争者は絶望的なまでに独善的になる。これこそ、マックス・ウェーバーの記述があとに残した悪夢なのである。(108)

この文章は、政治を「友・敵」関係と規定したカール・シュミットのものである。この一節をもとにして

「シュミットと全体主義」というテーマを再考することには意味があるであろう。[109] しかしそのことは別にして、本研究にとって重要なのは、シュミットがウェーバーの闘争をグノーシス的なものとしたうえで、その問題性を見事に描き出している点である。そして実際、ウェーバーの多神論はところどころで敵の殲滅を目指すような二元論に接近する。たとえば『職業としての学問』において彼が、「究極の立場によって、個々人にとっては、一方が悪魔であり、一方が神である。個々人は彼にとってどちらが神であり、どちらが悪魔であるかを決断しなければならない」と述べるとき、[110] そこに一定のグノーシス主義的思考を見出すことは決して的はずれではない。

ウェーバーの闘争とグノーシス的闘争の関係について、フェーゲリンは明言していない。ウェーバーから強い影響を受けつつ研究を出発させたフェーゲリンも、その限界を見定め、自らのプロジェクト「秩序と歴史」に邁進するなかで、しだいにウェーバーに言及することがなくなっていった。[111] しかしフェーゲリンは――その厳しいウェーバー批判にもかかわらず――ウェーバーとグノーシスの差異を見抜いていた。一九六四年、ウェーバー生誕一〇〇年を記念して行なわれた講演でフェーゲリンは、マルクス、ニーチェ、フロイト、そしてウェーバーという四人の思想家によって特徴づけられた時代について論じた。彼はこの四人を比較し、いくつかの共通点を論じたうえで、[112] ウェーバーの独自性、ないし「偉大さ（größe）」を指摘する。「この偉大な四人のうちで一番若い者［ウェーバー］は新しい［世界］の境界線に立っている。とりわけ彼にはイデオロギーがなく、革命的終末論もなく、革命的行動主義もなく、革命的意識もない」。[113] これらの基準がすべて、すでに述べたグノーシス主義に関係するものであることは明らかであろう。その意味で、フェーゲリンはウェーバーにおける反全体主義的な契機に気づいていた。

しかしすでに述べたように、『新しい政治学』以降のフェーゲリンは――この講演を除いて――ウェーバーに関してまとまった記述を残していない。したがってその反グノーシス的な契機がウェーバーの思想全体においていかなる位置を占めるのかについては、フェーゲリンの著作に頼ることはできない。よって以下、ウェーバーにおけるグノーシス的なものを彼自身の著作に探ることにする。

2　ウェーバーの著作におけるグノーシス

a　無コスモス論

ウェーバーもしばしば「グノーシス」という概念を用いる。しかしフェーゲリンのグノーシスが現世改造のアクティビズムに関係するのに対して、ウェーバーのそれはおもにアジアの、とりわけインドにおける神秘主義的な宗教意識を指す[114]。「アジア的救拯論は最高の救いを求める者をつねに背後世界の王国に連れていく。この王国は合理的な形をもたず、否それればかりかそうした不定形ゆえに神の観照、保持、所有、あるいはある至福に憑かれている状態である。この場合の至福とは、此岸のものではなく、しかしそれにもかかわらず現世の生においてグノーシスによって獲得されうるし、またされるべきものである。これはアジア的神秘主義的観照の最高の形式においてはどこにおいても「空」として体験される[115]」。したがって神秘主義的という意味でのグノーシス的思惟は、「現世の諸事実に対しては結局のところ無関心」であり[116]、「そこから現世内の生に対していかなる倫理も導き出せない[117]」。つまり、それは現世と関わりをもたない無コスモス論（Akosmismus）なのである[118]。

ウェーバーの世界宗教の類型論においては、現世支配の合理主義（禁欲）と現世逃避の合理主義（神秘主義）はまさに正反対の位置にある。「神の道具」対「神の容器」、あるいは「禁欲」と「観照」という対比である[119]。したがってこの意味においては、フェーゲリンが問題にしたようなグノーシス主義は、ウェーバーのそれとは関係ないように思われるかもしれない。しかしここで見逃されてはならないのは、ウェーバーにおける救済宗教が、いずれも「現世拒否（Weltablehnung）」を基礎にして成り立っている点である。[120] 現世を前にして――逃げるにせよ、改造するにせよ――すべての救済宗教はこれを否定する点においては共通している。[121] こうした観点は、ウェーバーにおける「禁欲」を理解するために、とりわけ重要である。禁欲は現世支配とのみ関係するのではなく、むしろ「双頭性」、すなわち「一方における現世忌避（Weltabwendung）」と、他方における、こうした忌避によって獲得された呪術的な力による現世支配（Weltbeherrschung）」によって特徴づけられる。[122] このような意味において、およそ救済宗教はア・コスミスムス（無コスモス論）を基礎にしているのである。[123]

宗教倫理が信条倫理的に昇華すると、[「結果」か、「（何らかの意味で倫理的と規定されるべき）固有の価値」かという二者択一における］後者の選択肢、すなわち「キリスト者は正しきを行ない、結果を神にゆだねる」へと傾く。しかしこれが実際に貫徹されるならば、自らの行為は、現世の諸々の固有法則性に対して、作用の非合理性を宣告されてしまうことになる。ここにおよんで、昇華された救いの追求は無コスモス論（Akosmismus）へと上昇し、そしてついには目的合理的行為それ自身を、したがって手段と目的というカテゴリーのもとに行なわれるあらゆる行為を、現世に拘束され、神から離れたものとして拒否するまでになるのである[124]［…］。

この引用によく現れているように、ウェーバーが無コスモス論という概念によって言い当てているのは、現世疎外が現世からもっとも遠くにあるラディカルな愛を至高化し、そうした愛が現世を徹底して拒否、無化するという連関である。彼は宗教的達人として「仏陀、イエス、聖フランチェスコ」の三人を並記するが、[125]

このことは彼の救済宗教の理解をよく表している。仏陀においても、[126] イエスにおいても、[127] アッシジの聖フランチェスコにおいても、[128] あるいはトルストイにおいても、[129] 無コスモス論としての宗教は基本的に現世、とりわけ政治と関わらないのである。

ウェーバーが用いるような意味での無コスモス論はもちろん決してグノーシス主義と同じではない。別言すれば、ア・コスミスムス（無・コスモス論）はアンチ・コスミスムス（反・コスモス論）とは同じではない。[130] しかし聖フランチェスコ本人と彼に従った熱狂的な運動が厳密に区別されなければならないのと同時にまったく無関係でもないように、無コスモス論とグノーシス主義はやはり一定の接点をもっている。したがってダンテ・ジェルミノとともに以下のように言うことが許されるであろう。「グノーシス主義は不可避的に暴力のカルトに至るわけではない。（というのも世界疎外の経験へのグノーシス的応答は、平和主義からその反対までのすべてに及ぶからである。）しかしグノーシスこそがこうしたカルトの本質的な要素を提供する。すなわちその本質的要素とは、存在の秩序を、そこから人が逃れなければならない牢獄として拒否することである」。[131]

b　信条倫理

グノーシス主義が無コスモス論と密接に結びつき、それをある特有な仕方で発現させたものであるとすれば、[132] ウェーバーの信条倫理をグノーシスの問題としてとらえ直すことが許されるであろう。なぜなら信条倫理は典型的な形で「愛の無コスモス論（Liebesakosmismus）」から帰結するからである。「救済の理念が合理化され、信条倫理的に昇華されればされるほど、隣人団体の互恵倫理から生まれたかの戒律が内的にも外的にも高まった。外的には兄弟的な愛の共産主義に、内的にはカリタス、苦悩せる人それ自身への愛、隣人愛、人間愛、そして究極には敵への愛の信条に高まったのである」[133]。こうした信条倫理は、したがって、絶対的な平和主義と親和的である。「無条件の赦し、無条件の施し、敵に対してすら与えられる無条件の愛、悪に対して暴力をもって歯向かわないで、その不正を無条件にこうむること、こうした宗教的英雄主義の要求はもちろん神秘的に条件づけられた愛の無コスモス論の帰結でありえたのである」[134]。

しかし現世に汚されることなき愛の無コスモス論は、フェーゲリンが見抜いていたように、現世を徹底的に破壊しようとする反コスモス論へと転化する危うさを孕んでいる。ウェーバーが信条倫理と暴力の関係を論じるとき、彼もこの危うさを決して見逃していない。

> 信条倫理は、論理的に言って、道徳的に危ない手段を用いるすべての行為を受けつけないという可能性しかもっていない。論理的に言って、である。現実の世界ではわたしたちはもちろんつねにしばしば、信条倫理家が突然千年王国説の預言者に転向したり、またたとえばついいましがたまで「暴力に抗して愛」を説教していた人が次の瞬間に暴力を、つまりあらゆる暴力行為をなくする（Vernichtung）状態を実現するための最後の暴力を唱えたりするのを経験する。[135]

純粋な愛というその一点に向けて先鋭化された信条倫理的パースペクティブは、現世ないしコスモスの諸連関を飛び越してしまう。信条倫理という「倫理的リゴリズム」は、倫理外的な諸基準をないものとして、あるいは破壊されるべきものとして外部に放逐することで、殲滅戦争というグノーシス主義の特徴を帯びてしまうのである。[136] ウェーバーが、「信条倫理家は世界の倫理的非合理に堪えられない」と言うとき[137]、彼は信条倫理のグノーシス的含意を言い当てている。そして彼の責任倫理は、世界は道徳的観点によって一元的に合理化されえないという点から出発する。責任倫理はしたがって他の価値を承認し、こうした意味で世界の

（倫理的）非合理性を自覚しているのである。[138]

信条倫理とグノーシス主義の関係を考察することによって、いまや、本節冒頭で提起したグノーシス的闘争とウェーバーの闘争に関する問いに答えることができる。グノーシス的な闘争は、世界の「愚かさと卑しさを根絶しよう」とする闘争であり、[139]この攻撃が「最後であり、これは勝利と、それから平和をもたらすであろう」という仕方で[140]悪を撲滅する「最終闘争（Endkampf）」という形をとる。[141]フェーゲリンがホッブズの政治理論をグノーシス的とみなすのも、それゆえである。ホッブズが目指すのは、まさに「万人の万人に対する闘争」という自然状態を終わらせることだからである。[142]これに対して、ウェーバーの闘争はグノーシス的ではない。[143]彼は闘争の不可避性を唱える。「あらゆる文化生活から闘争を取り除くことはできない。闘争の手段、対象、それどころか原則や担い手をすら変えることはできる。しかし闘争自身を除去することはできない。闘争とは、外的な事柄をめぐって敵対する人間の外的な戦いのかわりに内的な財をめぐる愛するものたちの内的な戦いかもしれず、そしてまた外的な強制にかわって内的暴行（エロス的、または慈愛的な献身という形においてさえ）かもしれない。また最後には、個人の魂の内における自分自身との内的戦いもありうる。闘争はつねに存在するのである」。[144]こうしたテーゼはしばしば、すでに述べてきたように、戦闘的ナショナリズムと結びつけられて理解されてきた。しかし見逃されてはならないのは、闘争の不可避性というウェーバーのテーゼは、逆説的ではあるが、あらゆる闘争にピリオドを打とうとするグノーシス的最終闘争に対する歯止めになっている点である。ウェーバーの闘争理解は、彼の多神論的価値理論に基礎をもっており、したがって彼は世界を「あれか、これか」という二元論ではとらえないのである。

たしかにマックス・ウェーバーは「厳格なあれか、これか」の理論家であると言われてきた。[145]一九一八年一一月一三日付けの手紙では、「わたしはあなたが本当に理解できません。あれか、これか！の問題です。

つまり、悪に対しても決して暴力をもって逆らわないか（とすれば、わたしたちは聖フランチェスコや聖クララ、ないしはインドの修道士、あるいはロシアのナロードニキのように生きることになります。それ以外はすべて詐欺か自己欺瞞です。こうした絶対的な要求にはただ絶対的な道、すなわち聖者の道しかないのです）、それとも悪には、さもなければそれに責任をとることになるので、暴力で対抗しようとするか」と書いている。(146)この際に注意すべきなのは、こうした発言が一体誰に向けられているのかという点である。ウェーバーが「あれか、これか」という二者択一を突きつけるのは、サンディカリストであれ、ヘーゲリアンであれ、道徳と政治の緊張関係を乗り越えようとする人たちに対してである。

ウェーバーは上記の手紙において、以下のように続ける。「内戦その他の暴力行使は――すべての革命が少なくともそうであるように、目的のために「手段」としてそれを用いるならば――「聖なる」ものであるというのに、正当な防衛戦争はそうではないということは、わたしには本当に不可解です(147)」。ウェーバーがここで糾弾しているのは、目的が手段を余すところなく神聖化することで、そうした戦争がグノーシス的になり、聖戦ないし宗教戦争に陥ってしまうという点である。ウェーバーが「あれか、これか」の二者択一を突きつけるのは、個々の領域を平準化しようとする者に対してであり、これに対して彼は価値領域の異質性を強調し、対立と妥協に注目するのである。一九一三年四月二日付けの、ヴィルブラントへの書簡で、ウェーバーは書いている。「わたしは調停不可能な対立が、したがってつねなる妥協の必然性が、価値領域を支配するものであると考えます。いかに妥協すべきかは、誰も――「啓示」宗教を除いては――一義的に決定しようとすることはできないのです(148)」。

以上により、マックス・ウェーバーの闘争の概念はグノーシス的な殲滅戦争の対極をなすことが明らかになった。彼は闘争を擁護するが、それは権力政治をエスカレートするものではない。闘争は彼にとって最上位の概念であり、権力政治を条件づけるとともにこれを相対化するものなのである。

3　反全体主義的政治理論としての多神論的合理性論

エリック・ホブズボームは一九一四年から一九九一年の「短い二〇世紀」を「極端な時代」と呼んだ。二〇世紀における全体主義ないしグノーシス的殲滅戦争が、政治的・道徳的立場の極端さと密接に結びついていたことは明白である。二元的・グノーシス的思考が対立を急進化し、こうしてエスカレートした闘争が、思惟様式においても行動様式においても政治的集団をますます先鋭化していく。グノーシス主義と極端さは手と手をたずさえて進んでいくのである。

ウェーバーの政治理論には――多くの解釈者が指摘しているように――極端さの契機が含まれている。彼は決然と「「中道」は、左右のもっとも極端な党派理念と比べて、髪の毛一本ほども学問的により多くの真理をもつものではない」と言う。[149] ヴォルフガング・モムゼンはこうした極端さに注目し、ウェーバーの権力政治をこの連関において説明する。[150] ウェーバーが信条倫理的急進主義者を激しく批判しつつも、同時に彼らに対して決して少なくない共感を抱いていたという事実は、こうした解釈を裏づけるものである。[151] そしてレオ・シュトラウスはウェーバーのこうした極端さに直面して、「いかにウェーバーが実践的政治家として理性的であったとしても、いかに彼が偏狭な党派のファナティシズムを嫌悪していたとしても、社会科学者として彼が社会問題にアプローチしたのは、政治家の技芸とはまるで関係なく、偏狭なファナティシズムを強化する以外にはいかなる実践的目的にも役立ちそうもない、そうした精神においてであった」と述べるのである。[152] たしかにここにウェーバーの全体主義に対する一定の近さを見て取ることができる。しかしすでに述べたように、ウェーバーの抗争的多神論はグノーシス的二元論とは明確に異なる。彼の多神論的な闘争観はグノーシス主義を押しとどめうるのである。したがってウェーバーの思想の特徴は、極端さがグノーシス的思考と結びつかない点にあると言える。マックス・ウェーバーはそのかぎりで二〇世紀の典型的な思想家ではなく、むしろ反時代的な思想家であり、そのアクチュアリティは「短い二〇世紀」の終わりになってはじめて見えるようになってきたのである。

『社会学の基礎概念』において、ウェーバーは「人権」を「極端に合理主義的な狂信（extrem rationalistische Fanatismen）」と呼んでいる。[153] この一節は——当然にも——モムゼンをひどくいらだたせた。

マックス・ウェーバーは、民主主義と自由主義的法治国家の自然法的基礎づけを、近代国家論にもはや十分な基礎を提供しえない屑鉄とみなした。〔…〕彼は、自然法的な公理が、高度資本主義の条件下にあってはもはや、社会秩序に一義的な指示を与えることはできないと考えたのである。彼からすれば、「譲渡できない人権という古い個人主義的な基本思想」は、近代の工業社会という条件下ではその説得力の多くを失ってしまった。そして彼はときとして明らかにそれを無視してはばからなかったのである。[154]

なぜウェーバーが合理主義（Rationalismus）と狂信（Fanatismus）を結びつけることができ、またそうしなければならなかったのか。モムゼンの理解枠組みでは、この問いには答えられない。フェーゲリンのグノーシス主義という視角から考察するときはじめて、「極端に合理主義的な狂信」という表現の含意が見えてくる。ある一定の正しさ（合理性）も、その基準が絶対化され、実体化されるならば、あるいは「超越性」を喪失するならば、狂信的な非合理に転化しうるという連関である。モムゼンの議論では、民主主義や人権という大義のもとに行なわれるファナティシズムに対しては何ら歯止めがないのである。

フェーゲリンがウェーバーの価値概念の非合理性ないし「デモーニッシュな」性格を批判したことは、すでに述べた。彼の「秩序学」の視座からするならば、秩序レベルの合理性が問えなくなってしまうことが問題であった。しかしフェーゲリンは、モムゼンがそうするように非合理性に対して合理性を二項対立的に立てることはしない。一九二五年の論文「マックス・ウェーバーについて」において、彼は述べている。「世界を前にしたとき、わたしたちの意識にとってひとつの地点が存在する。そこでわたしたちは孤独であり、あまりに孤独なので、誰も――デーモンを除いては――そこまでついてきてくれることができないような地点である」[155]。人間の意識はデーモンを内包している。それを完全に排除することはできず、またされるべきでもない。こうしたデーモンないしデモニーに対する態度が、フェーゲリンのグノーシス主義批判と関係することは明らかであろう。彼は、「グノーシス的思弁は超越性に背を向け、世俗内の行為領域にいる人間に終末論的充足という意味を付与することで、信仰の不確実性を克服した」と述べる[156]。あるシンボルはそのデモーニッシュな根源から切り離されると、実体化というグノーシス的問題性を露呈することになる。したがって、フェーゲリンの「デモーニッシュなもの」への構えはアンビバレントなのである。

モムゼンは、非合理性は合理性から峻別しうるという二項対立的な図式を前提にし、全体主義の非合理性に対して自然法の価値合理性を対置する。こうした二元論的解釈図式は「普遍史」についての議論においても出てくる。そこでモムゼンは、「マックス・ウェーバーの普遍史的思考の中心にあるのは、歴史変動の二元論モデルであり、それは個人的カリスマと匿名の官僚制という二分法にその古典的表現を見出した」と言う[157]。これに対してフェーゲリンは、いかなる秩序も非合理的ないし「デモーニッシュ」な契機を内在していることに注意を向ける。そこには飛躍（Sprung）の契機があり[158]、したがって非合理性は合理性の対極としてではなく、その一部としてある。合理／非合理あるいは善／悪を二元的に対置する図式自身がすでにグノーシス的であり、その意味で全体主義に通ずるものを孕んでいるのである。フェーゲリンの視角からすると、

「鉄の檻」に関しては、ウェーバーは「檻」に対してカリスマを立てたわけではなく、むしろ彼の多神論的で、抗争的な合理性の理論を対置したと言うことができる。ウェーバーの社会批判は、社会をひとつの閉じた「コスモス」としてとらえることによってではなく、むしろ「現実の人間の行為を規定しているもろもろの規定根拠の複合体」としてとらえ、それらを解きほぐすことによって、遂行されるものなのである。(159)

問題は、「文明化された社会の一員」として自己を同定し、全体主義者、原理主義者を一方的に悪魔にすることではない。またウェーバー的な用語法を使うならば、責任倫理の立場にたって信条倫理家を全否定することでもない。(160)二項対立の図式を所与として、片方に自らを「閉じる」ことは別なる仕方で全体主義的なものを再生産してしまうことになる。ウェーバーの抗争的多神論、およびそれを基礎にした重層的な合理性論は、こうした両義性に鈍感でいられなくさせる点において、全体主義の理論としてではなく、反全体主義の理論として再評価されるべきである。

第Ⅷ章　結　論

文化受容が、〈いまだそれ自身の側では純化されておらず、祭司的、官僚的、あるいは文学的な型によって固定化されていない、したがって古い合理化された形象がまったく新しい、比較的単純な条件に適応することが求められる、そのような一連の観念〉と融合する機会をもち、またそうすることが必要とされる場合、文化受容は、一般に、まったく新しい、独特な文化形象を生み出す。普遍的（universell）とはまさにこうした現象のことなのである。

（マックス・ウェーバー）(1)

第一節　テーゼ

本研究は、マックス・ウェーバーにおける西洋文化と抗争的・多神論的政治理論の内的連関を明らかにしてきた。こうした試みは同時に、これまでのウェーバー研究において前提とされてきたいくつかのテーゼと批判的に対峙することでもあった。そのテーゼとは、以下の八つである。

（i）ウェーバーの理論全体の哲学的基礎づけは、彼の方法論、つまり『科学論』においてなされている。したがってウェーバーの政治理論も、彼の方法論との関連で議論されなければならない。
（ii）ウェーバーにおける権力政治的理論と近代西洋合理主義は、機能分化という視角から説明できる。
（iii）ウェーバーにおける禁欲的プロテスタンティズム、西洋そして近代は、相互に連続的に結びついている。
（iv）ウェーバーはプロテスタンティズムの政治を、それが近代政治原理の成立に大きく寄与したがゆえに、ポジティブに評価している。
（v）ウェーバーの闘争への視座はジンメルの「闘争の社会学」と近似している。
（vi）責任倫理は信条倫理に優位する。
（vii）ウェーバーにおける闘争の擁護は彼の権力政治観に従属している。
（viii）ウェーバーの政治理論は全体主義と親和的である。

こうしたテーゼはいまや修正されなければならない。本研究は、これに対応する形で、以下の八つの対抗テーゼにまとめることができる。

（i′）ウェーバーの方法論的議論が認識の遠近法性を確認するものであるのに対して、比較文化社会学は、個々のパースペクティブないし合理性ではなく、全体としての文化、つまりさまざまな合理性相互の関係性のあり方に着目するものである。したがってウェーバーの政治理論も、彼の比較文化社会学を基礎にして解釈されるべきである（本研究第Ⅰ章、第Ⅱ章を参照）。

(ii′) 西洋合理主義は複数の合理性の関係性のあり方という意味での秩序の概念であり、古代インド社会におけるような価値領域の無媒介の並列ではなく、むしろ価値領域間の緊張関係を特徴とする。マキアヴェリとウェーバーの権力政治は機能分化という枠組みにおいてではなく、こうした秩序観を背景として理解されなければならない（第Ⅲ章参照）。

(iii′) ウェーバーの自然法概念は、こうした価値領域間の緊張関係によって特徴づけできる「西洋」的秩序と相関している。こうした点において、「西洋」文化と禁欲的プロテスタンティズムは正反対の関係にある。ピューリタンは「西洋」のメルクマールである緊張関係を取り除こうとするものだからである。同様にウェーバーの「西洋」は、「近代」と相互に密接に結びついているものの、それと対立するものである（第Ⅳ章参照）。

(iv′) ウェーバーは禁欲的プロテスタンティズムの政治とは距離を取る。というのも彼は、「西洋」のメルクマールである緊張の契機を内包した二重性を取り除こうとするプロテスタンティズムの試みが、聖戦につながっていくとするからである。こうした観点は全体主義との関連においても重要である（第Ⅳ章参照）。

(v′) ジンメルとウェーバーの闘争理論は、存在論的な想定の位相において区別される。ジンメルが闘争を論じるのは美的汎神論を基礎にしてであり、ウェーバーは抗争的多神論を理論的背景として闘争を論じる。ウェーバーが（美的領域をもひとつの領域として含めた）価値領域間の対立に注目するのに対して、ジンメルは美的な観点において闘争を扱う（第Ⅴ章参照）。

(vi′) 信条倫理と責任倫理は同格の原理として相互に対立する。こうした関係づけは、価値相対主義のゆえではなく、ウェーバーが対立のために対立を擁護しようとしたことからの帰結である（第Ⅴ章参照）。

(vii′) ウェーバーは闘争をそれ自身として擁護する。これは、彼の前科学的な社会への構えとして理解されるべきである。彼は緊張の契機のなかに専門人と神秘主義者の双方を拒否しようとする者にとっての尊厳を見出す。したがってウェーバーの理論においては、闘争概念がいわゆる権力政治より重要な位置をしめている。なぜなら後者には「悲劇の契機」が欠けているからである。ウェーバーの闘争の概念は権力政治的ではなく、むしろ権力政治の単（モノ）遠近法性を相対化し、これを開いていくものなのである（第Ⅵ章参照）。

(viii)　ウェーバーの多神論的価値論は相対主義ではなく、むしろエリック・フェーゲリンの意味での反グノーシス主義である。ウェーバーの抗争的多神論はグノーシス的「殲滅戦争」の対極にあり、したがって反全体主義的と言うことができる（第Ⅶ章参照）。

第二節　ウェーバーの理論のアクチュアリティ

冷戦の終焉以降、グローバルな状況は根本的に変化した。これにともなって社会科学上の多くの概念が再検討され、さまざまな「ルネサンス」が唱えられている。文化社会学のルネサンス、[2] 西洋ないしヨーロッパ概念のルネサンス、[3] コンフリクト理論のルネサンス、[4] 全体主義研究ルネサンス等、[5] である。こうした諸ルネサンスを意識しつつ、本研究はマックス・ウェーバーの政治理論を解釈してきた。[6] 上記の八つのテーゼはこうした考察の結論である。

最後に、本研究が八つのテーゼによって解釈したウェーバーの政治理論のアクチュアリティを、冷戦の終焉以後、とりわけ9・11以後もっとも影響力のあるパラダイムのひとつであるサミュエル・ハンチントンの『文明の衝突』との対比において、明らかにしたい。

すでに本研究の「序論」において、ウェーバーとハンチントンの親近性を指摘しておいた。両者においてはともに、文化ないし文明の分析が闘争という視点と結びつけられているのである。しかしそれにもかかわらず、ウェーバーとハンチントンはいくつかの中心的な論点において相違する。

文化ないし西洋理解に関して。ハンチントンは、ウェーバーと同じく、とくに宗教に注目して文化を論じる。「文明を定義するあらゆる客観的な要素のなかでもっとも重要なのは通常［…］宗教である。人類の歴史における主要な文明は世界の主要な宗教とかなり密接に結びついている」。[7] さらにウェーバーもハンチントンも、文化ないし文明概念を単数形ではなく、複数形で用いる。ウェーバーは「合理主義」概念を秩序概念として解し、[8] それを西洋文化の記述だけでなく、中国文化やインド文化の分析にも用いる。[9] ハンチントンもまた「文明」概念を「野蛮」概念との対抗関係において用いるのではなく、いくつかの文化圏を同格の「文明」として扱うのである。[10]

こうした相対主義的な想定から出発して、ハンチントンは西洋の普遍性を完全に放棄する。彼は「西欧文明が貴重なのは、それが普遍的だからではなく、類がないからである」と主張する。[11] ハンチントンは帝国主義と普遍主義の相補関係を強く意識しつつ、「民族の衝突や文明の衝突がおこりはじめている世界にあって、西欧文化の普遍性を信じる西欧の信念には三つの問題がある。すなわち、それは誤りであり、不道徳であり、危険である」と言うのである。[12]

これに対してウェーバーは、西洋文化をあくまで「普遍史的」連関において理解しようとする。[13] ここにおいてウェーバーの理論の時代制約性を指摘することには、十分な理由がある。さらに彼の問題設定にサイードの意味での「オリエンタリズム」の問題性を見出すことも正当である。実際にサイードは、以下のように指摘している。「ウェーバーはプロテスタンティズム、ユダヤ教、仏教の研究を行なった結果、（おそらく無意識のうちに）本来オリエンタリストによって開拓され、領有を主張されてきたはずの領域の只中へ吹きよせられていった。彼はそこで、東西の経済的（および宗教的）「メンタリティー」の間に一種の存在論的差異があると信ずる一九世紀の思想家すべてから激励を受けたのだった[14]」。

ウェーバーとハンチントンの立場の違いは、しかしながら、帝国主義ないしヨーロッパ中心主義という観点だけで説明できるものではない。むしろこの違いは、文化と多様性をめぐる見解の相違として理解されるべきである。

ハンチントンは西洋文化を比較的完結した統一体としてとらえる。彼が多文化主義に批判的なのもそのせいである。「アメリカの多文化主義者たちは［…］多くの文明からなるひとつの国をつくりたいと願っている。つまりどの文明にも属さず、文化的な核をもたない国にしようというのである。歴史の教えるところでは、そのように構成された国が緊密に結合した社会として永続できたためしはない[15]」。これに対して、ウェーバーは西洋文化を緊張の契機を内包した秩序として理解する。自然法は彼にとっては――第Ⅳ章で論じたように――そのように理解された秩序の原理であり、またウェーバーの政治理論もこれに対応してこうした緊張関係に基礎をもっているのである。このようなウェーバーの西洋文化理解は、彼がその「相対主義的」立脚点にもかかわらず西洋の「普遍性」の契機を決して手放さなかったことと関係している。ウェーバーの西洋は、複数性の問題と理論的に対決し、緊張と対立の契機を内包した唯一の文明なのである。

もしウェーバーがハンチントンの「文明の衝突」テーゼに遭遇したならば、彼はおそらく以下のカール・ポパーの見解に同意したであろう。西洋が成立したのは「地中海や近東でのさまざまな文化の衝突を通してであった。これは、わたしたち現代の西洋文化にもっとも重要な寄与をなしているギリシア文化にもあてはまる。わたしが言っているのは、自由の理念、民主主義の発見、そして最後に近代科学へと通じることになった批判的で合理的な立場のことである」[16]。

ウェーバーとハンチントンの西洋文化理解の相違は、彼らの闘争観の相違とも関係している。ハンチントンにとって闘争の主体は諸文化圏であるが、これに対してウェーバーは価値領域間の緊張関係に注目する[17]。ハンチントンは文化の同質性を前提とする。この前提ゆえに、あるひとつの文化内（そしてもちろん人格内）における価値対立は表面化せず、そして閉じた文化間の闘争というモデルが成立する。ウェーバーも『職業としての学問』において「フランス文化の価値とドイツ文化の価値」の対立について述べ、これは学問によっては決定できないと言う[18]。それどころか初期の論文においては、「高い文化の地域から撤退しているのは、とくにドイツ人の日払い労働者であり、文化水準の低い地域で数を増しているのは、とりわけポーランド人の農民である」と書いている[19]。少なくともフライブルク教授就任演説の段階では、ウェーバーにおいても、闘争と文化はかなりのところ相互に未分化のまま結びついているのである。しかし、しだいに文化間の闘争という視座は後景に退き、価値の間の抗争という視点が重要になってくる[20]。ウェーバーは文化を閉じた統一体としてではなく、諸要素の「複合体」としてとらえるようになる。そして彼の比較文化社会学と責任倫理の成立は、こうした重心の移動と相関しているのである。

闘争に対する態度に関しては、ハンチントンは文化間の衝突を避けるべきものとする。彼のこうした態度はトマス・ホッブズの自然状態への態度とパラレルである。ハンチントンは衝突を回避するために、「共通性の原理」を主張する[21]。これに対してウェーバーは、闘争を回避されるべきものとはしない。彼は共通性ではなく、緊張関係を強調する。彼は、対立の契機のないグローバル社会ではなく、さまざまな対立が緊張関係を保ちながらひとつの均衡状態にあるほうを望む。なぜならこうした均衡状態は、相互に殲滅するような戦争への歯止めとなるからである。

要約すれば、以下のようになる。サミュエル・ハンチントンは文化の闘争と衝突を主題化し、西洋文化をone of themの文化として相対化する。これに対してマックス・ウェーバーは諸価値の緊張状態に注目し、こうした契機を保持する点に、「西洋」文化の特殊性と「普遍性」を見出すのである。

このようにウェーバーの理論から見ることで、ハンチントンのテーゼの問題性が明らかになる。その問題性とは文化の実体化ないし原理主義化である。ハンチントンは文化の同質性を前提にして議論を組み立てるが、ウェーバーの宗教・文化社会学を基礎にしてアジア社会を研究する者は、こうした前提の問題性、つまり個別主義《パティキュラリズム》が歯止めなく進展してしまうという事態に気づかないはずはない。[22]「家父長制的支配」に関してウェーバーは、こうした支配は「政治的内容であれ、福祉国家的功利主義の内容であれ、あるいは倫理的内容であれ」「社会秩序の実質的な原理」を追求するとし、[23]ここでは「法と道徳、法強制と父権的訓戒、立法的動機・目的と法技術的な手段の間のすべての垣根が取り払われる」と指摘する。[24]ある特定のパースペクティブが無制限に展開するという個別主義の問題は、とりわけ原理主義に見出される。近代的現象としての原理主義は、リーゼブロートによれば、「社会関係の脱家父長制化と物象化への一般的傾向に対する遅滞的契機であり、西洋近代の技術的側面と、文化によってさまざまに異なる家父長制的組織形態と社会道徳の「近代化された」バージョンを結びつける対抗構想である」。[25]こうした近代化と家父長制の結びつきにおいて、個別主義の問題性は極端なまでに顕在化する。ハンチントンが西洋文化を他文化と並列するひとつの同質的な統一体として理解するとき、彼の理論はこうした個別主義に対して免疫をもたない。この点において、彼のテーゼは原理主義的な思考モデルと一定の親近性をもってしまうのである。[26]

個別主義の対極として、「普遍主義」が主張されるのがつねである。この場合「普遍主義」とは、民主主義、人権、自由主義と密接に結びつく形で理解されることが多い。しかしここで見逃されてはならないのは、ウェーバーが家父長制的支配に見出した問題性は、「伝統的」専制においてのみ顕在化するものではないということである。同種の構造は、あるひとつの秩序内において対抗原理ないし緊張関係が欠如しているところでは、どこでも成立するのである。こうした理解は、ウェーバーが民主主義者ではなかったということ――モムゼンはこの点を厳しく問いただした――と関係する。ウェーバーは、個別主義ないし無形式性という点において、「絶対的民主主義への傾向は神権政治や家父長制的領主政治の権威主義的諸権力と一致する」と指摘する。(27) この場合においてもウェーバーは、対抗原理の喪失がある特定の「実質的」正義の専制に至ると考える。つまり、価値の対立という視座が民主主義より優位しているのである。同様のことが、人権(28)や自由主義(29)に対するウェーバーのアンビバレントな態度にも妥当する。いずれにおいても、あるパースペクティブの「専制」ないし対抗原理の欠如が問題なのである。

抗争的多元主義を基礎とする、マックス・ウェーバーの「西洋」文化の理想型的構成は、こうした文脈においてアクチュアルである。ウェーバーは、ひとつの文化内における価値領域間の緊張関係に注目することで、一方において原理主義的パティキュラリズムを、そして他方において普遍主義の名のもとにおけるグノーシス主義をしりぞける。ウェーバー的な意味でのこうした闘争への視座は、すでにくりかえし述べてきたように、しばしば権力政治との関連で理解されてきた。しかしこうした闘争への視座こそが、文化が実体化し、もろもろの対立が殲滅戦争へとエスカレートすることを防ぐのである。ウェーバーの理論のこうした側面が看過されてきたのは、彼の著作が近代化論の枠組みにおいて解釈されてきたことによる。しかし今日、近代化論的なアプローチではいわゆる「宗教のリバイバル」を説明できず、またこうした近代化論は原理主義の台頭を前にして普遍主義の名のもとにおけるファナティシズムに傾斜しつつあるように思われる。

ここにおいて、マックス・ウェーバーは近代の理論家ではなく、むしろ緊張の契機を内包し、そうであるから開放的な秩序としての「西洋（ヨーロッパ）」の理論家として読まれるべきである。こうした意味でウェーバーの文化比較はたしかに「西洋中心的」であると言えるかもしれない。しかし彼の理論は「現存する西洋」を批判するポテンシャルをもつものである。彼の「西洋」概念の核心は、近代技術、経済、あるいは軍事力の圧倒的な優越性にあるのではなく、むしろ対立的な多（ポリ）遠近法性を基礎にしてのみ可能な自由にこそあるのである。

註

第Ⅰ章

（1） Vgl. Wolfgang J. Mommsen, *Max Weber und die deutsche Politik 1890-1920*, 2. Aufl., Tübingen : J. C. B. Mohr, 1974（安世舟、五十嵐一郎、田中浩、小林純、牧野雅彦訳『マックス・ヴェーバーとドイツ政治　一八九〇〜一九二〇』Ⅰ・Ⅱ、未來社、一九九三—一九九四年）。近年では、今野元『マックス・ヴェーバーとポーランド問題――ヴィルヘルム期ドイツ・ナショナリズム研究序説』東京大学出版会、二〇〇三年（Hajime Konno, *Max Weber und die polnische Frage (1892-1920) : Eine Betrachtung zum liberalen Nationalismus im wilhelmischen Deutschland*, Baden-Baden : Nomos, 2004）が、こうしたアプローチによる労作である。

（2） Vgl. David Beetham, *Max Weber and the Theory of Modern Politics*, London : George Allen & Unwin Ltd., 1974（住谷一彦、小林純訳『マックス・ヴェーバーと近代政治理論』未來社、一九八八年）; Charles Turner, *Modernity and politics in the work of Max Weber*, London/New York : Routledge, 1992.

（3） Vgl. Dieter Henrich, *Die Einheit der Wissenschaftslehre Max Webers*, Tübingen : J. C. B. Mohr, 1952 ; Johannes Weiß, *Max Webers Grundlegung der Soziologie*, 2. Aufl., München/London/New York/Paris : Saur, 1992.

（4） たとえばレオ・シュトラウスは、以下のように述べている。「正しい科学的手続きに関する反省としての方法論は、必然的に科学の限界に関する反省でもある。そして科学が実際に人間の認識の最高の形態であるとするならば、それは人間の認識の限界に関する反省であることになる。さらに、認識こそが人間にのみ特有な性格であるとするならば、方法論は人間の限界に関する、あるいは人間それ自身の条件に関する反省である。ウェーバーの方法論はこのような要求をほとんど満たすものである」（Leo Strauss, *Naturrecht und Geschichte*, Frankfurt am Main : Suhrkamp, 1977, S. 79. 塚崎智、石塚嘉彦訳『自然権と歴史』昭和堂、一九八八年、八六頁）。

（5） Vgl. Fritz Loos, *Zur Wert-und Rechtslehre Max Webers*, Tübingen : J. C. B. Mohr, 1970 ; Wolfgang Schluchter, »Wertfreiheit und Verantwortungsethik. Zum Verhältnis von Wissenschaft und Politik bei Max Weber«, in : *Rationalismus der Weltbeherrschung. Studien zu Max Weber*, Frankfurt am Main : Suhrkamp, 1980, S. 41-74（米沢和彦、嘉目克彦訳「価値自由と責任倫理――マックス・ヴェーバーにおける科学と政治の関係について」『現世支配の合理主義――マックス・ヴェーバー研究』未來社、一九八四年、九七—一六八頁）; Sheldon S. Wolin, »Legitimation, Method, and the Politics of Theory«, in : *Political Theory*, 9, 3, 1981, pp. 401-

424（中村孝文訳「マックス・ウェーバー――正統化・方法・理論の政治」、千葉眞、中村孝文、齋藤眞訳『政治学批判』みすず書房、一九八八年、一五七―一九九頁）。Andreas Anter, »Staatstheorie und Werturteilslehre«, in: *Max Webers Theorie des modernen Staates. Herkunft, Struktur und Bedeutung*, Berlin: Duncker & Humblot, 1995, S. 115-162.

（6）「ウェーバーの著作の展開」およびその三つの段階に関しては、以下を参照。Wolfgang Schluchter, *Rationalismus der Weltbeherrschung*, a. a. O., S. 274（『現世支配の合理主義』、三二四頁）。Ders., *Religion und Lebensführung*, Bd. 1, Frankfurt am Main: Suhrkamp, 1991, Kap. 1.

（7） Marianne Weber, *Lebensbild*, S. 272（『マックス・ウェーバー伝』、二〇七頁）。

（8）「フリードリヒ・H・テンブルックの挑戦」をいかに評価するかはともかくとして、ウェーバーの著作におけるこれらの論文の作品史的意義は確認されるべきである（vgl. Friedrich H. Tenbruck, »Das Werk Max Webers«, in: *KZfSS*, 27, 1975, S. 663-702. 住谷一彦、小林純、山田正範訳『マックス・ヴェーバーの業績』未來社、一九九七年、一一―九四頁）。もちろんウェーバーの比較文化社会学的な研究は「第三期」にかぎられるわけではない。プロテスタンティズム研究やそれ以前の論文も、比較文化社会学的な研究である。しかし彼の狭義の比較文化社会学、つまり西洋合理主義への問いをめぐる考察は、後述するように、第三期になってはじめて出てきたものである。

（9） WL, S. 523-524（『価値自由』、九三頁）。

（10）「第三期」においてウェーバーは、認識論から全体としての秩序へと関心を移行したというのが本研究のテーゼである。一九一三年一二月三〇日付けの出版社への書簡もこのテーゼを裏づけるものである。「わたしは大きな共同体形態を経済へと関係づける完結した理論と記述を考案しました。家族や家共同体から、経営、氏族、エスニックな共同体、宗教（地上のすべての宗教を含む。救済論と宗教倫理の社会学。トレルチがやったことを、すべての宗教について、本質的なところだけ簡潔に行なう）、そして最後に包括的、社会学的な国家・支配論に至るものです。これには前例がなく、しかも「お手本」もないと言っていいでしょう」（MWG II/8, S. 449-450）。

（11） Samuel P. Huntington, *Kampf der Kulturen. Die Neugestaltung der Weltpolitik im 21. Jahrhundert*, München: Wilhelm Goldmann Verlag, 2002, S. 20-21（鈴木主税訳『文明の衝突』集英社、一九九八年、二三頁）。

（12） リベラル・コミュニタリアン論争も、こうした時代背景との関連で考察することができる。

（13） Vgl. Lawrence A. Scaff, *Fleeing the Iron Cage: Culture, Politics, and Modernity in the Thought of Max Weber*, Berkeley/Los Angeles/London: California University Press, 1989; ders., »Max Webers Begriff der Kultur«, in: Gerhard Wagner/Heinz Zipprian (Hrsg.), *Max Webers Wissenschaftslehre. Interpretation und Kritik*, Frankfurt am Main: Suhrkamp, 1994, S. 678-699; Jeffrey C. Alexander, »Analytic debates: Understanding the relative autonomy of culture«, in : ders. (ed.), *Culture and society. Contemporary debates,* Cambridge : Cambridge Press, 1990, S. 1-27 ; Ralph Schroeder, *Max Weber and the Sociology of Culture,* London/Newbury Park/New Delhi : SAGE Publications, 1992 ; Klaus Lichtblau, *Kulturkrise und Soziologie um die Jahrhundertwende. Zur Genealogie der Kultursoziologie in Deutschland,* Frankfurt am Main : Suhrkamp, 1996 ; Werner Gephart, *Handeln und Kultur. Vielfalt und Einheit der Kulturwissenschaften im Werk Max Webers,* Frankfurt am Main : Suhrkamp, 1998 ; Sam Whimster (ed.), *Max Weber and the Culture of Anarchy,* London : Macmillan Press ltd, 1999 ; Guenther Roth, »Global capitalism and multi-ethnicity : Max Weber then and now«, in : Stephen Turner (ed.), *The Cambridge Companion to Weber,* Cambridge : Cambridge University Press, 2000, pp. 117-130 ; Wolf Lepenies, *Die drei Kulturen. Soziologie zwischen Literatur und Wissenschaft,* Frankfurt am Main : Fischer, 2002（松家次朗、吉村健一、森良文訳『三つの文化——仏・英・独の比較文化学』法政大学出版局、二〇〇二年）。Benedikt Giesing, *Religion und Gemeinschaftsbildung. Max Webers kulturvergleichende Theorie,* Opladen : Leske＋Budrich, 2002.「マックス・ウェーバーと近代日本」をめぐる議論もこうした文脈において理解されるべきである。Vgl. Wolfgang Schwentker, *Max Weber in Japan,* Tübingen : Mohr Siebeck, 1998 ; Wolfgang J. Mommsen/Wolfgang Schwentker (Hrsg.), *Max Weber und das moderne Japan,* Göttingen : Vandenhoeck & Ruprecht, 1999（以下の書評も参照。Masahiro Noguchi, »Max Weber und das moderne Japan«, in : *Monumenta Nipponica,* 56, 4, 2001, pp. 563-567).

(14)　Vgl. Axel Schildt, *Ankunft im Westen. Ein Essay zur Erfolgsgeschichte der Bundesrepublik,* Frankfurt am Main : Fischer, 1999 ; Heinrich August Winkler, *Der lange Weg nach Westen,* Bd. 1/2, München : Beck, 2000.

(15)　Vgl. Philipp Gassert, »Ex Occidente Lux ? Der Westen als nationaler Mythos der Berliner Republik«, in : *vorgänge : Zeitschrift für Bürgerrechte und Gesellschaftspolitik,* 154, 2, 2001, S. 15-22 ; Richard Faber, *Abendland. Ein politischer Kampfbegriff,* Berlin/Wien : Philo, 2002.

(16)　Jacques Derrida/Jürgen Habermas, »Unsere Erneuerung—Nach dem Krieg : Die Wiedergeburt Europas«, in : *Frankfurter Allgemeine Zeitung,* 31. Mai 2003, Nr. 125, S. 33-34（ジャック・デリダ、ユルゲン・ハーバーマス（瀬尾育生訳）「われわれの戦後復興——ヨーロッパの再生」『世界』七一七号、二〇〇三年八月、八六—九三頁）。

(17)　ウェーバーとマルクスの関係については、今日においても、レーヴィットの研究が参照されるべきである（vgl. Karl Löwith, »Max Weber und Karl Marx« (1932), in : *Hegel und die Aufhebung der Philosophie im 19. Jahrhundert—Max Weber,* Sämtliche Schriften, Bd. 5., Stuttgart : Metzler, 1988, S. 324-407. 柴田治三郎、脇圭平、安藤英治訳『ウェーバーとマルクス』未來社、一九六六年）。

(18)　Vgl. David Beetham, *Max Weber and the Theory of Modern Politics,* a. a. O., Kap. 5（『マックス・ヴェーバーと近代政治

理論』、第五章）。

（19） PS, S. 392（『政治論集』2、四二八頁）。

（20） PS, S. 14（『政治論集』1、五一頁）。

（21） PS, S. 506（『職業としての政治』、一〇頁）。

（22） Vgl. Samuel P. Huntington, *Kampf der Kulturen*, a. a. O., S. 57-62（『文明の衝突』、五九—六三頁）。

（23） ただしウェーバーの『宗教社会学論集』は未完である。彼は「古代キリスト教、タルムード・ユダヤ教、イスラム、東方キリスト教」、さらには「西洋キリスト教」をも論ずる予定であった（Max Weber, »Neuigkeiten [vom 25. Oktober 1919]«, Wolfgang Schluchter, *Religion und Lebensführung*, Bd. 2, a. a. O., S. 579. 河上倫逸ほか訳『ヴェーバーの再検討——ヴェーバー研究の新たな地平』風行社、一九九〇年、一四〇—一四一頁より引用）。

第Ⅱ章

（1） Friedrich Nietzsche, »Nachlaß Juni-Juli 1885 38 [4]«, in: KSA 11, S. 598（原佑訳『権力への意志』下、ちくま学芸文庫、一九九三年、七三頁）。

（2） Eric Voegelin, *Die Neue Wissenschaft der Politik. Eine Einführung*, München: Verlag Anton Pustet, 1959, S. 38-39（山口晃訳『政治の新科学——地中海的伝統からの光』而立書房、二〇〇三年、三三頁）。

（3） PS, S. 14（『政治論集』1、五一頁）。

（4） Vgl. Max Weber, »Gutachten zur Werturteilsdiskussion im Ausschuss des Vereins für Sozialpolitik« (1913), in: Eduard Baumgarten, *Max Weber. Werk und Person*, Tübingen: J. C. B. Mohr, 1964, S. 127.

（5） RS I, S. 547（『論選』、一一八頁）。

（6） RS I, S. 547（『論選』、一一八頁）。Vgl. PS, S. 505-507（『職業としての政治』、七—一〇頁）。WuG, S. 29-30（『社会学の基礎概念』、八八—九一頁）。

（7） Niccolò Machiavelli, *Der Fürst*, Stuttgart: Kröner, 1978, XV. Kapitel, S. 63（池田廉訳『マキアヴェッリ全集1 君主論』、筑摩書房、一九九八年、五一—五二頁）。

（8） WL, S. 149（『客観性』、二九頁）。

（9） WL, S. 170（『客観性』、七三頁）。

（10） PS, S. 149（『政治論集』1、一七〇頁）。

（11） Vgl. David Beetham, *Max Weber and the Theory of Modern Politics*, a. a. O., p. 23（『マックス・ヴェーバーと近代政治理論』、三三頁）。「ウェーバーによってきわめてしばしば強調された政治の徳とは「即事象性（Sachlichkeit）」という徳、つまり事実に即すること、リアリズムであった」。

（12） Karl Jaspers, *Max Weber*, München/Zürich: Piper, 1988, S. 74-75（樺俊雄訳『ヤスパース選集Ⅷ マックス・ウェーバー』理想社、一九六六年、四五頁）。

（13） Wolfgang Mommsen, *Max Weber. Gesellschaft, Politik und Geschichte*, Frankfurt am Main: Suhrkamp, 1982, S. 108-109（中村貞二、米沢和彦、嘉目克彦訳『マックス・ヴェーバ

一――社会・政治・歴史』未來社、一九七七年、一五九頁)。しかしもちろんニーチェにおけるキリスト教と知的誠実の関係は、微妙な問題である。ニーチェは、「キリスト教の神に打ち勝ったものがそもそも何なのかを、わたしたちは知っている。それは、キリスト教的道徳自身、ますます厳格に解された誠実さの概念であり、科学的良心にまで、つまりいかなる犠牲をもいとわない知的清廉(intellektuelle Sauberkeit)にまで転換され、昇華されたキリスト教的良心の聴罪師的繊細さである」と論じている(Nietzsche, »Die fröhliche Wissenschaft«, 357, in: KSA 3, S. 600. 信太正三訳『悦ばしき知識』ちくま学芸文庫、一九九三年、四〇四頁)。

(14)「冷静さ/醒めていること(Nüchternheit)」という概念はもちろん「リアリズム」と密接に結びついている。ウェーバー自身、「文筆家(Literaten)」を批判する際には、この概念をそうした意味において用いている(vgl. PS, S. 233, S. 443, S. 486; RS I, S. 14.『政治論集』1、二四九頁。『政治論集』2、四八〇頁、五三六頁。『論選』、二六頁)。テオドール・ホイスはウェーバーの政治理論の核心を「冷静さのパトス(Pathos der Nüchternheit)」としているが、これも卓越した特徴づけと言うことができるであろう(Theodor Heuss, »Max Weber in seiner Gegenwart«, in: PS, 2. Aufl., 1958, S. XXX-XXXI.『政治論集』1、三四頁)。さらにこの概念をピューリタニズムと関連づけることも基本的に正しい。ウェーバー自身も「有用な実学的知識、とりわけ経験的・自然科学的および地理学的な志向、リアリスティックな思考の冷静な明晰さ、そして専門知識を教育の目標として最初に計画的に奨励したのはピューリタン、とりわけドイツのピエティストの人々であった」と述べている(RS I, S. 533. Vgl. RS I, S. 47, S. 52, S. 53, S. 54, S. 61, S. 122, S. 133, S. 142, S. 154, S. 158, S. 171, S. 178, S. 180, S. 187, S. 197, S. 198, S. 450, S. 531, S. 534; WuG, S. 329, S. 337, S. 683.『論選』、二〇三頁。さらには『プロ倫』、六八頁、七七頁、七八頁、九二頁、一二二頁、一二六頁、二四五頁、二七九頁、三〇一頁、三一七頁、三一九頁、三三二頁、三五五頁、三五六頁。『儒教と道教』、二七〇頁。『論選』、一九九頁、二〇五頁。『宗教社会学』、二一四頁、二三一頁。『支配の社会学』II、五〇九頁も参照)。しかし看過されてはならないのは、ウェーバーはまさにこの「冷静さ/醒めていること」という概念を儒教的な人格においても用いているということである(vgl. RS I, S. 266, S. 308, S. 415, S. 434, S. 450, S. 488, S. 519, S. 534.『論選』、八一頁。『儒教と道教』、三九頁、一一一頁、一四六頁、一七〇頁、三三四頁、三八六頁、四一〇頁)。ウェーバーの政治は、後述するように、「冷静さ」という概念によって特徴づけられるとしても、中国的な政治とは異なるものである。したがって「冷静さ」を根拠にしてウェーバーの政治理論を理解しようとすることは、その解釈として不十分と言わざるをえない。

(15) ウェーバーの科学論は彼の人格と密接に結びついており、しばしば「知的誠実」という概念によって特徴づけられてきた(vgl. Dieter Henrich, *Die Einheit der Wissenschafts-*

lehre Max Webers, a. a. O., S. 111)。ウェーバーは実際、一九〇二年七月一五日付けのエリザベート・グナウク＝キューネ宛の書簡において、「あなたの親切な質問に対してお答えします。わたしは占い師ではありませんし、空腹な人をお腹一杯にすることができるとも思えません。わたしにとっての決定的な内的欲求とは「知的誠実」です。わたしは、事実だけを語るのです」と書いている（Wilhelm Hennis, *Max Webers Fragestellung. Studien zur Biographie des Werkes*, Tübingen: J. C. B. Mohr, 1987, S. 187, Anm. 53. 雀部幸隆、嘉目克彦、豊田謙二、勝又正直訳『マックス・ヴェーバーの問題設定』恒星社厚生閣、一九九一年、二三七頁より引用）。しかしニーチェ的な「知的誠実」という概念が「権力政治」と矛盾なく接続するのかどうかについては、議論の余地がある。ウェーバーは「知的誠実」という概念を「特殊非政治的で反政治的な身分宗教」である古代仏教に適用しているが（RS II, S. 220, S. 229.『ヒンドゥー教と仏教』、一八五頁、一九三頁）、このことはこうした関連において注目に値する。

(16)　たとえばデュルケムの「社会的事実（fait social）」を想起されたい。

(17)　WL, S. 601（『職業としての学問』、四九頁）。

(18)　WL, S. 498（『価値自由』、三七―三八頁）。Vgl. PS, S. 537（『職業としての政治』、六二頁）。ウェーバーはグラッドストンを「一見冷静な「事実をして語らしめる」のテクニシャン」と呼んでいる。グラッドストンの演説は「一見」冷静に事実を事実として直視しているようでいて、実際にはそこには実践的な価値判断が含まれていると言うのである。

(19)　WL, S. 60（『ロッシャーとクニース』一、一二五―一二六頁）。

(20)　Friedrich Kaulbach, *Philosophie des Perspektivismus, 1. Teil, Wahrheit und Perspektive bei Kant, Hegel und Nietzsche*, Tübingen: J. C. B. Mohr, 1990, S. 1.

(21)　Nietzsche, »Jenseits von Gut und Böse«, in: KSA 5, S. 12（信太正三訳『善悪の彼岸／道徳の系譜学』ちくま学芸文庫、一九九三年、一三頁）。

(22)　Nietzsche, »Nachlaß 1886/1887 7 [60]«, in: KSA 12, S. 315（『権力への意志』下、二七頁）。

(23)　Vgl. Guy Oakes, *Weber and Rickert. Concept Formation in the Cultural Sciences*, Cambridge/Massachusetts/London: The MIT Press, 1988; Wolfgang Schluchter, *Die Entstehung des modernen Rationalismus. Eine Analyse von Max Webers Entwicklungsgeschichte des Okzidents*, Frankfurt am Main: Suhrkamp, 1998, S. 69-78（嘉目克彦訳『近代合理主義の成立――マックス・ヴェーバーの西洋発展史の分析』未來社、一九八七年、二九―三三頁）。

(24)　WL, S. 511（『価値自由』、六八頁）。

(25)　遠近法主義の問題との関連でニーチェとウェーバーを論じたものとして、Detlev J. K. Peukert, »›Der Tag klingt ab, allen Dingen kommt nun der Abend‹. Max Webers ›unzeitgemäße‹ Begründung der Kulturwissenschaften«, in: *Max Webers Diagnose der Moderne*, Göttingen: Vandenhoeck &

Ruprecht, 1989, S. 11-26（雀部幸隆、小野清美訳『ウェーバー――近代への診断』名古屋大学出版会、一九九四年、一五―四六頁）を参照。

(26) そもそもカントの「コペルニクス的転換」からして遠近法主義的と言うことができる（vgl. Kaulbach, *Philosophie des Perspektivismus*, a. a. O., Kap. 1)。

(27) WL, S. 184（『客観性』、一〇〇頁）。Vgl. Heinrich Rickert, »Vom System der Werte« (1913), in: *Philosophische Aufsätze*, Tübingen: Mohr Siebeck, 1999, S. 73-105.

(28) Karl Jaspers, *Philosophische Autobiographie*, München: Piper, 1977, S. 37（重田英世訳『ヤスパース選集14　哲学的自伝』理想社、一九六五年、五二頁）。

(29) WL, S. 184（『客観性』、一〇一頁）。

(30) 六〇年代においては、ウジェーヌ・フレーシュマンやヴォルフガング・モムゼンの研究を代表として、ニーチェのウェーバーへの影響は基本的にネガティブなものとみなされてきた。しかし八〇年代以降、状況はかなり変化してきている。こうした関連においてまず言及されるべきは、ヴィルヘルム・ヘニスであろう。彼の教授資格論文『政治と実践哲学』（一九五九／一九六〇年）と後期の著作である『マックス・ヴェーバーの問題設定』（一九八七年）の間のトーンの違いは、この転換をよく表している（vgl. Wilhelm Hennis, *Politik und praktische Philosophie. Schriften zur politischen Theorie*, Stuttgart: Klett-Cotta, 1977; ders., *Max Webers Fragestellung*, a. a. O.)。「ニーチェとウェーバー」という研究課題はドイツだけのものではない。ここではとくにロバート・イーデンと山之内靖の研究を挙げておきたい。Robert Eden, *Political Leadership and Nihilism: A Study of Weber and Nietzsche*, Tampa: University Presses of Florida, 1983 (vgl. Horst Baier, »Friedrich Nietzsche und Max Weber in Amerika. Widersprüche zweier politischer Kulturen in einem Buch von Robert Eden«, in: *Nietzsche-Studien*, 16, 1987, S. 430-436); Yasushi Yamanouchi, »Die historische Soziologie Friedrich Nietzsches und Max Webers«, in: Mommsen/Schwentker (Hrsg.), *Max Weber und das moderne Japan*, a. a. O., S. 519-536（山之内靖「社会学者ニーチェから社会学者ウェーバー」『日本の社会科学とヴェーバー体験』筑摩書房、一九九九年、第九章）。同『ニーチェとヴェーバー』未來社、一九九三年。Vgl. Wolfgang Schwentker, *Max Weber in Japan*, a. a. O., S. 336-338.

(31) ウェーバー批判に関しては、ロートの論文「政治的な諸批判」を参照（Guenther Roth, »Political Critiques of Max Weber«, in: Reinhard Bendix/Guenther Roth, *Scholarship and Partisanship: Essays on Max Weber*, Berkeley: University of California Press, 1971, pp. 55-69. 柳父圀近訳『学問と党派性』みすず書房、一九七五年、七九―一〇〇頁)。ロートはウェーバー批判を、マルクス主義（ルカーチ）、ナチズム（シュミット、シュテーディング）、自然法（シュトラウス、フェーゲリン）に分類し、議論している。ロートも言うように、ウェーバーの理論を特定の「政治的」立場から一面的に批判するのは、たしかに問題である。しかし同時に、ウェーバー批判に「政治的」とレッテル張りすることによって、彼の社会学的「理論」を救出しようとする試みが、ウェーバーの政治の理論的基礎への考察をさまたげるとすれば、これも問題であると言わなければならない。

(32) Eric Voegelin, *Autobiographische Reflexionen*, München: Wilhelm Fink Verlag, 1994, S. 30 (山口晃訳『自伝的省察』而立書房、一九九六年、二四頁)。

(33) Ebd. (同上)。

(34) 「デモニー」はウェーバーの価値哲学を理解するための鍵となる概念である。ウェーバーの著作にはくりかえし「デーモン」や「神々」が登場する。たとえば『職業としての学問』の末文では、「日々の要求」に従うことを求めたうえで、「このことは、各人がそれぞれの人生を操っているデーモンを見つけ、それに従うならば、まったく簡単なことである」と述べている (WL, S. 613.『職業としての学問』、七四頁)。こうした概念はニーチェの「神の死」と密接に結びついており、二〇世紀の文学においては馴染みのテーマと言えるかもしれない (vgl. Reto Sorg, »Gestaltwandel der Götzen. Technikkult und Primitivismus in der Literatur des frühen 20. Jahrhunderts«, in: Reto Sorg/Stefan Bodo Wurffel (Hrsg.), *Gott und Götze in der Literatur der Moderne*, München: Wilhelm Fink Verlag, 1999, S. 59-77)。しかしながら、ここにおいていっそう重要なのは、ウェーバー批判がこうしたデモーニッシュな特徴に向けられてきたということである。マックス・シェーラーはすでに、「非合理的で、非知性的なものを、もっぱら彼の豊饒な暗闇に置いたままにしておくこと、これを「デーモン」や「運命」などとして永遠に凝視すること、このことはウェーバー個人にとっては、少なくとも彼なりの諸科学の純粋性の理念と同じくらい重要だったのである」(Max Scheler, *Die Wissenschaftsformen und die Gesellschaft*, Bern/München: Francke, 1960, S. 432) と指摘している。「暗闇への、悲劇的に解決不可能な生の緊張への過剰な愛、非合理性それ自身への惚れ込み」(ebd.) を問題にするのである。Vgl. Kurt Lenk, »Das tragische Bewußtsein in der deutschen Soziologie«, in: KZfSS, 16, 1964, S. 257-287; Volkhard Krech/Gerhard Wagner, »Wissenschaft als Dämon im Pantheon der Moderne. Eine Notiz zu Max Webers zeitdiagnostischer Verhältnisbestimmung von Wissenschaft und Religion«, in: Gerhard Wagner/Heinz Zipprian (Hrsg.), *Max Webers Wissenschaftslehre: Interpretation und Kritik*, Frankfurt am Main: Suhrkamp, 1994, S. 755-779.

(35) Voegelin, *Die Neue Wissenschaft der Politik*, a. a. O., S. 34 (『政治の新科学』、一七―一八頁)。

(36) Ebd., S. 36 (同上、一九頁)。

(37) Vgl. Heimito von Doderer, *Die Dämonen. Nach der Chronik des Sektionsrates Geyrenhoff*, München: Deutscher Taschenbuch Verlag, 2000; Henner Löffler, *Doderer-ABC. Ein Lexikon für Heimitisten*, München: Beck, 2000, S. 99-104.

(38) Voegelin, *Autobiographische Reflexionen*, a. a. O., S. 119 (『自伝的考察』、一三三頁)。

(39) Voegelin, *Die Neue Wissenschaft der Politik*, a. a. O., S. 32 (『政治の新科学』、二六頁)。

(40) Nietzsche, »Nachlaß 1885 34 [230]«, in: KSA 11, S. 498（『権力への意志』下、七五頁）。

(41) WL, S. 60（『ロッシャーとクニース』一、一二六頁）。

(42) WL, S. 60-61（『ロッシャーとクニース』一、一二六―一二七頁）。フリードリヒ・ニーチェは以下のように論じている。「わたしたちが見るところ、科学もひとつの信仰に基づいており、無前提な科学などはない。〔…〕科学への信仰が前提にするような、一徹で最終的な意味での誠実な人は、その信仰によって、生や自然や歴史とはまったく別な世界を肯定しているということは疑いの余地がない」（Friedrich Nietzsche, »Die fröhliche Wissenschaft«, 344, in: KSA 3, S. 575-577.『悦ばしき知識』、三六九―三七二頁）。

(43) Georg Lukács, *Die Zerstörung der Vernunft*, Georg Lukács Werke, Bd. 9, Neuwied: Luchterhand, 1962, S. 534（暉峻凌三、飯島宗享、生松敬三訳『理性の破壊』下、白水社、一九六九年、二五九―二六〇頁）。Vgl. Hermann Lübbe, »Die Freiheit der Theorie. Max Weber über Wissenschaft als Beruf«, in: *Archiv für Rechts-und Sozialphilosophie*, 48, 1962, S. 348.「［理論と実践の分離という］このリゴリズムは、科学から道徳的・政治的な権限を奪い取ることにより、こうした権限を預言者とデマゴーグに付与することになった」。

(44) Leo Strauss, *Naturrecht und Geschichte*, a. a. O., S. 49（『自然権と歴史』、五六頁）。

(45) Alasdair MacIntyre, *Der Verlust der Tugend. Zur moralischen Krise der Gegenwart*, 2. Aufl., Frankfurt am Main: Suhrkamp, 1997, S. 26（篠崎榮訳『美徳なき時代』みすず書房、一九九三年、一四頁）。

(46) Jürgen Habermas, »Wertfreiheit und Objektivität«, in: *Zur Logik der Sozialwissenschaften*, Frankfurt am Main: Suhrkamp, 1982, S. 85. Vgl. Wolfgang Mommsen, *Max Weber und die deutsche Politik 1890-1920*, a. a. O., S. 407-408（『マックス・ヴェーバーとドイツ政治』II、六六九頁）。

(47) WL, S. 246（「マイヤー」、七二頁）。

(48) Vgl. Carl Schmitt, *Politische Theologie*, 7. Aufl., Berlin: Duncker & Humblot, 1996, S. 39（田中浩、原田武雄訳『政治神学』未來社、一九七一年、四六頁）。

(49) Carl Schmitt, *Der Hüter der Verfassung*, 4. Aufl., Berlin: Duncker & Humblot, 1996, S. 46.

(50) Karl Löwith, »Max Weber und seine Nachfolger«, in: *Hegel und die Aufhebung der Philosophie im 19. Jahrhundert/Max Weber*, a. a. O., S. 418.

(51) Voegelin, *Die Neue Wissenschaft der Politik*, a. a. O., S. 33（『政治の新科学』、二六―二七頁）。

(52) 同様のことはマックス・ホルクハイマーにも妥当する。ホルクハイマーは「主観主義的」非合理性に関して批判的にコメントし、以下のように述べている。「マックス・ウェーバーはあまりに決然と主観主義的な傾向に与していたので、彼はいかなる合理性も思い浮かべることができなかった。つまり人がそれのおかげで、ある目的を別の目的から区別することができるような、「実質的な」合理性など思いもよらなかったのである。〔…〕人間の目標を規定しようとする哲学と科学の努力について言えば、合理的な認識と合理的な行為の可能性に関するマックス・ウェーバーのペシミズムは、こうした哲学と科学を解任する道程のマイルストーンなのである」(Max Horkheimer, »Zur Kritik der instrumentellen Vernunft«, in: *Max Horkheimer, Gesammelte Schriften*, Bd. 6, Frankfurt am Main: Fischer, 1991, S. 29-30, Anm. 1)。

(53) Voegelin, *Die Neue Wissenschaft der Politik*, a. a. O., S. 34 (『政治の新科学』、二七頁)。

(54) Erwin Panofsky, »Die Perspektive als ›symbolische Form‹« (1924/25), in: *Deutschsprachige Aufsätze*, II, Berlin: Akademie Verlag, 1998, S. 754 (木田元、川戸れい子、上村清雄訳『〈象徴形式〉としての遠近法』哲学書房、一九九三年、七二頁)。プラトンは『国家』(602c-d) において以下のように論じている。「同じ大きさのものでも、近くから見るのと遠くから見るのとでは、等しからざる大きさのものとして、われわれに現れるだろう。[…] また、同じものが、それを水中に入れて見るか外に出して見るかによって、曲って見えたり、まっすぐに見えたりするし、さらにまた色に関する別の視覚の迷いによって、くぼんで見えたり、ふくらんで見えたりするし、すべてこうした混乱がわれわれの魂のなかに内在していることは明らかだ。書割(陰影画) なども、われわれの本性にそなわるまさにこの弱点を利用することによって、われわれをごまかすすべにこと欠かないわけであり、また手品とか、その他これに類する多くの仕掛けもみなそうである」(藤沢令夫訳『国家』下、岩波文庫、一九七九年、三二三―三二四頁)。

(55) Erwin Panofsky, »Die Perspektive als ›symbolische Form‹«, a. a. O., S. 754-755 (『〈象徴形式〉としての遠近法』、七二頁)。

(56) WL, S. 182 (『客観性』、九六頁)。

(57) WL, S. 183-184 (『客観性』、九九頁)。

(58) Marianne Weber, *Lebensbild*, S. 373 (『マックス・ウェーバー伝』、二八二頁)。当時の表現主義的な運動を意識しながら、ジンメルは以下のように論じている。「いまわたしたちが体験しているのは、古い闘争の新しい局面である。この闘争は、今日の生に充たされた形式の、もはや生気を失った、古くなった形式に対する闘争ではなく、むしろ形式一般に対する、形式の原理に対する闘争なのである」(Georg Simmel, »Der Konflikt der modernen Kultur«, in: GSG 16, S. 185. 生松敬三訳『ジンメル著作集6　哲学の根本問題/現代文化の葛藤』白水社、一九九四年、二四三頁)。

(59) WL, S. 213 (『客観性』、一五九頁)。ウェーバーの立場と歴史主義の間の差異に関して、シュトラウスはウェーバーの価値概念の「超歴史的性格」を指摘している。「超時間的な価値の承認こそが、ウェーバーの立場をもっとも明瞭に歴史主義から区別するものである。歴史主義というよりは、超歴史的価値についての独特な概念が、彼が自然権を拒否する基礎をなしているのである」(Strauss, *Naturrecht und Geschichte*, a. a. O., S. 41. 『自然権と歴史』、四八頁)。

(60) WL, S. 152 (『客観性』、三六頁)。

(61) RS I, S. 537（『論選』、一〇一頁）。
(62) WuG, S. 45（「経済行為の社会学的基礎範疇」、三三一頁）。
(63) RS I, S. 35, Anm. 1=PE, S. 162, [39]（『プロ倫』、四九―五〇頁）。
(64) RS I, S. 554（『論選』、一三〇頁）。
(65) RS I, S. 555（『論選』、一三二頁）。
(66) RS I, S. 555（『論選』、一三二頁）。
(67) RS I, S. 556（『論選』、一三四頁）。
(68) RS I, S. 560（『論選』、一四〇―一四一頁）。ウェーバーは一九一三年三月一〇日付けのゲオルク・ルカーチへの書簡において「体験的なものを超えた価値的なものだけが「形式化されたもの（Geformtes）」なのではなく、「牢獄」の深部や隅っこに現れるエロス的なものも形式化される。エロス的なものは罪を負った者の運命を他のすべての形式化された生と共有し、そして「形式とは疎遠な（form-fremd）」神の国に属するあらゆるものに抗するという特質において、美的な振舞いの近くにある」と書いている（Max Weber, »Brief an Georg Lukács vom 10. März 1913«, in: Georg Lukács, *Briefwechsel 1902-1917*, Stuttgart: Metzler, 1982, S. 320-321）。ここにおいてウェーバーは、ジンメル＝ルカーチ的な生と形式の二元論を遠近法主義的多神論へと移し変えている。
(69) 作品史的に考察すると、ウェーバーが固有法則性概念を用いるようになるのは晩期になってからである。とりわけ「中間考察」においてこの概念は何度も登場する（vgl. RS I, S. 541, S. 544, S. 547, S. 551, S. 552, S. 553, S. 555, S. 556, S. 566.『論選』、一〇八頁、一一二頁、一一九頁、一二五頁、一二七頁、一二八頁、一三二頁、一三四頁、一五一頁）。この概念はおそらく、ウェーバーがインド社会の研究に取り組むなかで、生み出されたものである（本研究第Ⅲ章を参照）。さらにこの概念は法発展や経済だけでなく、宗教や芸術の領域においても用いられているということも指摘しておくに値するであろう（宗教に関しては、以下を参照。RS I, S. 260, S. 551.『論選』、七一頁、一二五頁。WuG, S. 264, S. 700, S. 704.『宗教社会学』、五三頁。『支配の社会学』Ⅱ、五六八頁、五七九頁。芸術に関しては、以下を参照。RS I, S. 555, S. 556.『論選』、一三二頁、一三四頁。WuG, S. 365.『宗教社会学』、三〇〇頁。MS, S. 39.『音楽社会学』、一三三頁）。
(70) RS I, S. 544（『論選』、一一三頁）。
(71) Vgl. SS, S. 267.
(72) WL, S. 494（『価値自由』、二八頁）。
(73) Johannes Weiß, *Max Webers Grundlegung der Soziologie*, a. a. O., S. 91.
(74) WL, S. 132（『ロッシャーとクニース』二、一二八頁）。
(75) ウェーバーはこうした人格を、「「人格」観念のロマン主義的・自然主義的な用法」と呼ぶ。こうした人格が「それに固有の神聖さ」を求めるのは、「人間的生の、おぼろげで、未分化な植物的「基底」、すなわち気質と気分の展開の精神的・物理的諸条件のかぎりない錯綜から来る「非合理性」」であり、これは「「人間」が動物とまったく共通にもつものなのである」と言う（WL, S. 132.『ロッシャーとクニース』二、一二八―一二九頁）。

(76) RS I, S. 547（『論選』、一一八頁）。

(77) Vgl. SS, S. 514（濱島朗訳『社会主義』講談社学術文庫、一九八〇年、七八頁）。PS, S. 263（『政治論集』1、二八一頁）。

(78) Vgl. Ernst Troeltsch, *Der Historismus und seine Probleme*, Tübingen: J. C. B. Mohr, 1922, S. 25; Ernst Robert Curtius, »Max Weber on Science as a Vocation«, in: Peter Lassman/Irving Velody (ed.), *Max Weber's »Science as a Vocation«*, London: Unwin Hyman, 1989, p. 74（生松敬三訳『読書日記』みすず書房、一九七二年、一五二―一五三頁）。

(79) ウェーバーの多遠近法性（Polyperspektivität）の認識が成立するのは、フリードリヒ・ニーチェの場合と同様に、啓蒙主義的な視座がひとつのパースペクティブとして相対化され、その特権性を剝奪されることによってである。似たようなことが、ルネサンス以来の遠近法を否定する二〇世紀の絵画にも当てはまる。ウェーバーが方法論の議論に区切りをつけ、文化社会学へと向かった時期が、いわゆるキュービズムの時代と一致するのはおそらく偶然ではない。いずれの場合においても、複数の非特権的なパースペクティブの関係のあり方が模索されていたのである（vgl. Walter Biemel, »Bemerkungen zur Polyperspektivität bei Picasso«, in: *Philosophisches Jahrbuch*, 74, 1966/1967, S. 154-168）。

(80) もっとも、方法論的な著作においても、秩序全体への視座がまったくないわけではない。たとえば『客観性』論文には、「わたしたちにとって、現実の認識として問題なのは、かの（仮定的な！）「諸要因」が歴史的に相集い、わたしたちにとって意義のある文化現象として現れてくる際の、その布置連関（Konstellation）なのである」（WL, S. 174.『客観性』、八一頁）との一節がある。しかしこうした課題は方法論の限界の外にある。これが追究されるのは、文化社会学の地平なのである。

(81) 逆から言えば、リッケルトが価値システムを構築しようとしたのは、相対主義を回避するためであったとも言える（vgl. Dieter Henrich, *Die Einheit der Wissenschaftslehre Max Webers*, a. a. O., S. 105-106）。

(82)「決断主義」的な前提に反対して、ルイ・デュモンは「個人主義的人間観」とは対立する「社会学的直覚知（soziologische Apperzeption）」をウェーバーに見出す（Louis M. Dumont, *Gesellschaft in Indien. Die Soziologie des Kastenwesens*, Wien: Europaverlag, 1976, S. 24. 田中雅一、渡辺公三訳『ホモ・ヒエラルキクス――カースト体系とその意味』みすず書房、二〇〇一年、一八頁）。またヴェルナー・ゲプハルトはウェーバーにおける「共同体意識（Gemeinsamkeitsglaube）」の概念に注目している（vgl. Werner Gephart, »Zwischen ›Gemeinsamkeitsglaube‹ und ›solidarité sociale‹. Partikulare Identitäten und die Grenzen der Gemeinschaftsbildung in Europa«, in: *Zeitschrift für Rechtssoziologie*, 14, 1993, S. 190-203）。ベネディクト・ギージングの博士論文は「ウェーバーの宗教社会学における社会統合的な要素」を主題化したものである（Benedikt

Giesing, *Religion und Gemeinschaftsbildung. Max Webers kulturvergleichende Theorie*, a. a. O., S. 13)。

(83) 一九〇九年七月二日付けのフランツ・オイレンブルクへの書簡において、ウェーバーは以下のように書いている。「ふたつの道があります。ヘーゲルか、あるいはわたしたちのやり方か、です」(MWG II/6, S. 173)。

(84) Vgl. RS I, S. 335 (『儒教と道教』、八八頁)。RS II, S. 110 (『ヒンドゥー教と仏教』、一四七頁)。

(85) PE II, S. 173 (「資本主義の「精神」に関する反批判」、一〇二頁)。

(86) PE II, S. 284.

(87) Montesquieu, *Vom Geist der Gesetze*, Stuttgart: Reclam, 1994, 19. Buch, 4. Kapitel, S. 295 (野田良之ほか訳『法の精神』中、岩波文庫、一九八九年、一五八頁)。

(88) Raymond Aron, *Hauptströmungen des soziologischen Denkens*, Bd. 1, Köln: Kiepenheuer & Witsch, 1971, S. 24 (北川隆吉ほか訳『社会学的思考の流れ』1、法政大学出版局、一九七四年、一七頁)。

(89) ウェーバーがモンテスキューの著作を読んでいたことは疑いえない。マリアンネ・ウェーバーは、一九〇一—一九〇二年のローマでの生活について、以下のように報告している。「わたしたちはいま、普通では考えられないような、さまざまな本と暮らしています。見事なまでに雑多なものをマックスは呑み込んでいます。たとえば、修道院の歴史、憲章、経済、それからアリストファネス、ルソーの『エミール』、ヴォルテール、モンテスキュー、テーヌの全集、そして英語の著作家たちです」(Marianne Weber, *Lebensbild*, S. 267.『マックス・ウェーバー伝』、二〇二頁)。ウェーバーは、権力分立に関して (vgl. WuG, S. 166, S. 394, S. 634.『支配の諸類型』、一七四頁。『法社会学』、九四頁。『支配の社会学』II、三三四頁)、そして宗教、交易、自由の関連に関して (vgl. RS I, S. 29.『プロ倫』、三三頁)、モンテスキューに言及している。しかし「精神」という概念に関しては、モンテスキューへの言及はない。

(90) こうしたアプローチは、すでに初期の著作においても見られるものである。ウェーバーは『ローマ農業史』の目的を、「ふたつの歴史的現象の間にある関連が存在するということは、抽象的に説明されることはできない。そうではなくて、そうした関連が具体的に形成される、そのあり方についての一貫した見解を示すことで、説明できるのである」としている (MWG I/2, S. 2)。Vgl. Hartmut Lehmann, *Max Webers »Protestantische Ethik«. Beiträge aus der Sicht eines Historikers*, Göttingen: Vandenhoeck & Ruprecht, 1996, S. 16.

(91) RS I, S. 30 (『プロ倫』、三八頁)。

(92) WL, S. 10 (『ロッシャーとクニース』一、二四頁)。

(93) ヴィルヘルム・ヘニスは、ウェーバーの著作の主題が「合理化」にあるという、いわゆる合理化テーゼを否定し、諸要素の「出会い/重なりあい (Zusammentreffen)」に注目する。本研究は、この点において、ヘニスに同意する。ヘニスによれば、「マックス・ウェーバーの問題設定」は、ラッハールへの二度目の返答「反批判的結語 (Antikriti-

sches Schlußwort)」に見出される。「おもにわたしの関心をひいたものは、資本主義の膨張を促進することではなく、むしろ人間性（Menschentum）の発展であり、この人間性というのは、宗教的・経済的に条件づけられた諸要素の出会い（Zusammentreffen）によって形成される。このことこそが、わたしの論文の末尾で述べたことであった」（PE II, S. 303）。ヘニスはこの一節を引用したうえで、ウェーバーにおける「人間性」という概念こそが「中心的」であると言う（vgl. Wilhelm Hennis, *Max Webers Fragestellung*, a. a. O., S. 22.『マックス・ヴェーバーの問題設定』、二一頁）。これによってヘニスは、ウェーバーの著作を政治思想史の文脈において議論しようとするのである。しかしこのような形で「問題設定」することで、結論が大雑把になってしまったことも否めない。ヘニスが結論として述べているのは、「人間の理想とは、彼が目にし、そしてやむをえないと思うことに果敢に耐える、判断力を備えた「思慮深い者」の理想という古くからのものである。そしてこれこそウェーバーの「究極的価値」であったと言えるのではなかろうか」というものである（ebd., S. 230. 同上、二七九頁。Vgl. ebd., 235. 同上、二八四—二八五頁）。本研究は「出会い／重なり」という点に注目しつつも、この点を、ウェーバーの比較文化社会学の文脈において、さらに検討しようとするものである。

(94) RS I, S. 11（『論選』、二二頁）。

(95) RS I, S. 12（『論選』、二三頁）。

(96) RS I, S. 12（『論選』、二二—二三頁）。

(97) RS I, S. 10（『論選』、二一頁）。

(98) Marianne Weber, *Lebensbild*, S. 349（『マックス・ウェーバー伝』、二六四頁）。

(99) RS I, S. 252（『論選』、五八頁）。

(100) RS I, S. 234-235（「教派」、一一二頁）。

(101) WuG, S. 321（『宗教社会学』、一九二頁）。

(102) WuG, S. 321（『宗教社会学』、一九二頁）。このような観点から考えるならば、ヴォルフガング・シュルフターの「宗教と生活態度」というウェーバー解釈の枠組みには注意が必要である。とりわけウェーバーの比較文化社会学を用いて、日本文化研究をしようとする者にとっては、この点は重要である。なぜならウェーバーは、「日本の仏教や宗教一般については、それ自体きわめて重要な興味を呼ぶ問題であるが、ここでは二次的に、しかも簡潔に述べるにとどめる。というのは、わたしたちの文脈で重要な、日本人の生活態度の「精神」に固有の性格が、宗教的要素とはまったく異なった事情によって形成されているからである。すなわちその事情とは、政治的・社会的構造の封建的性格である」（RS II, S. 296.『ヒンドゥー教と仏教』、三七八頁）と述べており、ここでは「宗教」から相当程度自律した「生活態度」が問題にされているのである。

(103) Richard Münch, »Max Webers ›Anatomie des okzidentalen Rationalismus‹: Eine systemtheoretische Lektüre«, in: *Soziale Welt*, 29, 2, 1978, S. 238. ミュンヒは、諸領域の関係性の様式に注目することで、シュルフターを中心として形成されている、今日の支配的なウェーバー解釈のもっと

も鋭い批判者となっている。シュルフターの『西洋合理主義の発展』の書評においてミュンヒが述べているように、問題は、シュルフターの解釈が依拠している「合理化論と分化論の結合」という想定である。これについてミュンヒは、「ウェーバーが実際のところ西洋の特性としたものは、なんらかの意味で「より完全な」合理化や分化ではなく、分化した諸領域のある特別な統合（Integration）のあり方である。これは、特定領域の優勢（現世適応）でも、諸領域の相互的孤立（世界逃避）でも、また宥和でもなく、相互浸透（Interpenetration）なのである」というテーゼを対置するのである（R. Münch, »Max Webers ›Gesellschaftsgeschichte‹ als Entwicklungslogik gesellschaftlicher Rationalisierung?«, in: KZfSS, 32, 1980, S. 777-778). Vgl. ders., *Theorie des Handelns. Zur Rekonstruktion der Beiträge von Talcott Parsons, Emile Durkheim und Max Weber*, Frankfurt am Main: Suhrkamp, 1988; ders., »Differentiation, Rationalization, Interpenetration: The Emergence of Modern Society«, in: Jeffrey C. Alexander/Paul Colomy (ed.), *Differentiation Theory and Social Change. Comparative and Historical Perspectives*, New York: Columbia University Press, 1990, pp. 441-464. しかし本研究はミュンヒの「相互浸透」という概念には批判的である。この点については後述する。

(104) Maurice Merleau-Ponty, *Die Abenteuer der Dialektik*, Frankfurt am Main: Suhrkamp, 1974, S. 22-23（滝浦静雄ほか訳『弁証法の冒険』みすず書房、一九七二年、二二頁）。

(105) Vgl. Stephen Kalberg, »Max Webers Typen der Rationalität: Grundsteine für die Analyse von Rationalisierungs-Prozessen in der Geschichte«, in: Walter M. Sprondel/Constans Seyfarth (Hrsg.), *Max Weber und die Rationalisierung sozialen Handelns*, Stuttgart: Ferdinand Enke Verlag, 1981, S. 9-38.

(106) 丸山眞男は、「求道者」としてウェーバーを理解する傾向、つまりウェーバーの主体性に関心を集中させる傾向が、日本のウェーバー研究のひとつの特徴であると指摘している（丸山眞男「戦前における日本のヴェーバー研究」『丸山眞男集』第九巻、岩波書店、一九九六年、三一八―三二〇頁）。ここにおいて丸山は――本研究の言葉を使うならば――「秩序の位相と関係するような文化社会学的なパースペクティブの欠如」を問題にしているのである。また折原浩『危機における人間と学問――マージナル・マンの理論とウェーバー像の変貌』未來社、一九六九年も、ウェーバーの比較宗教社会学についての幅広く、かつ深い理解に基づいて書かれているにもかかわらず、「没意味化」と「覚醒予言」の議論に収斂していく点において、同様の問題性を孕んでいると言える。

(107) WL, S. 428（『理解社会学のカテゴリー』、九―一〇頁）。

(108) WL, S. 430（『理解社会学のカテゴリー』、一五頁）。

第Ⅲ章

(1) Isaiah Berlin, »Die Originalität Machiavellis«, in: *Wider das Geläufige. Aufsätze zur Ideengeschichte,* Frankfurt am Main: Fischer, 1994, S. 152（佐々木毅訳「マキアヴェッリの独創性」『バーリン選集1　思想と思想家』岩波書店、一九八三年、七七頁）。

(2) Max Weber, *Jugendbriefe,* Tübingen: J. C. B. Mohr, 1936, S. 3（阿閉吉男、佐藤自郎訳『青年時代の手紙』上、勁草書房、一九七三年、四頁）。Vgl. Marianne Weber, *Ein Lebensbild,* S. 48（『マックス・ウェーバー伝』、三六頁）。

(3) ウェーバーは博士論文の第五章においてフィレンツェについて論じているが、そこでマキアヴェリの名前が出てくることはない。それでもこの論文を書くために、ウェーバーがイタリアの都市について、かなり突っ込んだ研究をしたことはたしかである。Vgl. Marianne Weber, *Lebensbild,* S. 120（『マックス・ウェーバー伝』、九一頁）。

(4) Vgl. Christoph Braun, *Max Webers »Musiksoziologie«,* Laaber: Laaber-Verlag, 1992, S. 103-109; ders., »Grenzen der Ratio, Grenzen der Soziologie. Anmerkungen zum ›Musiksoziologen‹ Max Weber«, in: *Archiv für Musikwissenschaft,* LI, 1994, S. 20-25.

(5) WuG, S. 727-814（『都市』）。

(6) Vgl. Peter Lassman, »The rule of man over man: politics, power and legitimation«, in: Stephen Turner (ed.), *The Cambridge Companion to Weber,* a. a. O., S. 98.

(7) Raymond Aron, »Max Weber und die Machtpolitik«, in: *Zeitschrift für Politik,* II, 1964, S. 101（出口勇蔵ほか訳『ウェーバーと現代社会学』上、木鐸社、一九七六年、一六八頁）。

(8) Vgl. Albert Elkan, »Die Entdeckung Machiavellis in Deutschland zu Beginn des 19. Jahrhunderts«, in: *Historische Zeitschrift,* 119, 1919, S. 427-458.

(9) Jacob Peter Mayer, *Max Weber and German Politics,* New York: Arno Press, 1979, p. 20（五十嵐豊作、鈴木寛訳『マックス・ウェーバーの政治社会学――マックス・ウェーバーとドイツの政治構造』勁草書房、一九六六年、一二頁）。

(10) PS, S. 552（『職業としての政治』、九〇頁）。

(11) Vgl. Hans Freyer, *Über Fichtes Machiavelli-Aufsatz,* Berichte über die Verhandlungen der Sächsischen Akademie der Wissenschaften zu Leipzig, Philosophisch-historische Klasse, Bd. 88, 1. Heft, Leipzig: Verlag von S. Hirzel, 1936, S. 18.

(12) Niccolò Machiavelli, *Discorsi: Gedanken über Politik und Staatsführung,* 2. Aufl., Stuttgart: Kröner, 1977, S. 17（永井三明訳『マキアヴェッリ全集2　ディスコルシ』筑摩書房、一九九九年、一〇頁）。Vgl. Johann Gottlieb Fichte, »Über Machiavelli, als Schriftsteller, und Stellen aus seinen Schriften«, in: *J. G. Fichte—Gesamtausgabe I, 9,* Stuttgart/Bad Cannstatt: Friedrich Frommann Verlag, 1995, S. 239.

(13) Fichte, »Über Machiavelli, als Schriftsteller, und Stellen aus seinen Schriften«, a. a. O., S. 239.

(14)　Vgl. Jürgen Habermas, »Die Moderne—ein unvollendetes Projekt«, in: *Kleine Politische Schriften* (I-IV), Frankfurt am Main: Suhrkamp, 1981, S. 452（三島憲一訳『近代――未完のプロジェクト』岩波現代文庫、二〇〇〇年、二一―二二頁）。Klaus von Beyme, *Theorie der Politik im 20. Jahrhundert. Von der Moderne zur Postmoderne*, Frankfurt am Main: Suhrkamp, 1991, S. 44-89; Uwe Schimank, *Theorien gesellschaftlicher Differenzierung*, Opladen: Leske+Budrich, 1996, S. 53-69; Wolfgang Schluchter, *Die Entstehung des modernen Rationalismus*, a. a. O（『近代合理主義の成立』）。

(15)　Jürgen Habermas, *Theorie des kommunikativen Handelns*, Bd. 1, Frankfurt am Main: Suhrkamp, 1995, S. 333（河上倫逸ほか訳『コミュニケイション的行為の理論』上、未來社、一九八五年、三三五頁）。

(16)　RS I, S. 541-542（『論選』、一〇八頁）。この一節は、近代化を分化の過程としてみる解釈の論拠としてしばしば引用されてきた。しかしこの箇所で問題になっているのは、諸領域の分化ではなく、むしろ緊張関係（Spannungsverhältnis）である。後に詳述するように、この分化と緊張の違いは、本研究にとって決定的に重要である。

(17)　Georg Simmel, »Über sociale Differenzierung«, in: GSG 2, S. 109-295（居安正訳『社会分化論／宗教社会学』青木書店、一九九八年）。類似の記述は、ウェーバーの著作においても、見出すことはできる。たとえば、以下を参照。WuG, S. 226（厚東洋輔訳「経済と社会集団」『世界の名著　ウェーバー』、五八四頁）。

(18)　「固有法則性」という概念については、すでに第Ⅱ章で述べた。またウェーバーは「分離（Trennung）」という概念を「分化」と近い意味で用いている。Vgl. RS I, S. 8（『論選』、一六頁）。PS, S. 322（『政治論集』2、三五二頁）。WuG, S. 760（『都市』、一五三頁）。

(19)　Vgl. Mommsen, *Max Weber und die deutsche Politik 1890-1920*, a. a. O., S. 68（『マックス・ヴェーバーとドイツ政治』Ⅰ、一一七頁）。

(20)　PS, S. 555（『職業としての政治』、九五―九六頁）。

(21)　管見のかぎりであるが、このカウティリヤ問題を真剣に受け止めているのは、リヒャルト・ミュンヒだけである。Richard Münch, »Max Webers ›Anatomie des okzidentalen Rationalismus‹«, a. a. O., 1978, S. 217-246; ders., *Theorie des Handelns*, a. a. O., S. 478-479. Vgl. Martin Fuchs, »Fremde Kultur und Soziales Handeln. Max Webers Analyse der indischen Zivilisation«, in: KZfSS, 39, 1987, S. 683, Anm. 33.

(22)　RS I, S. 12（『論選』、二三頁）。

(23)　『実利論』は、一九〇九年にシャマシャーストリ（R. Shamasastry）によって発見され、英訳されるまで、ほとんどその存在を知られていなかった。ウェーバーは当時の最新の研究に依拠しているのである。しかしカウティリヤ（Kautilya）とその別称チャーナキヤ（Canakya）を別々の人物と取り違えるなど、インド学の研究としては基本的なミスをしている（vgl. RS II, S. 69.『ヒンドゥー教と仏教』、八八頁。Karl-Heinz Golzio, »Zur Verwendung indologischer Literatur in Max Webers Studie über Hinduismus und

Buddhismus“, in: Wolfgang Schluchter (Hrsg.), *Max Webers Studie über Hinduismus und Buddhismus*, Frankfurt am Main: Suhrkamp, 1984, S. 371-372, Anm. 7)。

(24) Kautilya, *Das altindische Buch vom Welt-und Staatsleben. Das Arthâshastra des Kautilya*, übers. von Jakob Meyer, Leipzig: Otto Harrassowitz/Verlagsbuchhandlung, 1926, S. 9 (上村勝彦訳『実利論』上、岩波文庫、一九八四年、三七—三八頁)。

(25) Ebd., S. 407-408(『実利論』下、五二一—五二二頁)。

(26) Ebd., S. 48(『実利論』上、八一頁)。

(27) Vgl. Ludger Kühnhardt, »Staatsordnung und Macht in indischer Perspektive. Chanakya Kautilya als Klassiker der politischen Ideengeschichte«, in: *Historische Zeitschrift*, 247, 1988, S. 352-355.

(28) Vgl. RS II, S. 3(『ヒンドゥー教と仏教』、三頁)。「君主の戦争遂行、政治そして財政管理は合理的であった。それらは書物という形において理論化されており、政治にいたっては完璧に「マキアヴェリズム的(machiavellistisch)」に理論化されていた」。

(29) RS II, S. 145-146(『ヒンドゥー教と仏教』、一九一—一九二頁)。

(30) RS II, S. 149(『ヒンドゥー教と仏教』、一九七頁)。

(31) 「有機体的職業倫理」は通常、トマス・アクィナスの社会理論に用いられる概念である。しかしウェーバーはインド的な秩序を「中世カトリック的な教説よりも一貫性が高い」と見る(WuG., S. 361.『宗教社会学』、二八九頁)。なぜならウェーバーはこの概念を、「倫理の相対化と分化」によって特徴づけるからである。彼は以下のように論じている。「ある宗教が政治的団体のなかで支配的であり、それによって特権を与えられている場合、とくにその宗教が施設恩寵(Anstaltsgnade)である場合、現世の国家的、経済的な暴力秩序における、生の宗教的倫理と非ないし反倫理的な諸要求の間の緊張が解消される際に用いられる一般的な図式は、(禁欲的と対抗的な)「有機体的」職業倫理という形をとる倫理の相対化と分化である」(WuG, S. 360.『宗教社会学』、二八七頁)。

(32) WuG, S. 266(『宗教社会学』、五八頁)。

(33) RS II, S. 147(『ヒンドゥー教と仏教』、一九五頁)。

(34) WuG, S. 361(『宗教社会学』、二八九頁)。

(35) ウェーバーの比較宗教社会学研究の主題は「世界宗教の経済倫理」であったが、彼はこうしたカースト秩序の伝統主義に近代資本主義の阻害要因を見る。しかもここでの問題は個別的な障害ではなく、「全体のシステムの「精神」」にこそあるとする。そして彼のプロテスタンティズム研究のテーゼと結びつけて、「ひとり禁欲的プロテスタンティズムだけが、まさに現世内の「職業」の努力において——しかもヒンドゥー教の厳格に伝統主義的な職業の考え方とは対照的に、つまり方法的に合理化された職業遂行のなかに——救いを追求するという宗教的動機を生み出したのであった」と言うのである(RS II, S. 110.『ヒンドゥー教と仏教』、一四七頁。WuG, S. 379.『宗教社会学』、三二二頁)。ただこうした議論には批判がないわけではない

(vgl. Surendra Munshi, »Max Weber über Indien. Eine einführende Kritik«, in: Jürgen Kocka (Hrsg.), *Max Weber, der Historiker*, Göttingen: Vandenhoeck & Ruprecht, 1986, S. 221-241)。

(36) RS II, S. 117（『ヒンドゥー教と仏教』、一五六頁）。

(37) RS I, S. 246-247（『論選』、四八頁）。

(38) RS I, S. 573（『論選』、一六三頁）。

(39) RS II, S. 193（『ヒンドゥー教と仏教』、二五一頁）。

(40) RS II, S. 193-194（『ヒンドゥー教と仏教』、二五一―二五二頁）。こうして戦争がダルマにかなった義務的行為として理解されるがゆえに、そしてそれによってはじめて「ヒンドゥー教の諸侯たちは、「戦争以外では」、すなわち彼らの職業以外では人を殺さなかったと言って自らを賛える」ということが可能になったのである（RS II, S. 318. Anm. 1.『ヒンドゥー教と仏教』、四一〇頁）。

(41) RS I, S. 539（『論選』、一〇四頁）。Vgl. Wolfgang Schluchter, *Religion und Lebensführung*, Bd. 2., a. a. O., S. 80-96.

(42) WuG, S. 377（『宗教社会学』、二二九頁）。

(43) RS II, S. 251（『ヒンドゥー教と仏教』、三二五頁）。Vgl. RS II, S. 318（『ヒンドゥー教と仏教』、四〇二―四〇三頁）。

(44) RS II, S. 367（『ヒンドゥー教と仏教』、四六六頁）。

(45) Vgl. Louis M. Dumont, *Gesellschaft in Indien. Die Soziologie des Kastenwesens*, a. a. O., S. 352-353（『ホモ・ヒエラルキクス』、三七二頁）。

(46) RS II, S. 190（『ヒンドゥー教と仏教』、二四八頁）。

(47) RS I, S. 323（『儒教と道教』、七六頁）。

(48) RS I, S. 514（『儒教と道教』、三七九頁）。

(49) RS I, S. 441（『儒教と道教』、二五六―二五七頁）。

(50) RS I, S. 304（『儒教と道教』、三四頁）。

(51) RS I, S. 495-496（『儒教と道教』、三四五頁）。

(52) RS I, S. 457（『儒教と道教』、二八一頁）。

(53) RS I, S. 513（『儒教と道教』、三七八頁）。

(54) RS I, S. 481（『儒教と道教』、三二四頁）。

(55) RS I, S. 484（『儒教と道教』、三二九頁）。

(56) RS I, S. 515（『儒教と道教』、三八一頁）。

(57) RS II, S. 144（『ヒンドゥー教と仏教』、一九一頁）。

(58) PS, S. 557-558（『職業としての政治』、一〇〇―一〇一頁）。Vgl. RS I, S. 98（『プロ倫』、一六〇頁）。

(59) Vgl. Mommsen, *Max Weber und die deutsche Politik 1890-1920*, a. a. O., S. 48（『マックス・ヴェーバーとドイツ政治』I、一〇一頁）。

(60) Machiavelli, *Geschichte von Florenz*, Gesammelte Schriften IV, München: Georg Müller, 1925, S. 163（在里寛司、米山喜晟訳『マキアヴェッリ全集3　フィレンツェ史』筑摩書房、一九九九年、二二九頁）。Vgl. »Brief vom 16. April 1527 an Vettori«, in: ders., *Historische Fragmente: Komödien/Briefe*, Gesammelte Schriften V, München: Georg Müller, 1925, S. 549-550（松本典昭、和栗珠里訳『マキアヴェッリ全集6　政治小論／書簡』筑摩書房、二〇〇〇年、三四五頁）。

(61) Vgl. Georg Wilhelm Friedrich Hegel, *Jenaer Realphilosophie. Vorlesungsmanuskripte zur Philosophie der Natur und des Geistes von 1805-1806,* Hamburg : Felix Meiner, 1969, S. 247.「いかなる愛国心の高まりが、彼の冷静で、熟慮された教説の基礎にあるのかを、マキアヴェリはまえがきと終章で述べているのである！」

(62) Vgl. Machiavelli, *Der Fürst,* a. a. O., XXVI. Kap., S. 106-111（『マキアヴェッリ全集1　君主論』、八四―八八頁）。

(63) Vgl. Albert Elkan, »Die Entdeckung Machiavellis in Deutschland zu Beginn des 19. Jahrhunderts«, a. a. O.

(64) Vgl. Johann Gottlieb Fichte, »Das System der Sittenlehre nach den Principien der Wissenschaftslehre«, in : *J. G. Fichte—Gesamtausgabe I, 5,* Stuttgart/Bad Cannstatt : Friedrich Frommann Verlag, 1977, S. 156.

(65) Vgl. ebd., S. 154.

(66) たとえばリッケルトは、以下のように述べている。「わたしたちの道徳的生活だけでなく、究極的には学問も、わたしたちの義務意識に依拠している。認識能力がわたしに与えるのは学問に対するたんなる素材にすぎず、学問的真理の確信はむしろわたしが承認すべきであるという感情にある。そしてこうした承認のないところでは――フィヒテはこの承認を快という「美的な感情」に対立させて「冷たい承認」というきわめて特徴的な表現で呼んでいる――、理論的確信もないのである」（Heinrich Rickert, »Fichtes Atheismusstreit und die Kantische Philosophie«, in : *Kantstudien,* 4, 1900, S. 145）。

(67) RS II, S. 199-200（『ヒンドゥー教と仏教』、二五八頁）。

(68) Vgl. PS, S. 557（『職業としての政治』、一〇〇頁）。

(69) WL, S. 154（『客観性』、四一頁）。

(70) Vgl. RS I, S. 305, S. 445, S. 519（『儒教と道教』、三六頁、二六二頁、三八八頁）。RS II, S. 275（『ヒンドゥー教と仏教』、三五二頁）。

(71) RS III, S. 286（『古代ユダヤ教』、六五九頁）。

(72) RS III, S. 305-306（『古代ユダヤ教』、七〇一―七〇二頁）。ウェーバーは「党派性、闘争、情熱――つまり憤りと偏見（ira et studium）――が政治家の本領である」と言うが（PS, S. 524.『職業としての政治』、四一頁。Vgl. PS, S. 545-546.『職業としての政治』、七七―七八頁）、このときの「情熱」も以上の連関において理解することができる。

(73) ウェーバーのマキアヴェリ解釈はアイザイア・バーリンのそれに近い。また以下も参照。Friedrich Meinecke, »Drei Generationen deutscher Gelehrtenpolitik. Friedrich Theodor Vischer-Gustav Schmoller-Max Weber«, in : *Staat und Persönlichkeit,* Berlin : E. S. Mittler & Sohn, 1933, S. 156-157. こうした解釈に対してレオ・シュトラウスは、「マキアヴェリには悲劇がない。なぜなら彼は「共通のもの（the common）」の神聖さについていかなる感覚ももちあわせていないからである」と指摘している（Leo Strauss, *Thoughts on Machiavelli,* Chicago : The University of Chicago Press, 1958, p. 292）。

(74) Vgl. RS II, S. 201-202（『ヒンドゥー教と仏教』、二六〇

頁）。「現実と魔術、行為、理性的判断と気分、幻想的グノーシスと鋭く意識された感覚は相互に並存する。なぜならすべてのものはつまるところ神的な実在に対しては非現実的で、非本質的なものにとどまるからである」。

(75) PS, S. 555（『職業としての政治』、九五頁）。

(76) RS I, S. 514（『儒教と道教』、三八〇頁）。

(77) RS I, S. 550（『論選』、一一四頁）。

(78) 本研究は、政治の領域の宗教の領域に対する関係性に着目し、ウェーバーの理論枠組みにおける西洋の独自性を浮かび上がらせたが、美的領域に関して同様の試みをしたヴェルナー・ゲプハルトも、次のような結論を出している。「西洋の美学とアジアの美学の差異を説明する方式は、宗教的倫理と美学の間に生じる緊張の特殊なあり方であり、決してさまざまな諸領域の固有法則性のたんなる展開や非宥和ではない」（Werner Gephart, *Handeln und Kultur*, a. a. O., S. 142）。

(79) Martin Heidegger, *Nietzsche: Der Wille zur Macht als Kunst*, Gesamtausgabe, Bd. 43, Frankfurt am Main: Vittorio Klostermann, 1985, S. 232-233（細谷貞雄、杉田泰一、輪田稔訳『ニーチェI　美と永遠回帰』平凡社ライブラリー、一九九七年、二六〇頁）。

(80) WL, S. 508（『価値自由』、六〇頁）。

(81) ディーター・ヘンリッヒは価値衝突と相対主義を区別する上記の引用を『科学論』との関連で、かつその枠内においてのみ解釈しようとしている（vgl. Henrich, *Die Einheit der Wissenschaftslehre Max Webers*, a. a. O., S. 105-108）。ヘンリッヒはこのとき、相対主義とインド的秩序の関連を看過している。上記の引用箇所は、一九一三年の「所見（»Gutachten zur Werturteilsdiskussion im Ausschuss des Vereins für Sozialpolitik«, in: Eduard Baumgarten, *Max Weber. Werk und Person*, a. a. O., S. 118）」には含まれておらず、ウェーバーがインド研究に取り組んでいた一九一七年の『ロゴス』論文（»Der Sinn der ›Wertfreiheit‹ der soziologischen und ökonomischen Wissenschaften«, in: *Logos*, VII, 1917/18, S. 57-58）において加筆されたものである。

(82) Vgl. WuG, S. 360（『宗教社会学』、二八七頁）。本章、註（31）も参照。

(83) RS I, S. 551（『論選』、一一五頁）。

(84) RS II, S. 200（『ヒンドゥー教と仏教』、二五八頁）。

(85) RS I, S. 3（『論選』、九頁）。

(86) PS, S. 263（『政治論集』1、二八二頁）。

(87) PS, S. 263-264（『政治論集』1、二八二頁）。

(88) Vgl. WuG, S. 334（『宗教社会学』、二二六頁）。ここにおいてウェーバーは、アジア的宗教との対比において「西洋」の宗教を、「世界を超越したかぎりなく全能なる神、およびこの神によって無から創造された世界の被造性という観念」によって特徴づけている。

(89) RS II, S. 371（『ヒンドゥー教と仏教』、四七〇頁）。

(90) RS I, S. 538（『論選』、一〇二頁）。

(91) WL, S. 190（『客観性』、一一二頁）。

(92) WuG, S. 359（『宗教社会学』、二八五―二八六頁）。

(93) WL, S. 479.
(94) Vgl. RS I, S. 78（『プロ倫』、一二五頁）。PS, S. 555-556（『職業としての政治』、九七頁）。
(95) たとえば以下の一節を参照。「官僚国家による身分構成の平準化という意味での「民主化」はひとつの事実である。選択肢は以下のいずれかしかない。見かけだけの議会をともなった官僚的「官憲国家」において、国民は権利も自由もなく、家畜の群れのように「管理」されるか、あるいは、国家の共同の主人としてこの国家に組み込まれるかである」（PS, S. 291.『政治論集』1、三一一頁）。Vgl. PS, S. 340, S. 347, S. 349, S. 355, S. 366, S. 500（『政治論集』2、三七二頁、三七九頁、三八二頁、三八八頁、四〇〇頁、五五二頁）。
(96) RS I, S. 424-425（『儒教と道教』、二二三頁）。
(97) MWG I/10, S. 269（『ロシア革命論』I、一三三―一三四頁）。
(98) MWG I/10, S. 269（『ロシア革命論』I、一三四頁）。
(99) カースト秩序の本質は、「たんにカースト内の個人の地位が動かないというだけではなく、そのカースト自体が他のカーストに対する位置において動かない」という点にあり、そうであるから「社会的にきわだって保守的な態度」が生まれるのである（RS III, S. 5-6.『古代ユダヤ教』、二〇頁）。
(100) 一九一六年二月中旬、アドルフ・フォン・ハルナック宛の手紙において、ウェーバーは以下のように書いている。「当地でわたしは［…］あなたの図書館のインド資料に取り組んでいます。そこにはドイツの状況に対応する驚くほど多くのものが含まれています」（Nachl. A. von Harnack, Ka. 44: Weber, Max, Nr. 7, in: Staatsbibliothek zu Berlin-Preußischer Kulturbesitz Handschriftenabteilung. この箇所は、以下にも引用されている。Wolfgang Mommsen, *Max Weber und die deutsche Politik 1890-1920*, a. a. O., S. 240, Anm. 115.『マックス・ヴェーバーとドイツ政治』II、四九三―四九四頁、註一一五）。
(101) RS I, S. 204（『プロ倫』、三六六頁）。
(102) PS, S. 332-333（『政治論集』2、三六三頁）。
(103) 本章、註（31）を参照。
(104) ウェーバーとワーグナーの関係に関しては、以下の研究がある。Christoph Braun, *Max Webers »Musiksoziologie«*, a. a. O., S. 26-31; David Chalcraft, »Weber, Wagner and Thoughts of Death«, in: *Sociology*, 27, 3, 1993, pp. 433-449; ders.,»Love and Death. Weber, Wagner and Max Klinger«, in: Sam Whimster (ed.), *Max Weber and the Culture of Anarchy*, a. a. O., pp. 196-213.
(105) RS I, S. 98（『プロ倫』、一六〇頁）。
(106) RS I, S. 98=PE, S. 179,［177］（『プロ倫』、一六〇頁）。
(107) MWG I/17, S. 151. 牧野雅彦「ウェーバーの政治理論」、日本政治学会編『年報政治学　二〇世紀のドイツ政治理論』岩波書店、二〇〇二年、一四頁を参照。
(108) Paul Honigsheim, »Erinnerungen an Max Weber«, in: KZfSS, Sonderheft 7, 1963, S. 244（大林信治訳『マックス・ウェーバーの思い出』みすず書房、一九七二年、一三六

頁)。

(109) Ebd. (同上、一三六頁)。

(110) Ebd., S. 245 (同上、一三七頁)。

(111) Ebd., S. 247 (同上、一四〇頁)。

(112) Ebd. (同上)。

(113) Richard Wagner, *Die Walküre*, München: Wilhelm Goldmann Verlag, 1982, S. 119 (三光長治ほか訳『ヴァルキューレ——舞台祝祭劇「ニーベルングの指環」第一日』白水社、一九九三年、八五頁)。

(114) Marianne Weber, *Lebensbild*, S. 700 (『マックス・ウェーバー伝』、五一七—五一八頁)。

(115) ニーチェは『反時代的考察』の第四論文を以下のように結んでいる。「そして自由なる者、恐怖を知らぬ者、無垢の独自性においてみずから成長し開花する者、諸君のうちのジークフリートはどこにいるのか?」(Nietzsche, »Unzeitgemäße Betrachtungen IV: Richard Wagner in Bayreuth«, in: KSA 1, S. 509. 小倉志祥訳『ニーチェ全集4 反時代的考察』ちくま学芸文庫、一九九三年、四五〇頁)。

(116) Honigsheim, »Erinnerungen an Max Weber«, a. a. O., S. 247 (『マックス・ウェーバーの思い出』、一四〇頁)。

第Ⅳ章

(1) François P. Guizot, *Histoire de la civilisation en Europe depuis la chute de l'Empire romain jusqu'à la Revolution française*, Paris: Didier, 1853, S. 35-36 (安士正夫訳『ヨーロッパ文明史——ローマ帝国の崩壊よりフランス革命にいたる』みすず書房、一九八七年、二七頁)。

(2) RS I, S. 1 (『論選』、五頁)。

(3) Vgl. Robert N. Bellah, *Tokugawa Religion: The cultural Roots of modern Japan*, New York: The Free Press, 1985 (池田昭訳『徳川時代の宗教』岩波文庫、一九九六年)。Vgl. Wolfgang Schwentker, *Max Weber in Japan*, a. a. O., S. 272-282.

(4) 基本的に近代化論の枠組みでウェーバーの研究をしてきた富永健一も、一九九三年にミュンヘンで行なわれたウェーバー国際シンポジウムにおいて、以下のように述べている。「日本人はテクノロジーと制度の面で西洋資本主義のコピーをつくり出したけれども、そのことは必ずしも、「精神(Geist)」の面において西洋資本主義のコピーをつくり出したということを意味しなかった」(Ken'ichi Tominaga, »Die Modernisierung Japans und die soziologische Theorie Max Webers«, in: Mommsen/Schwentker (Hrsg.), *Max Weber und das moderne Japan*, a. a. O., S. 57. 『マックス・ウェーバーとアジアの近代化』講談社学術文庫、一九九八年、三九頁)。

(5) Vgl. S. N. Eisenstadt, *Die Vielfalt der Moderne*, Weilerswist: Velbrück Wissenschaft, 2000; ders., »Multiple Modernities«, in: *Daedalus. Journal of the American Academy of Arts and Sciences*, 129, 1, 2000, pp. 1-29; Almut Höfert/

Armando Salvatore, »Beyond the Clash of Civilisations: Transcultural Politics between Europe and Islam«, in: dies. (ed.), *Between Europe and Islam. Shaping Modernity in a Transcultural Space*, Bruxelles/New York: P. I. E.-Peter Lang, 2000, pp. 13-35.

（6） Vgl. Edward W. Said, *Orientalism*, London/Henley: Routledge & Kegan Paul, 1978（板垣雄三、杉田英明監修、今沢紀子訳『オリエンタリズム』上・下、平凡社ライブラリー、一九九三年）。Georg Stauth, *Islam und westlicher Rationalismus. Der Beitrag des Orientalismus zur Entstehung der Soziologie*, Frankfurt am Main/New York: Campus, 1993; Armando Salvatore, »Beyond Orientalism? Max Weber and the Displacements of ›Essentialism‹ in the Study of Islam«, in: *Arabica. Journal of Arabic and Islamic Studies*, XLIII, 1996, pp. 457-485. このような論点を重く受け止めるならば、ウェーバーは「近代主義者か、近代批判者か」が問題なのではない（近代の内在的批判者としてウェーバーを描いたものとして、姜尚中『マックス・ウェーバーと近代――合理化のプロブレマティーク』御茶の水書房、一九八六年を参照）。むしろ問われるべきは、近代を支える文化との相関関係において、「いかなる近代か」である。

（7） Vgl. E. B. F. Midgley, *The Ideology of Max Weber: A Thomist Critique*, Aldershot: Gower, 1983.

（8） Wolfgang Mommsen, *Max Weber und die deutsche Politik 1890-1920*, a. a. O., S. 433-434（『マックス・ヴェーバーとドイツ政治』II、七二二―七二三頁）。Vgl. ders., *Max Weber. Gesellschaft, Politik und Geschichte*, a. a. O., S. 46（『マックス・ヴェーバー――社会・政治・歴史』、五九頁）。

（9） Leo Strauss, *Naturrecht und Geschichte*, a. a. O., S. 3-4（『自然権と歴史』、六―七頁）。

（10） もっともウェーバー研究において「シュトラウスのウェーバー批判」として理解されているものには疑問がないわけではない。かつてロバート・イーデンがシュトラウスのウェーバー論（『自然権と歴史』、第二章）を指して、「誰もその論証の概略すら追っていないのに、それにもかかわらず誰もがその要点だけは知っている」と言って皮肉った事態はいまもそれほど変わっていない（Robert Eden, »Why wasn't Weber a Nihilist?«, in: Kenneth L. Deutsch/Walter Soffer (ed.), *The Crisis of Liberal Democracy: A Straussian Perspective*, New York: State University of New York Press, 1987, p. 212）。さらにシュトラウスの自然法への関心の深さについても注意が必要である。彼の自然法への関心は、『自然権と歴史』のもとになったいわゆるウォルグリーン・レクチャー（一九四九年）から始まったわけではない。彼の『ホッブズの政治学』（一九三五／一九六五年）の一九三一年時点の概略のサブタイトルは「自然法へのひとつのイントロダクション」であり、彼のウェーバーへの関心も――ヤコブ・クラインへの書簡（一九三五年一月八日付け）にあるように――決定的に自然法によって規定されている（vgl. Leo Strauss, »Disposition: Die politische Wissenschaft des Hobbes. Eine Einführung in das Naturrecht (1931)«, in: ders., *Hobbes' politische Wissenschaft und zugehörige Schriften·Briefe*, Leo Strauss Gesammelte Schriften, Bd. 3, Stuttgart/Weimar: Metzler, 2001, S. 193-200; ders., »Korrespondenz 50: Brief an Jacob Klein«, in: ebd., S. 535-536)。

(11) しかし、ウェーバーの「価値自由」は決して価値問題への無関心を意味しない。いわゆる実証主義とウェーバーの立場は区別されなければならない。一九〇九年にウィーンで行なわれた社会政策学会で、ウェーバーは以下のように発言している。「なぜわたしが異常に厳しく、ことあるごとに重箱の隅をつつくようにして、あるべきものとあるものの間の混同に反対するのかと言えば、それはわたしが当為の問題を過小評価しているからではありません。むしろまったく逆です。わたしは世界を揺り動かす意義を有し、最大の理念的射程を有する問題、つまりある意味で人間の胸底を揺すぶる最高レベルの問題が、ここにおいて「生産性」という技術的・経済的な問題に変換され、国民経済学のような一専門学科の議論対象にされることがなんとも我慢できないのです」(SS. S. 419.『政治論集』1、一一〇頁)。ウェーバーが「価値自由」を言うとき、その強調点は事実と価値の二元論それ自体にあるのではない。むしろ彼は、ある価値が事実の名のもとに押しつけられる事態に反対なのである。

(12) Vgl. WuG, S. 501-502(『法社会学』、四九九—五〇二頁)。

(13) Vgl. Norberto Bobbio, »Max Weber und Hans Kelsen«, in: Manfred Rehbinder/Klaus-Peter Tieck (Hrsg.), *Max Weber als Rechtssoziologe*, Berlin: Duncker & Humblot, 1987, S. 109-126; Werner Gephart, *Gesellschaftstheorie und Recht. Das Recht im soziologischen Diskurs der Moderne*, Frankfurt am Main: Suhrkamp, 1993, S. 504. しかしいかに両者に親近性があろうとも、その違いを見逃してはならない。ケルゼンが「純粋法理論」を追求したのに対して、ウェーバーは決して法実証「主義者」として近代法の発展に取り組んだのではない。ケルゼンは、「二〇年以上にわたってわたしが取り組んできたのは、純粋な法理論、つまりあらゆる政治的イデオロギーやあらゆる自然科学的要素から純化された、その対象の固有法則性ゆえの独自性を意識した法理論を発展させることであった」と述べているが(Hans Kelsen, *Reine Rechtslehre*, Wien: Verlag Franz Deuticke, 1960, S. III)、これはウェーバーによっては決して語られることがない言葉であろう。ウェーバーにとって問題であったのは、倫理や政治、あるいはイデオロギーから法が解放されること、そのこと自体にあったわけではない。彼はたしかに「法形式主義」について論じることで、法の分化理論に貢献した。しかし彼が取り組んだのはむしろ、こうした法の形式合理化を含み、それを可能ならしめた近代の法文化総体である。ウェーバーは『法社会学』において、「政治的支配の形態が法の形式的性質に及ぼす影響」という問いを立てる(WuG, S. 468.『法社会学』、三六七頁)。つまり法という一領域の合理性ないし合理化が問題なのではなく、本研究の第Ⅱ章で論じたように、諸合理性のコンステレーションが考察の中心なのである。

(14) Mommsen, *Max Weber und die deutsche Politik 1890-1920*, a. a. O., S. 437（『マックス・ヴェーバーとドイツ政治』Ⅱ、七二五頁）。権力政治的合理性は他領域との関係性に依存している。したがっていかなるコンステレーションを背景にして、権力が語られているのかに目を凝らさなければならない。ある政治思想家を権力政治的か平和主義的かという基準で判断することほど皮相な理解はない。思想家とナイーブなパトリオットを区別することができるためには、権力というひとつのパースペクティブが先鋭化される際に前提にされている全体性に目を向けなければならないのである。

(15) MWG II/5, S. 558. カール・フォスラー（Karl Vossler, 1872-1949）はハイデルベルクでウェーバーと親交の深かったロマニストであり、この書簡はフォスラーのダンテ研究（*Die göttliche Komödie. Entwicklungsgeschichte und Erklärung*, I. Bd, I. /II. Teil, Heidelberg: Carl Winter's Universitätsbuchhandlung, 1907）に対するウェーバーの応答である。ウェーバーはここで専門的知識に乏しいと断わりつつも、頁数、段落を指示しながら、いくつかの指摘をしている。ウェーバーは――彼にしては珍しく――フォスラーを高く評価しているが（vgl. z. B. Brief an Meinecke vom 29. Juni 1909, in: MWG II/6, S. 158-160）、その自然法の扱い方には懐疑的である（vgl. MWG II/5, S. 561）。

(16) WL, S. 138（『ロッシャーとクニース』二、一三九頁）。Vgl. WuG, S. 497（『法社会学』、四八七頁）。

(17) Vgl. RS I, S. 69-70, Anm. 1, S. 70-71, Anm. 2, S. 75-76, Anm. 3, S. 76-77, Anm. 3, S. 77-78, Anm. 3, S. 100-101, S. 109, S. 156, Anm. 2, S. 180, S. 180, Anm. 3（『プロ倫』、一一一頁、一二二―一二三頁、一二三頁、一二四頁、一二六頁、一六六頁、一八四頁、二七七頁、三一九頁、三二三―三二四頁）。

(18) Vgl. MWG I/10, S. 95, Anm. 4, S. 212, S. 223, S. 240-241, Anm. 76a, S. 269, S. 533, S. 539, Anm. 223, S. 542-544, S. 544-545, Anm. 227a, S. 578, Anm. 266（『ロシア革命論』Ⅰ、一八九頁、八四頁、九六頁、一三〇頁、一三三頁。『ロシア革命論』Ⅱ、一六三頁、一九八頁、一六九―一七〇頁、三〇一頁、三一〇頁）。

(19) Vgl. RS I, S. 312-313, S. 435-437, S. 495-496（『儒教と道教』、四三頁、二四八―二五二頁、三四五頁）。RS II, S. 143-144, S. 247（『ヒンドゥー教と仏教』、一八九頁、三一〇頁）。

(20) WuG, S. 497（『法社会学』、四八六頁）。

(21) ウェーバー自身も、自然法の比較文化社会学的考察と法実証主義との関連における近代自然法の分析を分けて考えている。そうであるから彼は、「しかしここではわたしたちは自然法を別の側面から考察する」と述べるのである（WuG, S. 497.『法社会学』、四八六頁）。

(22) RS I, S. 12（『論選』、一三頁）。

(23) WuG, S. 505（『法社会学』、五一〇頁）。

(24) 唯一の例外が、リヒャルト・ミュンヒである。彼はウェーバーの比較文化社会学における自然法の重要性に着目し、議論を展開している（vgl. Richard Münch, *Theorie des*

Handelns, a. a. O., S. 31, 52, 498-499)。この意味において本研究は、多くをミュンヒの先行研究に負っている。しかし、ミュンヒがウェーバーの自然法理解と禁欲的プロテスタンティズムを連続的に解釈する点については反対である。ミュンヒはタルコット・パーソンズから借用した「相互浸透(Interpenetration)」という概念を用いて、ウェーバーの「西洋」とプロテスタンティズムの共通性を連続的に論じる。本研究はこれに対して、以下で述べるように、「西洋」とプロテスタンティズムの分岐点に着目し、その意味を考察しようとするものである。

(25) Vgl. Wolfgang Schluchter, *Die Entstehung des modernen Rationalismus*, a. a. O., Kap. 6 (『近代合理主義の成立』、第六章)。Ders., *Religion und Lebensführung*, Bd. 2, a. a. O., Kap. 10; Gottfried Küenzlen, *Die Religionssoziologie Max Webers. Eine Darstellung ihrer Entwicklung*, Berlin: Duncker & Humblot, 1980, Kap. II.

(26) Vgl. RS I, S. 2-3 (『論選』、七―八頁)。WL, S. 520-521 (『価値自由』、八七―八九頁)。*Verhandlungen des Ersten Deutschen Soziologentages vom 19.-22. Oktober 1910 in Frankfurt a. M.*, Tübingen: J. C. B. Mohr, 1911, S. 99.

(27) Vgl. Erwin Panofsky, *Gotische Architektur und Scholastik: Zur Analogie von Kunst, Philosophie und Theologie im Mittelalter*, Köln: DuMont, 1989 (前川道郎訳『ゴシック建築とスコラ学』ちくま学芸文庫、二〇〇一年)。

(28) 原理主義的な宗教運動は、しばしば聖像破壊(Bildersturm, Ikonoklasmus)に至った(vgl. Martin Warnke, »Durchbrochene Geschichte? Die Bilderstürme der Wiedertäufer in Münster 1534/1535«, in: ders. (Hrsg.), *Bildersturm. Die Zerstörung des Kunstwerks*, München: Carl Hanser Verlag, 1973, S. 65-98; Bob Scribner (Hrsg.), *Bilder und Bildersturm im Spätmittelalter und in der frühen Neuzeit*, Wiesbaden: Harrassowitz, 1990)。

(29) ウェーバーの自然法理解と禁欲的プロテスタンティズムを切断しようとする本研究の立場に対しては、「『人権』が宗教的に規定されているとするG・イェリネクの仕事」の延長線上に(PE II, S. 330. Vgl. WuG, S. 725.『支配の社会学』II、六五五頁)、ウェーバーの宗教社会学を位置づけるべきであるとの反論がありうるであろう。実際、「人権」のピューリタニズム的起源に関するイェリネクの研究が、ウェーバーのプロテスタンティズム研究に及ぼした影響はきわめて大きい。しかしそれでも本研究は、マックス・ウェーバーの著作における自然法に関する議論と人権に関する議論を分けて考える。それは、彼のピューリタニズムに対する批判的な、あるいはアンビバレントな態度を重く受け止めるからである。ここでは少なくとも、もっぱら禁欲的プロテスタンティズムという視点から解釈するならば、ウェーバーの自然法の議論のある重要な部分が看過されてしまうという点だけは確認したい。

(30) Vgl. WuG, S. 504-505 (『法社会学』、五〇九頁)。

(31) Werner Gephart, *Gesellschaftstheorie und Recht*, a. a. O., S. 563.

(32) バウムガルテンはマックス・ウェーバーの著作におけ

る自然法というテーマの意味を認め、これに彼の著作の一章を割いている（vgl. Eduard Baumgarten, *Max Weber. Werk und Person*, a. a. O., Kap. 5)。そこでバウムガルテンは、ウェーバーにおいて自然法と禁欲的プロテスタンティズムが密接に結びついていると解釈するが（vgl. ebd., S. 430)、これによってウェーバーが自然法について論じている多くの重要な箇所が無視されることになった。同じことがヴィンフリート・ブルッガーとマティアス・ケーニヒの研究にも妥当する（vgl. Winfried Brugger, *Menschenrechtsethos und Verantwortungspolitik. Max Webers Beitrag zur Analyse und Begründung der Menschenrechte*, Freiburg/München: Alber, 1980; Matthias König, *Menschenrechte bei Durkheim und Weber. Normative Dimensionen des soziologischen Diskurses der Moderne*, Frankfurt am Main/New York: Campus, 2002)。

(33) Vgl. Schluchter, *Religion und Lebensführung*, Bd. 2, a. a. O., S. 566-569（『ヴェーバーの再検討』、一二六―一三〇頁）。

(34) Marianne Weber, »Vorwort zur zweiten Auflage«, in: WuG, S. XXXIII.

(35) Vgl. Eduard Baumgarten, *Max Weber. Werk und Person*, a. a. O., S. 605, Anm. 1. これは「ウェーバーとその女性たち」というテーマに関係する（vgl. Ingrid Gilcher-Holtey, »Max Weber und die Frauen«, in: Christian Gneuss/Jürgen Kocka (Hrsg.), *Max Weber, Ein Symposion*, München: Deutscher Taschenbuch Verlag, 1988, S. 142-154; Christa Krüger, *Max und Marianne Weber. Tag- und Nachtansichten einer Ehe*, Zürich/München: Pendo, 2001)。『音楽社会学』の草稿に関しては、スイス生まれのピアニスト、ミナ・トブラーが決定的に重要な役割を果たしており、ウェーバーは『宗教社会学論集』の第二巻を彼女に捧げているほどである。クリストフ・ブラウンも「［ウェーバーの］音楽研究はミナ・トブラーなしには決して生まれなかった」と述べている（Christopf Braun, *Max Webers »Musiksoziologie«*, a. a. O., S. 25）。

(36) MS, S. 52-53（『音楽社会学』、一七二頁）。Vgl. WL, S. 521（『価値自由』、八九頁）。RS I, S. 2（『論選』、七頁）。

(37) Vgl. Schluchter, *Religion und Lebensführung*, Bd. 2, a. a. O., S. 569（『ヴェーバーの再検討』、一三〇頁）。Yasushi Yamanouchi, »Die historische Soziologie Friedrich Nietzsches und Max Webers«, in: Mommsen/Schwentker (Hrsg.), *Max Weber und das moderne Japan*, a. a. O., S. 530-535（山之内靖『日本の社会科学とヴェーバー体験』、第九章）。

(38) MS, S. 42（『音楽社会学』、一四三頁）。一九一二年の書簡において、ウェーバーは以下のように書いている。「わたしは音楽のある一定の社会的諸条件（soziale Bedingungen）について書こうと思う。他文化圏は西洋よりも一層洗練された聴覚とはるかに高密度の音楽文化をもっているが、わたしたちだけが「和声的」音楽をもっている。このことは社会的諸条件から説明されるのである」（Marianne Weber, »Vorwort zur zweiten Auflage«, in: WuG, S. XXXIII より引用）。Vgl. MS, S. 52-53（『音楽社会学』、一七二頁）。

(39) Vgl. Johannes Winckelmann, *Max Webers hinterlassenes Hauptwerk: Die Wirtschaft und die gesellschaftlichen Ordnungen und Mächte*, Tübingen: J. C. B. Mohr, 1986, S. 10, S. 13; Werner Gephart, »Juridische Grundlagen der Herrschaftslehre Max Webers«, in: Edith Hanke/Wolfgang J. Mommsen (Hrsg.), *Max Webers Herrschaftssoziologie. Studien zu Entstehung und Wirkung*, Tübingen: Mohr Siebeck, 2001, S. 74, Anm. 4. Vgl. auch WuG, S. 455（『法社会学』、三二一頁）。RS III, S. 7（『古代ユダヤ教』、一四頁）。

(40) MS, S. 23（『音楽社会学』、八一頁）。

(41) MS, S. 7（『音楽社会学』、一七頁）。

(42) WL, S. 438, Anm. 1（『理解社会学のカテゴリー』、三五—三六頁）。

(43) MS, S. 9（『音楽社会学』、二一頁）。

(44) RS I, S. 253（『論選』、五九—六〇頁）。

(45) RS I, S. 253（『論選』、五九頁）。

(46) Vgl. WuG, S. 327（『宗教社会学』、二〇八頁）。

(47) Vgl. MS, S. 72（『音楽社会学』、二二四頁）。ただしJ・S・バッハの扱い方については、議論がありうる。バッハこそが「意識的に発展させられた形においては、西洋に［のみ］知られていた」ポリフォニー、とりわけ対位法の「完成者」であったという点は（MS, S. 44.『音楽社会学』、一四七頁）、西洋とプロテスタンティズムのズレに注目しようとする本研究にとって、見方によれば都合がいいわけではない。ここではこれ以上この問題について論じることはできないが、バッハとプロテスタンティズムの関係はすでにきわめて論争的なテーマであるということだけ言い添えておきたい（vgl. MS, S. 72-73.『音楽社会学』、二二五頁）。

(48) MS, S. 55（『音楽社会学』、一七六頁）。

(49) この唯一の箇所は、キリスト教的な禁欲ないし西洋の修道院に関する記述である（RS I, S. 116.『プロ倫』、二〇一頁）。改訂の際に追加されたのは、以下の箇所である。RS I, S. 18, Anm.=PE, S. 159, [1], RS I, S. 42=PE, S. 166, [44], RS I, S. 49, Anm. 2=PE, S. 167, [56], RS I, S. 116=PE, S. 186, [252], RS I, S. 131, Anm. 1=PE, S. 188, [287], RS I, S. 132, Anm.=PE, S. 188-189, [290], RS I, S. 195, Anm. 2=PE, S. 199, [424]（『プロ倫』、一三頁、五三頁、七一頁、二〇〇頁、二三〇頁、二三三頁、三五三頁）。

(50) WuG, S. 480（『法社会学』、四二三頁）。

(51) WuG, S. 497（『法社会学』、四八六頁）。

(52) 自然法観念をストアにまで遡って解釈するのは、決してウェーバーだけではない。たとえばパウル・バルトもそのように解釈している（vgl. Paul Barth, *Die Stoa*, 5. Aufl., Stuttgart: Frommann, 1941, S. 276）。ウェーバーの独自性はむしろ、ストアの自然法をコスモポリタン的世界理性に結びつける解釈をとらず（vgl. ebd. S. 94）、政治と宗教の緊張関係という視点と結びつけた点にある。

(53) Vgl. Friedrich Wilhelm Graf, »Fachmenschenfreundschaft: Bemerkungen zu ›Max Weber und Ernst Troeltsch‹«, in: Wolfgang J. Mommsen/Wolfgang Schluchter (Hrsg.), *Max Weber und seine Zeitgenossen*, Göttingen: Vandenhoeck &

Ruprecht, 1988, S. 313-336（柳父圀近訳「専門家どうしの友情——「マックス・ヴェーバーとエルンスト・トレルチ」に関する覚書」、鈴木広、米沢和彦、嘉目克彦訳『マックス・ヴェーバーとその同時代人群像』ミネルヴァ書房、一九九四年、二一四—二三六頁）。

(54)　Ernst Troeltsch, »Das stoisch-christliche Naturrecht und das moderne profane Naturrecht«, in : *Verhandlung des Ersten Deutschen Soziologentages,* a. a. O., S. 175（住谷一彦、小林純訳「ストア的＝キリスト教的自然法と近代的世俗的自然法」『トレルチ著作集』七、ヨルダン社、一九八一年、二五〇頁）。

(55)　MWG II/6, S. 655.

(56)　トレルチはのちに「世界政治における自然法とヒューマニティ」と題する講演を行ない、そこでは一層明確に、ストア的自然法観念における「汎神論」的統一性の契機を強調している（Ernst Troeltsch, »Naturrecht und Humanität in der Weltpolitik«, in: *Deutscher Geist und Westeuropa,* Tübingen : J. C. B. Mohr, 1925, S. 8. 西村貞二訳『ドイツ精神と西欧』筑摩書房、一九七〇年、一〇頁）。汎神論は対立・葛藤に直面した際により高次の統一性を求める意識と関係するものである（「汎神論」については本研究の第V章をも参照）。なおトレルチのこの講演はオットー・ギールケの英訳に付されていることもあり、英語圏において比較的よく知られている（vgl. Ernst Troeltsch, »The Ideas of Natural Law and Humanity in World Politics«, in: Otto Gierke, *Natural law and the Theory of Society. 1500 to 1800,* translated with Introduction by Ernest Barker, Boston : Beacon Press, 1957, pp. 201-222）。

(57)　Ernst Troeltsch, *Die Soziallehren der christlichen Kirchen und Gruppen,* 1, Tübingen : J. C. B. Mohr, 1994, S. 273. Vgl. ebd., S. 252 ; Hans-Georg Drescher, *Ernst Troeltsch. Leben und Werk,* Göttingen : Vandenhoeck & Ruprecht, 1991, S. 382-383 ; Ulrich Kopf, »Die Idee der ›Einheitskultur‹ des Mittelalters«, in : Friedrich Wilhelm Graf/Trutz Rendtorff (Hrsg.), *Ernst Troeltschs Soziallehren. Studien zu ihrer Interpretation, Troelsch-Studien,* 6, Gütersloh : Verlagshaus Gerd Mohn, 1993, S. 103-121.

(58)　WuG, S. 713（『支配の社会学』II、六〇八—六〇九頁）。

(59)　「「硬直化（Erstarrung）」と評価されるのがつねである」「受禄者利益の堅固な殻（das feste Gehäuse）」はなかなか破壊されえない。ウェーバーは中国研究においてこのように確認したうえで、以下のように述べる。「歴史上の大きな例外をなすのは、すでに述べたように、近代のヨーロッパ的西洋（der moderne europäische Okzident）である。それはまず第一には、西洋が統一的帝国における平和化というものを欠いていたからである」。ここにおいてもウェーバーは、「西洋」文化の特徴を「世界帝国（Weltreich）」ではない点に求めている。そして「世界帝国」は、「行政、財政管理、そして経済政策の合理化」に対しては、「かつて諸侯国の競争の際に存在していたような、いかなる起動力ももたなかった」と指摘するのである（RS I, S. 348-349.『儒教と道教』、一〇二—一〇三頁）。

(60) 教育に関してウェーバーは、以下のように述べている。「教育が聖職者の手に握られることに抵抗する勢力は、純官僚制的なエジプトの国家制度のなかには存在しなかったが［…］、西洋中世においてはこれに反して、支配者層が封建的・身分制的性格をもっていた結果、聖職者的に合理的な教育と騎士的な教育とが並存し、対抗し合い、共存し合っており、中世の西洋人および西洋の大学にその特殊な性格を付与したのである」（WuG, S. 678.『支配の社会学』Ⅱ、四九一頁）。ウェーバーが西洋中世について論じるとき、支配の「封建的、身分制的性格」が問題にされているのである。封建制については、本研究第Ⅴ章第一節（3）において考察する。またウェーバーの近代化論的解釈を批判し、彼の「歴史社会学」におけるヨーロッパ中世の重要性を指摘しながら、その「ヨーロッパ意識」をたどった先駆的研究として、安藤英治「ウェーバーとヨーロッパ意識――近代化のパラドクス3」『ウェーバー歴史社会学の出立』未來社、一九九二年、一七〇―二〇三頁を参照。

(61) WuG, S. 713-714（『支配の社会学』Ⅱ、六〇八―六〇九頁）。

(62) WuG, S. 689（『支配の社会学』Ⅱ、五二七頁）。

(63) WuG, S. 690（『支配の社会学』Ⅱ、五三一頁）。

(64) Friedrich Wilhelm Graf, »Max Weber und Ernst Troeltsch«, in: Mommsen/Schwentker (Hrsg.), *Max Weber und das moderne Japan*, a. a. O., S. 476.

(65) Ebd.

(66) Vgl. Hans-Georg Drescher, *Ernst Troeltsch. Leben und Werk*, a. a. O., S. 508-514. Vgl. auch Paul Honigsheim, »Erinnerungen an Max Weber«, a. a. O., S. 174（『マックス・ウェーバーの思い出』、三〇頁）。

(67) ウェーバーの『儒教と道教』を参照しながら、中国の法システムについて論じたものとして、以下の研究がある。Karl Bünger, »Das chinesische Rechtssystem und das Prinzip der Rechtsstaatlichkeit«, in: Wolfgang Schluchter (Hrsg.), *Max Webers Studie über Konfuzianismus und Taoismus*, Frankfurt am Main: Suhrkamp, 1983, S. 134-173.

(68) RS I, S. 312（『儒教と道教』、四三頁）。

(69) RS I, S. 437（『儒教と道教』、二五〇頁）。

(70) RS I, S. 312（『儒教と道教』、四三頁）。

(71) 音楽研究において、ウェーバーは以下のように論じている。「五音階は、音楽の「エートス」によって条件づけられた半音進行の回避と手を携えて進んでいくことが多い。したがってこうした半音の回避こそが、五音階の音楽的モチーフであると結論づけられてきた。半音階法は古い教会においても、古代ギリシアの悲劇作家や市民的に合理的な儒教の音楽論においてと同様に、嫌われていたのである」（MS, S. 12.『音楽社会学』、四二頁）。ここで半音の回避が意味しているのは、半音と密接に結びついている「情熱的な表現」の回避である（MS, S. 12.『音楽社会学』、四二頁）。「ディオニソス的な要素の欠如」（RS I, S. 519.『儒教と道教』、三八七頁）、ないし「情熱の抑制」を特徴とする中国文化はしたがって半音を嫌い、五音階を採用する。そこには「情熱」こそが「すべての善の根底である魂の均衡と魂の調和を乱す」との認識があるのである（RS I, S. 445.『儒教と道教』、二六二頁）。Vgl. RS I, S. 434（『儒教と道教』、二四六頁）。WuG, S. 327（『宗教社会学』、二〇八頁）。

(72) RS I, S. 437（『儒教と道教』、二五〇頁）。

(73) Vgl. Werner Gephart, *Gesellschaftstheorie und Recht*, a. a. O., S. 552-553.

(74) RS I, S. 436（『儒教と道教』、二五〇頁）。

(75) RS I, S. 437（『儒教と道教』、二五一―二五二頁）。

(76) マックス・ウェーバーの理論枠組みにおいて、インド法について論じたものとして、以下の研究がある。J. Duncan M. Derrett, »Die Entwicklung des indischen Rechts«, in: Wolfgang Schluchter (Hrsg.), *Max Webers Studie über Hinduismus und Buddhismus*, Frankfurt am Main: Suhrkamp, 1984, S. 178-201.

(77) もっともウェーバーは、「叙事詩文学のなかには「自然法」思想の痕跡がしばしば見られる。それはとりわけ、救済宗教時代の反バラモン的傾向との間にある永続的な内的対決を含んでいる」とも述べている（RS II, S. 143, Anm. 1.『ヒンドゥー教と仏教』、一九二頁）。

(78) RS II, S. 139（『ヒンドゥー教と仏教』、一八四頁）。

(79) RS II, S. 139（『ヒンドゥー教と仏教』、一八四頁）。

(80) RS II, S. 139（『ヒンドゥー教と仏教』、一八四頁）。

(81) RS II, S. 142（『ヒンドゥー教と仏教』、一八八頁）。

(82) RS II, S. 143（『ヒンドゥー教と仏教』、一八九頁）。

(83) RS II, S. 143-144（『ヒンドゥー教と仏教』、一八九―一九〇頁）。コスモス中心主義と対立するラディカルな神中心主義は、「永遠のタオやダルマ」と関係するような「世界」という概念をもたない（vgl. RS III, S. 142.『古代ユダヤ教』、三二九頁）。そしてこうしたラディカルな神中心主義においても、神の啓示とコスモスの間の緊張関係はありえず、したがっていかなる自然法も成立しえなかった。ウェーバーは古代ユダヤ教研究において、以下のように述べている。「どの預言者も、いかなる宗教的「自然法」をも決して告知しない。ましてや、有力者たちに苦しめられる大衆の革命ないし自己救済の権利などは論外である。もしそのようなものがあったとすれば、彼らはそこに神なき者の絶頂を見たにちがいない」（RS III, S. 292.『古代ユダヤ教』、六七一頁）。

(84) MS, S. 43（『音楽社会学』、一四六―一四七頁）。

(85) SW, S. 126（『古代社会経済史』、二三一頁）。

(86) RS I, S. 12（『論選』、二三頁）。

(87) RS I, S. 11（『論選』、二二頁）。

(88) Vgl. RS I, S. 3, S. 7, S. 9, S. 49, Anm. 2, S. 256, S. 348, S. 436（『論選』、九頁、一五頁、一八頁、六四頁。『プロ倫』、七二頁。『儒教と道教』、一〇二頁、二五〇頁）。WuG, S. 75, S. 139, S. 368, S. 503（「経済行為の社会学的基礎範疇」、三九八頁。『支配の諸類型』、六四頁。『宗教社会学』、三〇七頁。『法社会学』、五〇六頁）。この他の箇所では、ほとんどの場合、近代ないし禁欲的プロテスタンティズムとは関係なく、とりわけヨーロッパ中世との関連において「西洋」が議論されている。

(89) Vgl. Ludger Honnefelder, »Die ethische Rationalität des

mittelalterlichen Naturrechts. Max Webers und Ernst Troeltschs Deutung des mittelalterlichen Naturrechts und die Bedeutung der Lehre vom natürlichen Gesetz bei Thomas von Aquin«, in: Wolfgang Schluchter (Hrsg.), *Max Webers Sicht des okzidentalen Christentums. Interpretation und Kritik*, Frankfurt am Main: Suhrkamp, 1988, S. 254-275.

(90)　エリック・フェーゲリンは、ウェーバーの自然法理解のこうした側面に気づいていた数少ない解釈者に属する。彼は「自然法に関する壮麗な一節」に関して、「自然法は――ストアのそれも近代の革命的な自然法も――彼［ウェーバー］を魅了した。というのも、まさにこの正しい秩序（richtige Ordnung）の範型が目に見える形で現れるのは、自然法においてだからである。この際正しい秩序とは、超越に対して開かれていることによる正しさ（Richtigkeit）のことである。ここにおいて人間の自然は、その適切な姿を社会の諸制度や諸秩序に見出すのである。自然法はウェーバーにとって――彼の言葉を使うならば――、正しい秩序のイデアール・ティプスのひとつなのである」と述べている（Eric Voegelin, *Die Grösse Max Webers*, München: Wilhelm Fink Verlag, 1995, S. 102）。ウェーバーとフェーゲリンについては、第Ⅶ章であらためて議論する。

(91)　Vgl. Otto Gerhard Oexle, »Priester-Krieger-Bürger. Formen der Herrschaft in Max Webers ›Mittelalter‹«, in: Hanke/Mommsen (Hrsg.), *Max Webers Herrschaftssoziologie*, a. a. O., S. 203-222.

(92)　WuG, S. 396（『法社会学』、一〇四頁）。

(93)　Wilhelm Hennis, *Max Webers Fragestellung*, a. a. O., S. 217（『マックス・ヴェーバーの問題設定』、二六四頁）。Vgl. Leo Strauss, »Anmerkungen zu Carl Schmitt, Der Begriff des Politischen«, in: *Hobbes' politische Wissenschaft und zugehörige Schriften-Briefe*, a. a. O., S. 217-238（『ホッブズの政治学』、二〇七―二四〇頁）。

(94)　官僚制の即事象性と形式性に関して、ウェーバーは以下のように述べている。「この即事象的目的の背後には、ひとつの共同体において実現されていると考えられている「文化価値理念」、すなわち「国家」「教会」「地方団体」「政党」「経営」のごときものが、右の目的をイデオロギー的に神化するものとして、地上的な、あるいは超地上的な人格的支配者の代用物として存在しているのがつねである」（WuG, S. 553.『支配の社会学』Ⅰ、六四頁）。

(95)　WuG, S. 454（『法社会学』、三二八頁）。

(96)　こうした秩序への視座は、『古代ユダヤ教』の視座でもある。ウェーバーは古代ユダヤ教の「発展条件」の考察を「西洋の全文化発展の主要点」と呼ぶ（RS III, S. 7.『古代ユダヤ教』、二四頁）。彼が注目するのは、「経済的諸条件の自然的諸対照」と関係する「経済的および社会的構造の対立」である（RS III, S. 13.『古代ユダヤ教』、三八頁）。そしてこうした社会的条件から、「特別の契約行為によって採用された連合戦争神であり、連合の法の保証人であるという性格」が形づくられるとする（RS III, S. 148.『古代ユダヤ教』、三四一頁）。ウェーバーは「使命預言」に関して、以下のようにも述べている。「西洋において、とりわけ中東において、それと結びついた広範な結果をともなって、こうした預言が出現したことは、最高度に特殊な歴史的コンステレーションによって規定されていた。こうしたコンステレーションがなければ、自然的諸条件のあらゆる相違にもかかわらず、そこでの発展は、容易に、アジアの道、とくにインドのそれに似ている道を歩むことになったであろう」（RS II, S. 378.『ヒンドゥー教と仏教』、四七八頁）。

(97) Vgl. WuG, S. 45（「経済行為の社会学的基礎範疇」、三三一頁）。

(98) Vgl. WL, S. 475.

(99) Vgl. Gerhard Wagner/Heinz Zipprian, »Wertfreiheit. Eine Studie zu Max Webers kulturwissenschaftlichem Formalismus«, in: *Zeitschrift für Soziologie*, 18, 1989, S. 4-15.

(100) WuG, S. 559（『支配の社会学』I、八五頁）。

(101) Vgl. Reinhard Bendix, »The Protestant Ethic—Revisited«, in: Bendix/Roth, *Scholarship and Partisanship: Essays on Max Weber*, a. a. O., pp. 308-310（『学問と党派性』、四一六—四二一頁）。Hartmut Lehmann, *Max Webers »Protestantische Ethik«. Beiträge aus der Sicht eines Historikers*, a. a. O., S. 14-15; Werner Gephart, *Gesellschaftstheorie und Recht*, a. a. O., S. 564-567.

(102) Georg Jellinek, *Die Erklärung der Menschen-und Bürgerrechte. Ein Beitrag zur modernen Verfassungsgeschichte*, 2. Aufl., Leipzig: Duncker & Humblot, 1904, S. 46（初宿正典編訳『イェリネック対ブトミー論争』みすず書房、一九九五年、九九頁）。

(103) Max Weber, »Die protestantische Ethik und der ›Geist‹ des Kapitalismus. II. Die Berufsidee des asketischen Protestantismus«, in: *Archiv für Sozialwissenschaft und Sozialpolitik*, 21, 1905, S. 43, Anm. 78. この一節は、一九二〇年の改訂の際に削除された。この削除はウェーバー研究においてひとつの謎とされてきた。しかし本研究の視角からすれば、この削除は、自然法をめぐる禁欲的プロテスタンティズムと「西洋」のズレと関係する。

(104) WuG, S. 360（『宗教社会学』、二八六頁）。全文は以下の通りである。「その際キリスト教が抱え込んでいる〔宗教と世俗の間の緊張関係という〕問題は、もちろんもっぱらキリスト教にのみ固有であるわけではないが、しかし一部は宗教内在的な理由で、一部は宗教外の理由で、こうした首尾一貫した問題構成にまで発展した。問題は、一方における宗教的啓示、他方における実定的政治的形態や行ないに対する自然法の位置である」。

(105) RS I, S. 76, Anm.（『プロ倫』、一二三頁）。ここにおける二重性は価値領域間の二重性であり、「対内道徳と対外道徳の二元論」とは区別して考えられなければならない（vgl. RS III, S. 357.『古代ユダヤ教』、八一五頁）。

(106) RS I, S. 100-101（『プロ倫』、一六六—一六七頁）。Vgl. Ernst Troeltsch, *Die Soziallehren der christlichen Kirchen und Gruppen*, 2, a. a. O., S. 661-666; Ralph C. Hancock, *Calvin and the Foundations of Modern Politics*, Ithaca/London: Cornell University Press, 1989, p. 91.

(107) RS I, S. 156, Anm. 2 (『プロ倫』、二七七頁)。この一節は基本的には「洗礼派」についてのものである。しかしこのことは、トミズムからルター主義を経てカルヴィニズムへと至る変化全体においても確認することができる。その際の論点は、一方における信仰の内面化と、他方における現世的義務の物象化である。こうした観点からすると、カルヴィニズムは近代社会にもっとも適合的な類型であり(vgl. RS I, S. 98.『プロ倫』、一六五頁)、カルヴィニズムにおける自然法もこうした連関において理解されるべきである。

(108) RS I, S. 109 (『プロ倫』、一八四頁)。

(109) RS I, S. 545-546 (『論選』、一一五—一一六頁)。

(110) Johannes Calvin, *Unterricht in der christlichen Religion* (*Institutio Christianae Religionis*), 3. Bd., übers. von Otto Weber, Neukirchen: Buchhandlung des Erziehungsvereins, 1938, 4. Buch, 20. Kap., 4, S. 632 (渡辺信夫訳『キリスト教綱要』新教出版社、一九六五年、二三六頁)。

(111) Vgl. Wolfgang Schwentker, *Max Weber in Japan*, a. a. O., S. 256.

(112) MWG II/5, S. 32-33. Vgl. RS I, S. 522 (『儒教と道教』、三九一頁)。WuG, S. 344-345, S. 611, S. 652, S. 675, S. 717 (『宗教社会学』、二五〇頁。『支配の社会学』I、二四四頁。『支配の社会学』II、三九三頁、四八〇頁、六二九頁)。ただしウェーバーは、ルターその人とルター派を明確に区別している。たとえば『職業としての政治』においてウェーバーはルターの言葉をとても共感的に引用している(PS, S. 559.『職業としての政治』、一〇三頁)。

(113) 柳父圀近『ウェーバーとトレルチ——宗教と支配についての試論』みすず書房、一九八三年、五六頁。

(114) RS I, S. 155, Anm. (『プロ倫』、二七五頁)。

(115) RS I, S. 235 (「教派」、一一二頁)。

(116) Vgl. WuG, S. 725 (『支配の社会学』II、六五五頁)。

(117) RS I, S. 99, Anm.=PE, S. 180, [187] (『プロ倫』、一七〇頁)。

(118) RS I, S. 99, Anm. (『プロ倫』、一六九頁)。

(119) RS I, S. 160=PE, S. 192, [341] (『プロ倫』、二八一頁)。Vgl. RS I, S. 101=PE, S. 181, [199], RS I, S. 174, Anm.=PE, S. 194, [368] (『プロ倫』、一六七頁、一七四頁)。

(120) Vgl. Arthur Mitzman, *The Iron Cage. An Historical Interpretation of Max Weber*, New York: Alfred A. Knopf, 1970, Kap. 9 (安藤英治訳『鉄の檻』創文社、一九七五年、第九章)。

(121) RS I, S. 553 (『論選』、一二九頁)。

(122) Vgl. Wolfgang Schluchter, *Religion und Lebensführung*, Bd. 2, a. a. O., S. 282.

(123) PS, S. 556 (『職業としての政治』、九七頁)。

(124) WuG, S. 718 (『支配の社会学』II、六三一頁)。Vgl. Otto Hintze, »Kalvinismus und Staatsräson in Brandenburg zu Beginn des 17. Jahrhunderts«, in: *Regierung und Verwaltung. Gesammelte Abhandlungen zur Staats-, Rechts- und Sozialgeschichte Preussens*, 2. Aufl., Göttingen: Vandenhoeck & Ruprecht, 1967, S. 255-312; Erwin Faul, *Der*

moderne Machiavellismus, Köln/Berlin: Kiepenheuer & Witsch, 1961, S. 110.

(125) WuG, S. 346-347（『宗教社会学』、二五五頁）。

(126) WuG, S. 357-358（『宗教社会学』、二八一―二八二頁）。

(127)「緊張関係を原理的かつ内面的に避けよう」とするピューリタニズムの試みは、ウェーバーによれば、「救済の原理的断念」である（RS I, S. 545-546.『論選』、一一五―一一六頁）。

(128) RS I, S. 115, Anm. 2（『プロ倫』、一九九頁）。

(129) RS I, S. 20（『プロ倫』、一八―一九頁）。

(130) Max Weber, »›Kirchen‹ und ›Sekten‹ in Nordamerika«, in: *Max Weber. Soziologie, weltgeschichtliche Analysen, Politik,* hrsg. von Johannes Winckelmann, 3. Aufl., Stuttgart: Kröner, 1964, S. 392-393. Vgl. Michael Walzer, *The Revolution of the Saints. A Study in the Origins of radical Politics,* Cambridge/Massachusetts: Harvard University Press, 1965.

(131) エリック・フェーゲリンは全体主義批判の文脈で「ピューリタニズムのケース」を取り上げている（vgl. Eric Voegelin, *Die Neue Wissenschaft der Politik,* a. a. O., Kap. V.『政治の新科学』、第五章）。

(132) RS II, S. 371（『ヒンドゥー教と仏教』、四七〇頁）。

(133) Stefan Breuer, »Der okzidentale Feudalismus in Max Webers Gesellschaftsgeschichte«, in: Wolfgang Schluchter (Hrsg.), *Max Webers Sicht des okzidentalen Christentums,* a. a. O., S. 463.

(134) Vgl. Marianne Weber, *Lebensbild,* S. 642（『マックス・ウェーバー伝』、四七一頁）。

(135) MWG I/10, S. 269（『ロシア革命論』I、一三三頁）。

(136) PS, S. 333（『政治論集』2、三六四頁）。

(137) Vgl. Wilhelm Hennis, *Max Webers Fragestellung,* a. a. O., S. 216-217（『マックス・ヴェーバーの問題設定』、二六三頁）。

(138) Mommsen, *Max Weber und die deutsche Politik 1890-1920,* a. a. O., S. 423（『マックス・ヴェーバーとドイツ政治』II、七〇八頁）。

(139) WuG, S. 2（『社会学の基礎概念』、一一頁）。また同様に「人権」という抽象的な概念は、ハンナ・アレントが難民に関して論じたように、それ自体では無力である（vgl. Hannah Arendt, *Elemente und Ursprünge totaler Herrschaft. Antisemitismus, Imperialismus, totale Herrschaft,* München/Zürich: Piper, 1986, Kap. 9. 大島通義、大島かおり訳『全体主義の起原』2、みすず書房、一九八一年、第五章。Giorgio Agamben, »Jenseits der Menschenrechte«, in: *Mittel ohne Zweck. Noten zur Politik,* Freiburg/Berlin: Diaphanes, 2001, S. 23-32. 高桑和巳訳『人権の彼方に――政治哲学ノート』以文社、二〇〇〇年）。

(140) ウェーバーの同時代人たちが当時、さまざまな領域でポリフォニーに関心を寄せたのは、おそらく偶然ではない。Vgl. Michail Bachtin, *Probleme der Poetik Dostoevskijs,* München: Hanser, 1971（望月哲男、鈴木淳一訳『ドストエフスキーの詩学』ちくま学芸文庫、一九九五年）。Paul Klee, *Tagebücher 1898-1918,* Köln: DuMont, 1957, S. 382-

383（南原実訳『クレーの日記』新潮社、一九六一年、四〇三―四〇五頁）。Hajo Duchting, *Paul Klee. Malerei und Musik*, München/New York: Prestel, 1997; Walter Biemel, »Bemerkungen zur Polyperspektivität bei Picasso«, a. a. O., S. 154-168.

(141) Marianne Weber, *Lebensbild*, S. 685（『マックス・ウェーバー伝』、五〇四頁）。

(142) Robert N. Bellah, *Tokugawa Religion*, a. a. O., p. xiv（『徳川時代の宗教』、一八頁）。丸山眞男はこの本の書評で「ウェーバー的論理の重大な誤用」という表現を用いて、この点を問題にしている（『丸山眞男集』第七巻、岩波書店、一九九六年、二八五頁）。

第Ⅴ章

(1) Sören Kierkegaard, *Furcht und Zittern*, Düsseldorf/Köln: Eugen Diederichs Verlag, 1950, S. 103（桝田啓三郎訳『おそれとおののき』白水社、一九六二年、一五三頁）。

(2) Carl Schmitt, *Der Begriff des Politischen*, 6. Aufl., Berlin: Duncker & Humblot, 1996, S. 35-36（田中浩、原田武雄訳『政治的なものの概念』未來社、一九七〇年、三〇頁）。

(3) ギュンター・ロースは、以下のように述べている。「またウェーバーは資本主義への敵対と、倫理的非合理性に堪えられないことを同一視する傾向にあったため、キリスト教的平和主義者も、社会主義革命家も、同じカテゴリーに押し込むことができるのである」（Günther Roth, »Max Webers zwei Ethiken und die Friedensbewegung damals und heute«, in: *Politische Herrschaft und persönliche Freiheit*, Frankfurt am Main: Suhrkamp, 1987, S. 207-208）。こうした解釈が冷戦状況によって強く規定されていることは明らかであろう。本章のひとつの目的は、こうした解釈枠組みを解体し、信条倫理と責任倫理という対概念をポスト冷戦状況において規定しなおすことである。

(4) WL, S. 505（『価値自由』、五四頁）。

(5) Vgl. WuG, S. 293, S. 324, S. 346（『宗教社会学』、一二五頁、二〇一頁、二五五頁）。RS I, S. 129, Anm.（『プロ倫』、二二九頁）。

(6) MWG I/10, S. 124（『ロシア革命論』I、二三頁）。

(7) WuG, S. 324（『宗教社会学』、二〇〇頁）。

(8) Vgl. RS III, S. 254, Anm., S. 263（『古代ユダヤ教』、五八四頁、六〇四頁）。

(9) WuG, S. 324（『宗教社会学』、二〇一頁）。

(10) WL, S. 505（『価値自由』、五三―五五頁）。

(11) MWG I/10, S. 124（『ロシア革命論』I、二三頁）。

(12) PS, S. 548（『職業としての政治』、八二頁）。

(13) WuG, S. 324（『宗教社会学』、二〇一頁）。

(14) Marianne Weber, *Lebensbild*, S. 376（『マックス・ウェーバー伝』、二八五頁）。

(15) PS, S. 555（『職業としての政治』、九六頁）。

(16) Vgl. PS, S. 553, S. 558（『職業としての政治』、九二頁、

一〇一頁)。信条倫理に関しては、本研究第Ⅶ章第四節も参照。

(17) WL, S. 149-150 (『価値自由』、三一—三二頁)。

(18) 同様のことが「目的合理性」の概念にも妥当する。『社会学の基礎概念』においてウェーバーは、以下のように定義している。「目的合理的に行為する人とは、自らの行為を目的、手段、副次的結果に準拠させ、その際、目的と手段、副次的結果と目的、そしてまた最後にさまざまな目的の相互関係をも合理的に秤量する人のことである。つまりいかなる場合にも、感情的(とくに、エモーショナル)あるいは伝統的に行為することのない人のことなのである」(WuG, S. 13.『社会学の基礎概念』、四一頁)。ここで定義された合理性は、所与の目的に対して最適な手段を適用するという意味ではない。ここでのポイントはむしろ「秤量」にある。「結果」という概念は、さまざまな価値の総体との関連で用いられているのである。そうであるからウェーバーは、目的合理性と価値合理性の違いを以下のように述べるのである。「目的合理性の立場から見ると、価値合理性はいつも非合理なものであり、行為が準拠する価値が絶対的な価値へと純化されればされるほど、ますます非合理になる。なぜなら価値合理性は、行為の固有の価値(純粋な信条、美、絶対的な善意、絶対的な義務感)のことしか考えなくなればなるほど、行為の結果を顧みなくなるからである」(WuG, S. 13.『社会学の基礎概念』、四一頁)。

(19) Ulrich Beck, *Die Erfindung des Politischen. Zu einer Theorie reflexiver Modernisierung*, Frankfurt am Main: Suhrkamp, 1993, S. 13.

(20) RS I, S. 101 (『プロ倫』、一六七頁)。

(21) 一八九四年七月二六日付けのマリアンネ宛の書簡において、ウェーバーは以下のように書いている。「親愛なるお子さまへ。君のお手紙は君がまだまだ精神的に低いレベルにあるということを物語っている。しかしその手紙は悪くない、そして健康だ。君がわたしのいる文化的なところに再びもどって来てくれて、アンケート調査や、キルケゴールや、ニーチェや、ジンメルで酷使した神経に一息いれてくれるまで、そのままでありますように」(Wilhelm Hennis, *Max Webers Fragestellung*, a. a. O., S. 172.『マックス・ヴェーバーの問題設定』、二一一頁より引用)。

(22) ウェーバーとルカーチの関係について、ホーニヒスハイムは以下のように述べている。「このふたりは相互にほんとうによく議論した。とりわけ美的な問題について。ルカーチのもともとの出発点は美的な関心であった。また実際、第二次世界大戦後には、ブダペスト大学で美学を講じている。ルカーチがハイデルベルクへ来て、ウェーバーを訪れる直前に、彼の『魂と形式』が出版された。ちなみにこの本は、ほとんど忘れさられていたキルケゴールを再生させた、最初の著作のひとつであった」(Paul Honigsheim, »Erinnerungen an Max Weber«, a. a. O., S. 186-187.『マックス・ヴェーバーの思い出』、四八—四九頁)。Vgl. Michael Löwy, *Georg Lukács: From Romanticism to Bolshevism*, London: NLB, 1979.

(23)　Marianne Weber, »Brief an Eric Voegelin vom 05. Februar 1936«, in: Eric Voegelin, *Die Grösse Max Webers*, a. a. O., S. 59-60.

(24)　RS I, S. 93（『プロ倫』、一五六頁）。

(25)　RS I, S. 94（『プロ倫』、一五七頁）。

(26)　RS I, S. 95（『プロ倫』、一五八頁）。

(27)　こうした「プロテスタンティズム的」個人主義に対して、しばしばいわゆる「アジア的」集団主義（Kollektivismus）が対置される。しかしながらこうした議論枠組みにおいては、個人主義という概念が孕む多様性がすべて軽視されてしまう。ウェーバーはプロテスタンティズム研究の註において、以下のように指摘している。「「個人主義」という語はおそろしく異質なものを内包している。［…］ルター派は、禁欲的な生活規制を知らないという理由で、言葉の別の意味においてではあるが「個人主義的」と呼ばれる。またたとえばディートリヒ・シェーファーは［…］、また別の意味において、中世を「顕著な個人性」の時代と呼んでいる。なぜなら中世においては、歴史家にとって重要な出来事にとって非合理的な要素がなお重要であり、今日はもはやそうではないからである。シェーファーの言うことは正しい。しかし、彼がその考察をぶつけている人々の言うこともおそらくまた正しい。なぜなら、両者は、「個人性」と「個人主義」を語りながら、まったく違ったものを考えているからである。――ヤコブ・ブルクハルトの独創的な定式化は今日部分的には時代遅れになっている。この概念の根本的な分析がいま再びなされるならば、これは学問的にもっとも価値のあるものになるであろう」（RS I, S. 95, Anm. 3.『プロ倫』、一六二―一六三頁）。Vgl. Louis Dumont, »The Modern Conception of the Individual. Notes on its Genesis«, in: *Contributions to Indian Sociology*, VIII, 1965, pp. 13-61 ; Masao Maruyama, »Patterns of Individuation and the Case of Japan. A conceptual Scheme«, in: Marius B. Jansen (ed.), *Changing Japanese Attitudes toward Modernization*, Princeton: Princeton University Press, 1965, pp. 489-531（『丸山眞男集』第九巻、三七七―四二四頁）。

(28)　RS I, S. 98（『プロ倫』、一六五頁）。

(29)　WuG, S. 332（『宗教社会学』、二二〇頁）。「中間考察」においてもウェーバーは、以下のように書いている。「典型的なピューリタンを評する際に用いられるのをつねとする「幸福な頑迷さ」をもって、世俗内禁欲は、その究極の意味は隠されてはいるが、神によって定められた被造物の合理的秩序に現存している実定的な神の意図を実行する」（RS I, S. 539-540.『論選』、一〇五頁）。Vgl. RS III, S. 328, S. 332（『古代ユダヤ教』、七五二頁、七六一頁）。

(30)　RS I, S. 69（『プロ倫』、一〇九頁）。

(31)　儒教とピューリタニズムの相違は、ウェーバーの比較文化社会学において、決定的に重要な対抗軸である。しかしこの際、ウェーバーは両者の共通性に注目し、「両者をその実際的な言い回しにおいて「合理主義的」と呼び」、「ともに「功利主義的」な結果を導き出す」と述べていることは見逃されてはならない（RS I, S. 528.『儒教と道教』、四〇〇頁）。ここでのポイントは、価値対立がないことと功利主義の連関である。禁欲的プロテスタンティズムにおいては、「功利主義以外の尺度はすべて欠いており、また放棄している」という意味での儒教的合理主義と「実践的合理主義の西洋的な類型」の相違がかすんでしまうのである（RS I, S. 266.『論選』、八二頁）。ウェーバーが功利主義に懐疑的なのは、そこに価値の緊張関係の喪失を見るからである。なお、ウェーバーは功利主義者であるJ・S・ミルにおける「多神論」の契機に注目している。ミルにおける功利主義と多神論の矛盾については、アイザイア・バーリンの研究を参照（Isaiah Berlin, »John Stuart Mill and the Ends of Life«, in: *Liberty*, Oxford: Oxford University Press, 2002, pp. 218-251. 小川晃一ほか訳「ジョン・スチュアート・ミルと生の目的」『自由論』みすず書房、一九九七年、三九三—四五一頁）。

(32) 禁欲的プロテスタンティズムが美的なものに対して抱く嫌悪感も、こうした枠組みにおいて理解することができよう。「学問以外の文学、さらには感覚芸術の領域においては、禁欲は霜が降るように、ありし日の愉しきイギリスの生活の上に降りしいた。［…］劇場はピューリタンにとってはいかがわしいものであり、性的なものや裸体はできるかぎり締め出され、文学や芸術においてこれ以上過激なものはなかった」（RS I, S. 185-187.『プロ倫』、三三一—三三二頁）。

(33) WuG, S. 357（『宗教社会学』、二八〇頁）。

(34) Sören Kierkegaard, *Entweder-Oder*, München: Deutscher Taschenbuch Verlag, 1988, S. 715-716（浅井真男訳『あれか、これか 第二部』下、白水社、一九六五年、二六—二七頁）。

(35) Carl Schmitt, *Politische Romantik*, 3. Aufl., Berlin: Duncker & Humblot, 1968, S. 95-96（大久保和郎訳『政治的ロマン主義』みすず書房、一九七〇年、八〇頁）。

(36) WL, S. 418.

(37) 本研究第Ⅲ章第四節（2）を参照。Vgl. auch Matti Viikari, »Max Weber, der okzidentale Rationalismus, der Feudalismus und das europäische Mittelalter«, in: Jürgen Kocka (Hrsg.), *Max Weber, der Historiker*, Göttingen: Vandenhoeck & Ruprecht, 1986, S: 158-172; Stefan Breuer, »Der okzidentale Feudalismus in Max Webers Gesellschaftsgeschichte«, in: Wolfgang Schluchter (Hrsg.), *Max Webers Sicht des okzidentalen Christentums*, a. a. O., S. 437-475; Gianfranco Poggi, »Max Webers Begriff des okzidentalen Feudalismus«, in: ebd., S. 476-497.

(38) こうした視座はフリードリヒ・シラーにおいても見出せる。彼において美と政治は、「美的国家」という形で結びつく。その結節点に位置するのが、この「遊戯」ないし「遊戯衝動」なのである（vgl. Friedrich Schiller, *Über die ästhetische Erziehung des Menschen in einer Reihe von Briefen*, Stuttgart: Reclam, 2002. 石原達二訳「人間の美的教育について——一連の書簡」『美学芸術論集』冨山房百科文庫、一九七七年、八三—二二四頁）。

(39) WuG, S. 651（『支配の社会学』Ⅱ、三九〇頁）。

(40) WuG, S. 651（『支配の社会学』Ⅱ、三九〇頁）。「官僚

制的な構造の「専門教育」のまさに対極をなす」封建制における教育を、ウェーバーは「音楽的」と呼んでいる（WuG, S. 639-640.『支配の社会学』Ⅱ、三五三―三五四頁）。

（41）WuG, S. 651（『支配の社会学』Ⅱ、三九一頁）。

（42）WuG, S. 651（『支配の社会学』Ⅱ、三九〇頁）。同様のことが禁欲的プロテスタンティズムにも妥当する。なぜなら、すでに述べたように、「自分の存在を機能的に、ある「使命」、つまり目的的に遂行されるべきひとつの「理念」に奉仕する手段として見」ようとする点において、イスラムとプロテスタンティズムには違いがないからである（WuG, S. 651.『支配の社会学』Ⅱ、三九〇頁）。

（43）WuG, S. 636（『支配の社会学』Ⅱ、三四五―三四六頁）。

（44）Vgl. Georg Lukács, *Die Zerstörung der Vernunft*, a. a. O., S. 386-401（『理性の破壊』下、三九―六一頁）。Murray S. Davis, »Georg Simmel and the Aesthetics of Social Reality«, in: *Social Forces*, 51, 1973, pp. 320-329 ; Sibylle Hübner-Funk, »Ästhetizismus und Soziologie bei Georg Simmel«, in: Hannes Böhringer/Karlfried Gründer (Hrsg.), *Ästhetik und Soziologie um die Jahrhundertwende: Georg Simmel*, Frankfurt am Main: Vittorio Klostermann, 1976, S. 44-58.

（45）Simmel, *Philosophie des Geldes*, GSG 6, S. 691（居安正訳『貨幣の哲学』白水社、一九九九年、五五九頁）。

（46）WL, S. 97, Anm. 1（『ロッシャーとクニース』二、五七頁）。

（47）Simmel, »Die Probleme der Geschichtsphilosophie (1905/1907)«, in: GSG 9, S. 276-277（生松敬三、亀尾利夫訳『ジンメル著作集1　歴史哲学の諸問題』白水社、一九九四年、七三頁）。ジンメルはまた『貨幣の哲学』において自然主義について論じ、「自然主義ですら、印象の直接性をまったく特定の前提と要請から構成し、作り替えている」と指摘している（Simmel, *Philosophie des Geldes*, GSG 6, S. 659.『貨幣の哲学』、五三四頁）。

（48）Alessandro Cavalli, »Max Weber und Georg Simmel: Sind die Divergenzen wirklich so groß?«, in: Wagner/Zipprian (Hrsg.), *Max Webers Wissenschaftslehre*, a. a. O., S. 236. Vgl. Klaus Lichtblau, »Kausalität oder Wechselwirkung? Max Weber und Georg Simmel im Vergleich«, in: ebd., S. 535-537.

（49）WL, S. 214（『客観性』、一六〇頁）。

（50）WL, S. 247（「マイヤー」、七四―七五頁）。しかしながら、ウェーバーにおいて、学問と芸術は決してひとつに融合してしまってはいない（vgl. WL, S. 592.『職業としての学問』、二九頁）。

（51）WuG, S. 1（『社会学の基礎概念』、八頁）。また『理解社会学のカテゴリー』においては、以下のように書いている。「定式化が瑣事にわたって煩雑になっているのは、主観的に思われた意味を客観的に妥当する意味から厳密に区別しようとしたからである。この点においてジンメルの方法とは部分的に異なっている」（WL, S. 427, Anm. 1.『理解社会学のカテゴリー』、七頁）。

（52）Johannes Weiß, »Georg Simmel, Max Weber und die

›Soziologie‹«, in: Otthein Rammstedt (Hrsg.), *Simmel und die frühen Soziologen. Nähe und Distanz zu Durkheim, Tönnies und Max Weber*, Frankfurt am Main: Suhrkamp, 1988, S. 53. という した解釈を引き継ぐ形で、Duk-Yung Kim はその教授資格論文で、ゲオルク・ジンメルとマックス・ウェーバーの関係を「世界考察の汎神論vs.科学的世界認識」という枠組みで解釈している (Duk-Yung Kim, *Georg Simmel und Max Weber. Über zwei Entwicklungswege der Soziologie*, Opladen: Leske+Budrich, 2002)。Vgl. Marianne Weber, *Lebensbild*, S. 326 (『マックス・ウェーバー伝』、二四七頁)。

(53) Max Weber, »Georg Simmel als Soziologe und Theoretiker der Geldwirtschaft«, in: *Simmel Newsletter*, 1, 1991, S. 11 (小島定、高城和義訳「社会学者および貨幣経済の理論家としてのゲオルク・ジンメル」『思想』九一〇号、二〇〇〇年四月、六〇頁)。

(54) Vgl. Georg Simmel, »Persönliche und sachliche Kultur«, in: GSG 5, S. 560-582.

(55) Ebd., S. 561. ウェーバーもジンメルが主観的次元と客観的次元を区別していたことはよくわかっている。彼は『ロッシャーとクニース』において、以下のように述べている。「ジンメルの功績としてまず挙げられることは、「理解」という概念——それを「内的」経験には与えられない現実の「把握」に対置せしめるならば——が包摂しうるところのもっとも広い範囲のなかで、ある表出の意味の客観的な「理解」を、(話をしたり行為したりする) 人間の動機の主観的な「解明」から明瞭に区別したことである」(WL, S. 93.『ロッシャーとクニース』二、四八頁)。Vgl. Simmel, »Die Probleme der Geschichtsphilosophie (1905/1907)«, in: GSG 9, S. 263 (『ジンメル著作集1 歴史哲学の諸問題』、五二—五三頁)。

(56) Vgl. Friedrich Nietzsche, »Die Geburt der Tragödie«, in: KSA 1, S. 47.「美的な現象としてのみ、存在と世界は永遠に是認せられる」(塩屋竹男訳『悲劇の誕生』ちくま学芸文庫、一九九三年、六〇頁)。

(57) David P. Frisby, »Georg Simmels Theorie der Moderne«, in: Heinz-Jürgen Dahme/Otthein Rammstedt (Hrsg.), *Georg Simmel und die Moderne*, Frankfurt am Main: Suhrkamp, 1984, S. 16.

(58) Klaus Lichtblau, »Kausalität oder Wechselwirkung? Max Weber und Georg Simmel im Vergleich«, in: Wagner/Zipprian (Hrsg.), *Max Webers Wissenschaftslehre*, a. a. O., S. 547.

(59) Simmel, »Soziologische Aesthetik«, in: GSG 5, S. 199. Vgl. Simmel, »Vom Pantheismus«, in: GSG 7, S. 84.「わたしたちの関心やわたしたちの内的な生の躍動が事物によってひき起こされるならば、こうした事物の形式ないしこうした事物へのわたしたちの関係はひとつの浸透する原理に服しているに違いないと思われる。差異は存在するし、区別された特質によってそれらは対峙することは間違いない。[しかし] それらはわたしたちのなかに相互作用する感性を呼び起こすのである」。

(60) 『貨幣の哲学』の初版の「序言 (Vorrede)」において、

ジンメルは「経験的汎神論」という表現を用いている。Simmel, *Philosophie des Geldes,* GSG 6, S. 732. Vgl. Barbara Aulinger, *Die Gesellschaft als Kunstwerk. Fiktion und Methode bei Georg Simmel,* Wien: Passagen Verlag, 1999, S. 145.

(61)　Vgl. Max Weber, »Georg Simmel als Soziologe und Theoretiker der Geldwirtschaft«, a. a. O., S. 10-11（「社会学者および貨幣経済の理論家としてのゲオルク・ジンメル」、五九―六〇頁）。

(62)　Vgl. Hannes Böhringer, »Die ›Philosophie des Geldes‹ als ästhetische Theorie. Stichworte zur Aktualität Georg Simmels für die moderne bildende Kunst«, in: Dahme/Rammstedt (Hrsg.), *Georg Simmel und die Moderne,* a. a. O., S. 178.

(63)　WL, S. 603-605（『職業としての学問』、五五―五七頁）。「ふたつの律法の間」（一九一六年）においても、ウェーバーは以下のように書いている。「冷静な老経験主義者ジョン・スチュアート・ミルは、純粋に経験だけから出発するならば、人はひとりの神に至ることはなく――少なくともひとりの善の神に至ることはないとわたしには思われるが――、そうではなく多神論に到達すると言っている。実際、（キリスト教的な意味での）「世界」に住まうものは、複数の価値系列――それぞれひとつひとつを見れば、義務を負っているように思われる――の間の闘争以外のものをそもそも経験できないのである」（PS, S. 145.『政治論集』1、一六四頁）。Vgl. Wolfgang Schluchter, *Religion und Lebensführung,* Bd. 1, a. a. O., S. 281-282.

(64)　WL, S. 507（『価値自由』、五九頁）。

(65)　WL, S. 507（『価値自由』、五九頁）。

(66)　ウェーバーにおける「経験的」考察はすでに、こうした多神論的な前提をもっている。このことは、以下の一節にも現れている。「（1）不可避的な諸手段、（2）不可避的な副次的諸結果、（3）これらによって条件づけられたいくつかの可能な価値評価相互間の実際上の諸帰結における競合、経験的科学がその手段でもって示すことができるのは、この（1）（2）（3）だけである」（WL, S. 508.『価値自由』、六一頁）。

(67)　WL, S. 433（『理解社会学のカテゴリー』、一二頁）。

(68)　WL, S. 433（『理解社会学のカテゴリー』、一二―一三頁）。

(69)　WuG, S. 259（『宗教社会学』、三八―三九頁）。「中間考察」においてウェーバーは、この同じ「脱魔術化」を自然科学的合理化と宗教的合理化の対立という枠組みにおいて論じている。「合理的に経験的な認識が世界の脱魔術化と因果的メカニズムへの変容を一貫して成し遂げてしまうと、世界は神が秩序を与えた、したがって、なんらかの倫理的な意味をおびる方向づけをもつコスモスである、という倫理的要請から発する諸要求との緊張関係はますます決定的となっていく」（RS I, S. 564.『論選』、一四七頁）。Vgl. WuG, S. 308（『宗教社会学』、一六〇頁）。WL, S. 333（「シュタムラー」、四二頁）。ここにおいてもまた、議論の焦点は価値の間の緊張関係にあり、ここから主観的意味と客観的意味の対立が出てきているのである。

(70)　WuG, S. 259（『宗教社会学』、三八頁）。

(71) WL, S. 603(『職業としての学問』、五三頁)。
(72) WL, S. 434(『理解社会学のカテゴリー』、二四—二五頁)。「ニーチェのルサンチマンの理論」や「経済的唯物論の理論」に関しても、ウェーバーは、「このような場合においてはしばしば容易に、(そうと気づかれていなくても)主観的に合理的なものと、客観的に整合合理的なものとが、必ずしも鮮明とは言えない関係の中に置かれてしまう」と述べている(WL, S. 434.『理解社会学のカテゴリー』、二五—二六頁)。
(73) ボードレールとニーチェの関係については、以下を参照。Karl Pestalozzi, »Nietzsches Baudelaire-Rezeption«, in: *Nietzsche-Studien*, 7, 1978, S. 158-178.
(74) Charles Baudelaire, *Die Blumen des Bösen*, Stuttgart: Reclam, 1998, S. 49(阿部良雄訳『ボードレール全集1 悪の華』筑摩書房、一九八三年、四八—四九頁)。
(75) Ebd., S. 369(同上、三六五頁)。Vgl. Charles Baudelaire, »Neue Anmerkungen zu Edgar Poe«, in: *Vom Sozialismus zum Supranaturalismus/Edgar Allan Poe. 1847-1857*, Sämtliche Werke/Briefe, Bd. 2, München/Wien: Carl Hanser Verlag, 1983, S. 357(阿部良雄訳「エドガー・ポーに関する新たな覚書」『ボードレール批評』3、ちくま学芸文庫、一九九九年、一四四頁)。
(76) Charles Baudelaire, »Théophile Gautier«, in: *Aufsätze zur Literatur und Kunst. 1857-1860*, Sämtliche Werke/Briefe, Bd. 5, München/Wien: Carl Hanser Verlag, 1989, S. 93(「テオフィール・ゴーティエ」『ボードレール批評』3、一九一頁)。
(77) Jürgen Habermas, »Die Moderne—ein unvollendetes Projekt«, a. a. O., S. 445(『近代——未完のプロジェクト』、七頁)。
(78) Ebd., S. 452(同上、二一—二二頁)。
(79) 『コミュニケイション的行為の理論』においてハーバーマスは、ウェーバーがボードレールに言及した一節を引用しながら、以下のように論じている。「理性それ自体が複数の価値領域へと分解し、それ自身の普遍性を否定する」(Jürgen Habermas, *Theorie des kommunikativen Handelns*, Bd. 1, a. a. O., S. 337.『コミュニケイション的行為の理論』上、三三九頁)。
(80) Charles Baudelaire, »Der Maler des modernen Lebens«, in: *Aufsätze zur Literatur und Kunst 1857-1860*, Sämtliche Werke/Briefe, Bd. 5, a. a. O., S. 226(阿部良雄訳「現代生活の画家」『ボードレール批評』2、ちくま学芸文庫、一九九九年、一六九頁)。
(81) Simmel, »Die Kunst Rodins und das Bewegungsmotiv«, in: GSG 12, S. 34-35.
(82) Vgl. Werner Gephart, *Bilder der Moderne. Studien zu einer Soziologie der Kunst- und Kulturinhalte*, Opladen: Leske + Budrich, 1998, S. 38-40.
(83) Vgl. David Frisby, *Fragmente der Moderne. Georg Simmel-Siegfried Kracauer-Walter Benjamin*, Rheda-Wiedenbruck: Daedalus Verlag, 1989.
(84) David Frisby, »Georg Simmels Theorie der Moderne«, a.

a. O., S. 16.

(85) Vgl. Jürgen Habermas, »Simmel als Zeitdiagnostiker«, in: Georg Simmel, *Philosophische Kultur. Über das Abenteuer, die Geschlechter und die Krise der Moderne*, Berlin: Wagenbach, 1998, S. 7-17.

(86) David Frisby, »Goerg Simmels Theorie der Moderne«, a. a. O., S. 15-16. Vgl. Frisby, »Die Ambiguität der Moderne: Max Weber und Georg Simmel«, in: Mommsen/Schwentker (Hrsg.), *Max Weber und seine Zeitgenossen*, a. a. O., S. 589-590（三浦典子訳「近代の多義性――ゲオルク・ジンメルとマックス・ヴェーバー」『マックス・ヴェーバーとその同時代人群像』、三八一頁）。

(87) Frisby, »Georg Simmels Theorie der Moderne«, a. a. O., S. 69. しかしながらハーバーマスがボードレールを例にとりながら発展させた分化理論と、フリスビーが主張する美的な近代理解とは、フリスビーが考えるほど矛盾してはいないと言えるかもしれない。社会の多元化や分化がなければ、近代をフリスビー的な意味で美的にとらえるということはそもそも不可能なはずである。

(88) WL, S. 603-604（『職業としての学問』、五四頁）。他の箇所でウェーバーがボードレールを引用する際には、「魂の聖なる売淫」という言葉を用いている。Vgl. RS I, S. 546.『論選』、一一六頁。WuG, S. 355.『宗教社会学』、二七六頁。SS, S. 467. Vgl. Nietzsche, »Jenseits von Gut und Böse«, Aph. 39, in: KSA 5, S. 56-57（信太正三訳『善悪の彼岸／道徳の系譜学』ちくま学芸文庫、一九九三年、七七―七八頁）。「愛すべき「理想主義者」は［…］善・真・美に酔いしれ、その池にありとあらゆる種類の色とりどりの、不様な、お人好しの願望をごちゃごちゃと泳がせる。［…］たとえあるものが極度に有害かつ危険であろうとも、それが真でないわけではない。人がその完全な認識のゆえに破滅するということは、現存在の根本性格であるとすら言えるであろう。［…］真理のある部分の発見のためには悪人や不幸な人のほうがいっそう有利であり、成功する確率がより大きいということは疑いえないのである」。

(89) Vgl. Lewis A. Coser, *Theorie sozialer Konflikte*, Neuwied/Berlin: Luchterhand, 1972; Ralf Dahrendorf, »Die Funktionen sozialer Konflikte«, in: *Pfade aus Utopia. Arbeiten zur Theorie und Methode der Soziologie*, München: Piper, 1968, S. 263-277; 長谷川公一『紛争の社会学』放送大学教育振興会、二〇〇四年。

(90) Simmel, *Soziologie*, GSG 11, S. 284-285（居安正訳『社会学――社会化の諸形式についての研究』上、白水社、一九九四年、二六三頁）。

(91) Simmel, *Soziologie*, GSG 11, S. 284（同上、二六二頁）。

(92) Vgl. Helmut Dubiel, »Integration durch Konflikt?«, in: Jürgen Friedrichs/Wolfgang Jagodzinski (Hrsg.), *Soziale Integration*, KZfSS Sonderheft, Opladen/Wiesbaden: Westdeutscher Verlag, 1999, S. 132-143.

(93) Simmel, *Soziologie*, GSG 11, S. 286（『社会学』上、二六三―二六四頁）。

(94) Simmel, »Michelangelo«, in: GSG 14, S. 317（円子修平、

大久保健治訳『ジンメル著作集7　文化の哲学』白水社、一九九四年、一七四頁）。

(95) WuG, S. 20（『社会学の基礎概念』、六二頁）。

(96) Vgl. Werner Gephart, *Handeln und Kultur*, a. a. O., S. 78-83.

(97) Simmel, »Lebensanschauung. Vier metaphysische Kapitel«, in: GSG 16, S. 217-218（茅野良男訳『ジンメル著作集9　生の哲学』白水社、一九九四年、一七頁）。

(98) RS I, S. 537（『論選』、一〇〇頁）。

(99) こうした問題は、第Ⅵ章と第Ⅶ章において追究する。存在論的な前提は、それが存在論的であるかぎりにおいて、それ以上遡ることはできないと言えるかもしれない。しかしそうした前提の起源（第Ⅵ章）、および社会理論としての意義（第Ⅶ章）については考察可能であろう。

(100) WuG, S. 20（『社会学の基礎概念』、六三頁）。

(101) RS I, S. 413（『儒教と道教』、二〇八頁）。

(102) RS I, S. 420（『儒教と道教』、二一八頁）。

(103) Vgl. Werner Gephart, »Religion und Ästhetik. Zur Soziologie der Kunst im Werk Max Webers«, in: *Handeln und Kultur*, a. a. O., S. 121-144.

(104) PS, S. 522（『職業としての政治』、三六頁）。Vgl. RS I, S. 420（『儒教と道教』、二一八頁）。「社会倫理的な有能さという意味での「善」に霊が報いるということは、遅くとも漢代以来、読書人の不動の信念であった。古典的（カノン的）な美によって調節された善が、自己完成の目標だったのである。カノンにかなって完成された美的な業績は、最高の試験資格証明の究極の尺度であり、どの学生にとっても憧れであった。完全な読書人、すなわち（最高学位の獲得による）「桂冠詩人」となることが、李鴻章の若き日の名誉欲であった。彼が達人的な書家であり、古典、とりわけ孔子の『春秋』［…］を逐語的に暗誦できることが、彼の誇りであったし、また彼の叔父にとっては、『春秋』の暗誦を試験したあと、彼の若い頃の不徳を許して、官職を斡旋する機縁になった」。

(105) RS I, S. 449（『儒教と道教』、二六八頁）。

(106) RS I, S. 535（『儒教と道教』、四一〇頁）。

(107) PS, S. 522（『職業としての政治』、三六頁）。

(108) RS I, S. 439（『儒教と道教』、二五四頁）。

(109) RS I, S. 348（『儒教と道教』、一〇二頁）。

(110) RS I, S. 204（『プロ倫』、三六六頁）。この一節はたしかに、ニーチェ的な近代の診断であると言える。しかしこれが、ウェーバーの中国的な秩序の分析と一致している点は、見逃されてはならない。実際、一九〇五年の時点においては、「機械化された石化」ではなく、「中国的な石化」という表現が用いられていた。Vgl. PE, S. 202 [442].

(111) RS I, S. 439（『儒教と道教』、二五五頁）。

(112) RS I, S. 439（『儒教と道教』、二五四頁）。「(芸術を「科学」と同じ地位にまで）高める」ということに関しては、『職業としての学問』においても論じられている。ウェーバーはこの際には、「レオナルド・ダ・ヴィンチの『絵画論』」に言及している（WL, S. 597.『職業としての学問』、三九頁）。Vgl. Lionardo da Vinci, *Das Buch von der Malerei,*

Wien : Wilhelm Braumüller, 1882, S. 10-11（杉浦明平訳『レオナルド・ダ・ヴィンチの手記』上、岩波文庫、一九五四年、一九一―一九二頁）。ただし「芸術を「科学」と同じ地位にまで高める」というのは、芸術が一人勝ちすることを意味しない。科学が芸術を凌駕するのでも、芸術が科学をその位においてしのぐのでもなく、あくまで同列に置かれるというのである。こうした点に関して、ヤスパースがダ・ヴィンチ（とウェーバー）を「分裂する人（Fragmentarier）」と呼んでいるのは興味深い。Vgl. Karl Jaspers, *Lionardo als Philosoph*, Bern : Francke, 1953（藤田赤二訳『リオナルド・ダ・ヴィンチ――哲学者としてのリオナルド』理想社、一九五八年）。Ders., *Max Weber*, a. a. O., S. 40（『マックス・ウェーバー』、一三一頁）。

(113) Martin Heidegger, *Nietzsche : Der Wille zur Macht als Kunst*, a. a. O., S. 234（『ニーチェ』I、二六一頁）。

(114) RS I, S. 439（『儒教と道教』、二五五頁）。

(115) PS, S. 347（『政治論集』2、三七九―三八〇頁）。

(116) これまでほとんど注目されてこなかったが、ウェーバーは、デマゴーグが成立したのは西洋においてのみであると言っている。「西洋に固有であるのは［…］まず、自由な「デマゴーグ」という形で登場した政治指導である。「デマゴーグ」は西洋、とりわけ地中海文化に特有な都市国家という土壌においてのみで育った。そしてまた同じく西洋においてのみ根をはった立憲国家という土壌において育った「政党指導者」という形の政治指導も西洋に固有のものである」（PS, S. 508.『職業としての政治』、一二頁）。デマゴーグが登場するような意味での政治は、中国的な秩序においても、インド的な秩序においても考えられない。こうした意味で、「西洋」文化というのは厳密な意味において「政治的」であると言うことができる。Vgl. PS, S. 525（『職業としての政治』、四二頁）。WL, S. 483 ; RS III, S. 281-292（『古代ユダヤ教』、六四七―六七二頁）。ウェーバーのデマゴーグ論に関しては、以下の研究がある。Jürgen Deininger, »Antike und Gegenwart im Begriff des ›Demagogen‹ bei Max Weber«, in: *Chiron. Mitteilungen der Kommission für alte Geschichte und Epigraphik des deutschen archäologischen Instituts*, 2002, Bd. 32, S. 97-119. しかしダイニンガーも、「西洋にのみ」という論点には踏み込んでいない。

(117) WL, S. 153（『客観性』、三九頁）。一九〇七年九月一三日付けのエルゼ・ヤッフェ宛の書簡では、以下のように書かれている。「専門知は技術であり、技術的な手段を教える。しかし価値が争われているところにおいては、問題はまったく別の、いかなる「学問」ともかけ離れた精神の地平に投影されるのです」（MWG II/5, S. 403）。

(118) たしかにジンメルは「闘争」の章でインド社会に言及している。しかしインド社会についてのアナロジー的な分析では、ウェーバーがえぐり出したようなカースト制の特徴は看過されてしまう。ジンメルは以下のように記述している。「他方において、敵対のまったく積極的で、統合的な役割が現れるのは、社会的区分と階梯が明確であり、かつ慎重にその純粋さが維持されていることによって特徴づけられるような構造の場合である。インドの社会システムはカーストのヒエラルヒーだけでなく、その相互の反撥にも直接、基づいているのである」(GSG 11, S. 288.『社会学』上、二六六頁)。

(119) RS I, S. 5. Anm.(『論選』、一二三頁)。

(120) Simmel, »Die Religion«, in: GSG 10, S. 43-45.

(121) Platon, »Euthyphron«, in: *Werke*, Bd. 1, Darmstadt: Wissenschaftliche Buchgesellschaft, 1977, S. 369(今林万里子訳「エウテュプロン――敬虔について」『プラトン全集』1、岩波書店、一九七五年、一九―二〇頁)。

(122) マックス・ウェーバーとシュテファン・ゲオルゲの対立関係がもっとも鮮明に現れるのは、まさにこうしたプラトニズムをめぐってである。上山安敏『神話と科学――ヨーロッパ知識社会　世紀末～二〇世紀』岩波書店、一九八四年を参照。

(123) ジンメルの美学主義への批判は、多くの場合、「社会的現実の道徳的内容」の喪失を問題にするものである。たとえばジビーレ・ヒュープナー・フンクは以下のように述べている。「たとえばナチの人種論の理論的正当化は、かなりのところ、階級闘争の美学化、すなわち社会問題を匂いや美しさという問題の水準で扱うということから由来している。ヒトラーの綱領『我が闘争』には、これについての多くの証拠が見出せる」(Sibylle Hübner-Funk, »Ästhetizismus und Soziologie bei Georg Simmel«, a. a. O., S. 49)。

(124) Carl Schmitt, »Das Zeitalter der Neutralisierungen und Entpolitisierungen«, in: *Der Begriff des Politischen*, a. a. O., S. 83(田中浩、原田武雄訳「中性化と非政治化の時代」『合法性と正当性』未來社、一九八三年、一五〇頁)。

(125) カール・シュミットは「友敵」の概念によって政治を特徴づけようとするが、この際、彼にとって問題であったのは、政治の美学化によって脅かされてしまう道徳的決断であった。シュミットは政治を擁護するという形をとって、道徳的「真剣さ(Ernst)」を救い出そうとしているのである。レオ・シュトラウスは端的に「政治的なものの肯定は[シュミットの場合]結局のところ道徳的なものの肯定以外のなにものでもない」と述べている(Leo Strauss, »Anmerkungen zu Carl Schmitt, Der Begriff des Politischen«, in: *Hobbes' politische Wissenschaft und zugehörige Schriften-Briefe*, a. a. O., S. 233.『ホッブズの政治学』、二三二頁)。Vgl. Schmitt, »Hinweisen«, in: *Der Begriff des Politischen*, a. a. O., S. 120. シュトラウスとシュミットの関係については、飯島昇藏「戦間期のレオ・シュトラウス――「政治的なもの」との出会い」、飯島昇藏編『両大戦間期の政治思想』新評論、一九九八年、一八二―二〇七頁を参照。

(126) Schmitt, *Der Begriff des Politischen*, a. a. O., S. 36(『政治的なものの概念』、三〇頁)。Vgl. ders., *Politische Romantik*, a. a. O., S. 21(『政治的ロマン主義』、二三頁)。脇圭平はウェーバーを「バランシング・シンカー」と呼んでいる(『知識人と政治――ドイツ・一九一四～一九三三』岩波新書、一九七三年、一九〇―一九二頁)。本研究の立場からすれば、こうした特徴づけは、ウェーバーの思想と美学主義の差異をぼかしてしまう点において、問題がないわけではない。

(127) Wolfgang Schluchter, *Rationalismus der Weltbeherrschung*, a. a. O., S. 56（『現世支配の合理主義』、一一七頁）。しかしシュルフターはのちに「倫理の類型論」に取り組んだ際、「形式的信条倫理と形式的責任倫理の「同格性」」という結論に至っている。そして「以上のことは、信条倫理と責任倫理の間の厳格な階級序列から離れるということを意味する」と述べている（Schluchter, *Religion und Lebensführung*, Bd. 1, a. a. O., S. 274.『信念倫理と責任倫理』、一〇八頁、一二六頁）。シュルフターの解釈への批判としては、大林信治『マックス・ウェーバーと同時代人たち――ドラマとしての思想史』岩波書店、一九九三年、一六三―一六六頁も参照。

(128)「自由浮動性と責任倫理」については、秋元律郎、澤井敦『マンハイム研究――危機の理論と知識社会学』早稲田大学出版部、一九九二年、一二二―一三一頁を参照。

(129) Vgl. Karl Mannheim, *Ideologie und Utopie*, 6. Aufl., Frankfurt am Main : Verlag G. Schulte-Bulmke, 1978, S. 166-167（高橋徹、徳永恂訳「イデオロギーとユートピア」『世界の名著　マンハイム・オルテガ』中央公論社、一九七一年、三〇八頁）。「運命倫理」とは――マンハイムの説明によれば――「高次の見通しがたい諸力の命令に従う」ことを本質とする倫理のことである。信条倫理はこのような運命倫理を突破することによってはじめて成立するとされる。

(130) Ebd., S. 167（同上、三〇八頁）。この際、注目すべきは、「自由に浮動するインテリゲンチャ」や「知識社会学」による「総合」ないし「動的媒介」というマンハイムの議論がきわめて密接に美的なものとつながっているという点である。彼の思考はロマン主義に遡ることができる。彼も「動的な媒介という要求に関しては、すでにロマン主義が、その社会的位置に基づいて、この要求をプログラムの中核にしていた」（ebd., S. 141. 同上、二七七頁）と書いている。マンハイムはそうであるからウェーバーの責任倫理も、分化した諸要素のコンポジションという意味での美的なものとの関係において理解するのである。

(131) PS, S. 551（『職業としての政治』、八九頁）。

(132) WL, S. 505（『価値自由』、五五頁）。Vgl. WL, S. 515（『価値自由』、七六頁）。

(133) 同様のことが、ハンナ・アレントにも妥当する。アレントは、良心や真理が「人間の条件」としての複数性を脅かすとしながらも、良心や真理を否定するのではなく、むしろそれらが逆説的にもつ「最高度の政治的性格」を指摘するのである。千葉眞『アーレントと現代――自由の政治とその展望』岩波書店、一九九六年、七六頁を参照。

(134) Vgl. Karl Löwith, *Von Hegel zu Nietzsche. Der revolutionäre Bruch im Denken des neunzehnten Jahrhunderts*, Hamburg : Felix Meiner, 1995（柴田治三郎訳『ヘーゲルからニーチェへ――十九世紀の思想における革命的決裂　マルクスとキルケゴール』Ⅰ・Ⅱ、岩波書店、一九五二、一九五三年）。

(135) Vgl. Theodor W. Adorno, *Kierkegaard. Konstruktion des Ästhetischen*, Frankfurt am Main : Suhrkamp, 1974, S. 163（山本泰生訳『キルケゴール――美的なものの構築』みすず書

房、一九九八年、一七六頁)。

(136) Georg Simmel, »Böcklins Landschaften«, in: GSG 5, S. 101 (川村二郎訳『ジンメル著作集10　芸術の哲学』白水社、一九九四年、一九頁)。

(137) Vgl. Kierkegaard, *Entweder-Oder*, a. a. O., S. 24-25 (浅井真男訳『あれか、これか　第一部』上、白水社、一九六三年、二九頁)。「この本が読み終えられると、AとBは忘れられ、ひたすらふたつの人生観だけが対立しあい、特定の人格のなかにおいて最終的な決断を期待しないのである」。

(138) Vgl. Eric Voegelin, *Die Neue Wissenschaft der Politik*, a. a. O., S. 37 (『政治の新科学』、三一頁)。

(139) WL, S. 514 (『価値自由』、七三—七四頁)。

第 VI 章

(1) Aby Warburg, »Francesco Sassettis letztwillige Verfügung« (1907), in: *Die Erneuerung der heidnischen Antike. Kulturwissenschaftliche Beiträge zur Geschichte der europäischen Renaissance*, Gesammelte Schriften, Abt. 1, Bd. 1, Berlin: Akademie Verlag, 1998, S. 154 (伊藤博明ほか訳『ヴァールブルク著作集2　フィレンツェ市民文化における古典世界』ありな書房、二〇〇四年、一四八頁)。

(2) Vgl. Paul Honigsheim, »Max Weber als Soziologe. Ein Wort zum Gedächtnis«, in: KZfSS, Sonderheft 7, 1963, S. 89 (『マックス・ウェーバーの思い出』、二一〇頁)。

(3) Leo Strauss, *Naturrecht und Geschichte*, a. a. O., S. 67 (『自然権と歴史』、七四頁)。

(4) Ebd., S. 73 (同上、八〇頁)。

(5) Ebd., S. 66 (同上、七三頁)。

(6) Raymond Aron, »Max Weber und die Machtpolitik«, a. a. O., S. 108-109 (『ウェーバーと現代社会学』上、一八二—一八四頁)。

(7) Wolfgang Mommsen, *Max Weber und die deutsche Politik 1890-1920*, a. a. O., S. 50-51 (『マックス・ウェーバーとドイツ政治』I、一〇三頁)。

(8) Vgl. Reinhold Niebuhr, »Der politische Realismus des Augustinus«, in: *Christlicher Realismus und Politische Probleme*, Stuttgart: Evangelisches Verlagswerk, 1956, S. 98-120.

(9) Vgl. Michael Joseph Smith, *Realist Thought from Weber to Kissinger*, Baton Rouge: Louisiana State University Press 1986 (押村高ほか訳『現実主義の国際政治思想——M・ウェーバーからH・キッシンジャーまで』垣内出版、一九九七年)。

(10) ヴァールブルクに関しては、田中純『アビ・ヴァールブルク——記憶の迷宮』青土社、二〇〇一年を参照。

(11) MWG II/5, S. 390-391.

(12) RS I, S. 214 (「教派」、九一頁)。Vgl. RS I, S. 160, Anm. 2 (『プロ倫』、二八三頁)。PE II, S. 297. ウェーバーはプロテスタンティズム研究において、禁欲的プロテスタンティズムのエートスを「経済的な超人」と区別しようと試みる。

「西洋に特有な近代合理的経営」の資本主義と「中国、インド、バビロン、ギリシア、ローマ、フィレンツェから現代に至るまで、三〇〇〇年来、世界各地で見られた高利貸、軍需品調達業者、官職・徴税の請負業者、大商人や大金融業者の資本主義」の違いに注目するのである（RS I, S. 49, Anm. 2.『プロ倫』、七二頁）。これに対してヴァールブルクは、初期ルネサンス期のフィレンツェの商人である歴史的人物と「超人」として描かれるいわゆるルネサンス人の差異を浮き彫りにしようとするのである。

(13) MWG II/5, S. 390.

(14) Aby Warburg, »Francesco Sassettis letztwillige Verfügung«, a. a. O., S. 144（『ヴァールブルク著作集２　フィレンツェ市民文化における古典世界』、一三六頁）。

(15) Aby Warburg, »Flandern und Florenz, Entwurf«, Ernst H. Gombrich, *Aby Warburg. Eine Intellektuelle Biographie*, Hamburg: Europäische Verlagsanstalt, 1992, S. 177（鈴木杜幾子訳『アビ・ヴァールブルク伝——ある知的生涯』晶文社、一九八六年、一五八—一五九頁）より引用。Vgl. ebd., S. 131, S. 147, S. 426（同上、一一七頁、一三一頁、三四六頁）。

(16) PE II, S. 160（「資本主義の「精神」に関する反批判」、九四頁）。

(17) Vgl. Almon Richard Turner, *Renaissance in Florenz. Das Jahrhundert der Medici*, Köln: DuMont, 1996, S. 147-150.

(18) Aby Warburg, »Francesco Sassettis letztwillige Verfügung«, a. a. O., S. 158（『ヴァールブルク著作集２　フィレンツェ市民文化における古典世界』、一六三頁）。

(19) マックス・ウェーバーの文化社会学は、すでに述べたように、統一体としての文化に注目するのではなく、むしろ諸価値領域の関係性のあり方に注目するものであり、そのかぎりで文化本質主義に対して一定の免疫力をもっている。こうしたアプローチは、彼の流出論批判と通底するものである。ウェーバーは流出論として「民族精神」だけでなく、（実体化された）個人をも問題にする。彼はクニースの「人格概念」に関して、「かの自由は「無原因性」としてではなく、人格という必然的にまったく個性的な実体から行為が流出してくると考えられていること、また行為の非合理性は、人格に与えられている実体的な性格のゆえに、再び直ちに合理的なものへと屈折せしめられるということ」を批判している（WL, S. 138.『ロッシャーとクニース』二、一四〇頁）。いずれにおいても、実体化が問題にされているのである。

(20) RS I, S. 62（『プロ倫』、九四頁）。Vgl. Helmut F. Spinner, »Weber gegen Weber: Der ganze Rationalismus einer ›Welt von Gegensätzen‹. Zur Neuinterpretation des Charisma als Gelegenheitsvernunft«, in: Johannes Weiß (Hrsg.), *Max Weber heute. Erträge und Probleme der Forschung*, Frankfurt am Main: Suhrkamp, 1989, S. 250-295.

(21) Gombrich, *Aby Warburg. Eine Intellektuelle Biographie*, a. a. O., S. 426-427（『アビ・ヴァールブルク伝』、三四七頁）。こうした意味における「時代（Epoche）」は、ウェーバーの「合理主義」とパラレルにとらえることができる（本研究第Ⅱ章第三節（4）を参照）。

(22) Vgl. Peter Schmidt, *Aby M. Warburg und die Ikonologie*, Bamberg: Stefan Wendel Verlag, 1989.

(23) Aby Warburg, »Italienische Kunst und internationale Astrologie im Palazzo Schifanoja zu Ferrara«, in: *Die Erneuerung der heidnischen Antike*, Gesammelte Schriften, Abt. 1, Bd. 2, Berlin: Akademie Verlag, 1998, S. 478-479（伊藤博明ほか訳『ヴァールブルク著作集5　デューラーの古代性とスキファノイア宮の国際的占星術』ありな書房、二〇〇三年、九三頁＝進藤英樹訳『異教的ルネサンス』ちくま学芸文庫、二〇〇四年、四一頁）。

(24) ウェーバーと芸術史の関連については、まず彼のヴェルフリンについての記述に注目すべきかもしれない。ウェーバーは『価値自由』論文において以下のように述べている。「絵画の発展の領域にとっては、ヴェルフリンの『古典芸術（*Die Klassische Kunst*）』における問題設定の高貴な謙虚さが、経験的な仕事が成し遂げることができるものの、まったく卓越した例である」（WL, S. 523.『価値自由』、九二頁）。ウェーバーの学問論とヴェルフリンの芸術史を「形式主義」という観点から研究することは、興味深いテーマである（vgl. Carlo Antoni, *Vom Historismus zur Soziologie*, Stuttgart: Koehler, 1950. 讃井鉄男訳『歴史主義から社会学へ』未來社、一九五九年。茨木竹二「もう一つの理想型」上・下、『社会学史研究』第一三号、一九九一年、七九—九八頁、同上一四号、一九九二年、八二—一〇三頁）。しかし「文化」の総体に関心を寄せる本研究としては、ウェーバーの「文化内容の社会学（Soziologie der Cultur-Inhalte）」とヴァールブルクのイコノロジーの類似性をとくに強調しておきたい（vgl. Max Webers Brief an den Verlag vom 30. Dezember 1913, in: MWG II/8, S. 450）。

(25) Michael Diers, *Warburg aus Briefen. Kommentare zu den Kopierbüchern der Jahre 1905-1918*, Weinheim: VCH, Acta Humaniora, 1991, S. 94より引用。

(26) Michael Diers, ebd., S. 94-95より引用。

(27) MWG II/5, S. 390.

(28) PE II, S. 53.

(29) PE II, S. 53. Vgl. MWG II/5, S. 390, Anm. 3.

(30) MWG II/5, S. 391.

(31) Bernd Roeck, »Aby Warburg und Max Weber. Über Renaissance, Protestantismus und kapitalistischen Geist«, in: Enno Rudolph (Hrsg.), *Die Renaissance und ihr Bild in der Geschichte. Die Renaissance als erste Aufklärung III*, Tübingen: Mohr Siebeck, 1998, S. 203-204.

(32) RS I, S. 60（『プロ倫』、八五頁）。

(33) WuG, S. 332（『宗教社会学』、二三〇頁）。本研究第Ⅴ章第一節（2）を参照。

(34) PE II, S. 167（「資本主義の「精神」に関する反批判」、九八—九九頁）。

(35) RS I, S. 203（『プロ倫』、三六四頁）。

(36) Georg Simmel, »Der Konflikt der modernen Kultur«, in: GSG 16, S. 202（生松敬三訳『ジンメル著作集6　哲学の根本問題／現代文化の葛藤』白水社、一九九四年、二七〇

頁）。

（37） RS I, S. 571（『論選』、一六〇頁）。

（38） ウェーバーのインド研究を参照。またマックス・ウェーバーとマリアンネ・ウェーバーの以下の会話も、こうした関連において、とても興味深いものである。「彼：ねえ、君は神秘主義者である自分を想像できるかい？ 彼女：それは間違いなく、わたしが考えることができるもののなかで最後のものだと思うわ。あなたにとって神秘主義がしかるべきものだという可能性があると思い浮かべることができるの？ 彼：それどころか、わたしがひとりの神秘主義者であるということは、十分ありうることだ。わたしは人生において人がそうすることを許されるよりも多く夢見てきたし、その分、どこにおいてもしっくりとしたことはない。あたかもすべてから、そして完全に撤退でき、また撤退したいと願っているがごときに、そうなのだ」（Eduard Baumgarten, *Max Weber. Werk und Person*, a. a. O., S. 677）。

（39） MWG II/5, S. 390.

（40） MWG II/5, S. 390.

（41） Aby Warburg, »Bildniskunst und florentinisches Bürgertum«（1902）, in: *Die Erneuerung der heidnischen Antike. Kulturwissenschaftliche Beiträge zur Geschichte der europäischen Renaissance*, Abt. 1, Bd. 1, a. a. O., S. 100（『ヴァールブルク著作集2 フィレンツェ市民文化における古典世界』、七七頁）。

（42） Vgl. PE II, S. 168（「資本主義の「精神」に関する反批判」、九九頁）。「初期ルネサンスのフィレンツェの商人はそうではなかった。ここは、誇らしい力と外見的な完結性にもかかわらず、あの時代の人々のなかでもっとも真摯な人々を貫いていた、深い分裂を分析する場所ではない」。

（43） Vgl. Ernst H. Gombrich, *Aby Warburg. Eine Intellektuelle Biographie*, a. a. O., S. 213-228（『アビ・ヴァールブルク伝』、一八八―一九九頁）。

（44） SS, S. 420（『政治論集』1、一一二頁）。

（45） Gombrich, *Aby Warburg. Eine Intellektuelle Biographie*, a. a. O., S. 407（『アビ・ヴァールブルク伝』、三三一頁）。

（46） Vgl. Marianne Weber, *Lebensbild*, S. 377-384（『マックス・ウェーバー伝』、二八五―二九一頁）。Vgl. auch Wolfgang Schwentker, »Leidenschaft als Lebensform. Erotik und Moral bei Max Weber und im Kreis um Otto Gross«, in: Mommsen/Schwentker (Hrsg.), *Max Weber und seine Zeitgenossen*, a. a. O., S. 661-681（厚東洋輔、森田数実訳「生活形式としての情熱――オットー・グロースをめぐるサークルとマックス・ヴェーバーにおける性愛と道徳」『マックス・ウェーバーとその同時代人群像』、四二三―四四三頁）。

（47） Warburg, »Brief vom 26. Juni 1896«, Gombrich, *Aby Warburg. Eine Intellektuelle Biographie*, a. a. O., S. 429（『アビ・ヴァールブルク伝』、三五〇頁）より引用。

（48） Vgl. Arthur Mitzman, *The Iron Cage*, a. a. O.（『鉄の檻』）; Ulrich Raulff, »Zur Korrespondenz Ludwig Binswanger—Aby Warburg im Universitätsarchiv Tübingen«, in: Horst Bredekamp (Hrsg.), *Akten des internationalen Symposions Hamburg 1990*, Weinheim: VCH, Acta Humaniora, 1991, S.

55-70.

(49) Vgl. Kurt Lenk, »Das tragische Bewußtsein in der deutschen Soziologie«, a. a. O. 本研究第Ⅲ章、補論「ウェーバーのワーグナー解釈」をも参照。

(50) Friedrich Meinecke, »Max Weber«, in: KZfSS, Sonderheft 7, 1963, S. 146.

(51) Lawrence Scaff, *Fleeing the Iron Cage,* a. a. O., p. 20.

(52) PS, S. 21（『政治論集』1、五八頁）。

(53) Vgl. PS, S. 306（『政治論集』2、三三三頁）。

(54) Vgl. WL, S. 215（「マイヤー」、七一八頁）。

(55) Vgl. RS I, S. 13（『論選』、二五頁）。RS III, S. 1（『古代ユダヤ教』、三頁）。

(56) もっともウェーバーは、「すべての他のものとは違って、まさにこの個人にのみ固有であるものを追求することによって、頭髪をつかんで自らを泥沼のなかから引き出し、ひとつの「人格」にまで作り上げようとする」試みを「西洋的（occidental）」と呼んでいる（RS II, S. 378.『ヒンドゥー教と仏教』、四七七頁）。

(57) WL, S. 612（『職業としての学問』、七二頁）。

(58) Vgl. Klaus Christian Köhnke, »Vorbemerkungen zu Georg Simmels ›Das individuelle Gesetz‹«, in: *Internationale Zeitschrift für Philosophie,* 1993, S. 317-332.

(59) マンハイムの知識社会学がこの典型である。彼の「全遠近法主義（Konperspektivismus）」は必然的にウェーバーの抗争的多神論を斥けるものであり、したがってこれと同時に、ウェーバーが緊張関係のなかに垣間見た「微光」は、（再び）社会理論の視界から消えてしまうことになるのである。

(60) Vgl. Norbert Bolz, *Auszug aus der entzauberten Welt. Philosophischer Extremismus zwischen den Weltkriegen,* München: Wilhelm Fink Verlag, 1991（山本尤、大貫敦子訳『批判理論の系譜学——両大戦間の哲学的過激主義』法政大学出版局、一九九七年）。

(61) 本研究次章「「ウェーバーと全体主義」再考」を参照。Vgl. auch Charlotte Schoell-Glass, *Aby Warburg und der Antisemitismus. Kulturwissenschaft als Geistespolitik,* Frankfurt am Main: Fischer, 1998.

(62) Niklas Luhmann, *Die Gesellschaft der Gesellschaft,* Bd. 2, Frankfurt am Main: Suhrkamp, 1998, S. 751. ウェーバーとルーマンに関しては、中野敏男『近代法システムと批判——ヴェーバーからルーマンを超えて』弘文堂、一九九三年を参照。

(63) Paul Honigsheim, »Max Weber als Soziologe«, a. a. O., S. 82（『マックス・ウェーバーの思い出』、一九九頁）。Vgl. ders., »Zur Soziologie der mittelalterlichen Scholastik. Die soziologische Bedeutung der nominalistischen Philosophie«, in: Melchior Palyi (Hrsg.), *Hauptprobleme der Soziologie. Erinnerungsgabe für Max Weber,* Bd. II, München/Leipzig: Duncker & Humblot, 1923, S. 175-218.

(64) RS I, S. 203（『プロ倫』、三六四頁）。

(65) PS, S. 21（『政治論集』1、五八頁）。

(66) WL, S. 603（『職業としての学問』、五三頁）。

（67）WL, S. 605（『職業としての学問』、五七頁）。

（68）PS, S. 547（『職業としての政治』、八〇—八一頁）。

（69）PS, S. 547（『職業としての政治』、八〇頁）。

第Ⅶ章

（1）Carl Schmitt, *Theorie des Partisanen: Zwischenbemerkung zum Begriff des Politischen*, 4. Aufl., Berlin: Duncker & Humblot, 1995, S. 95-96（新田邦夫訳『パルチザンの理論——政治的なるものの概念についての中間所見』ちくま学芸文庫、一九九五年、一九五頁）。

（2）Leo Strauss, *Naturrecht und Geschichte*, a. a. O., S. 6（『自然権と歴史』、九頁）。Vgl. ders., *The City and Man*, Chicago: The University of Chicago Press, 1964, p. 74.

（3）Hans Maier, »Max Weber und die deutsche politische Wissenschaft«, in: *Politische Wissenschaft in Deutschland. Lehre und Wirkung*, München/Zürich: Piper 1985, S. 100.

（4）こうした解釈の先駆として、もちろんカール・レーヴィットに言及しておくべきであろう。Vgl. Karl Löwith, »Max Weber und seine Nachfolger«, in: *Hegel und die Aufhebung der Philosophie im 19. Jahrhundert—Max Weber*, a. a. O., S. 413.「彼［ウェーバー］は、積極的には、大体からして非合理的な「カリスマ的」指導と「マシーン」をともなった指導者民主制」を主張することで、そして消極的には、彼の政治的エートス——その究極の審級は、内容はどうであれ、数ある価値から決然とひとつを選び取ることにすぎない——の意図的な無内容さ、形式性によって、権威主義的・独裁的な指導者国家への道を開いたのである」。

（5）Vgl. Wolfgang Mommsen, *Max Weber und die deutsche Politik 1890-1920*, a. a. O., S. 442-444（『マックス・ヴェーバーとドイツ政治』Ⅰ、七三九—七四一頁）。モムゼンの博士論文は当初「厳しい批判を受けた」が、一九七四年の修正第二版の際には、モムゼンは、「ここで改訂された研究の成果の大筋に対しては、今日ほとんど論争の余地はない」と書くことができた。当初の「激しい非難」にもかかわらず、彼の著作はこの分野のスタンダードとなったのである。

（6）モムゼン「日本語版へのまえがき」『マックス・ヴェーバーとドイツ政治』、iii頁（vgl. *Max Weber and German Politics 1890-1920*, Chicago/London: The University of Chicago Press, 1984, p. vii）。アデナウアー政権下における西ドイツの再軍備とともに、一旦は旧ナチ党員の社会復帰が進んだ。しかし五〇年代の終わりから、いわゆるナチ裁判（NS-Prozesse）が始まり、またほぼ時を同じくしてイスラエルでアイヒマン裁判（一九六一—六二年）が行なわれ、事態は一転する（vgl. Hans-Peter Schwarz, *Geschichte der Bundesrepublik Deutschland, Bd. 3: Die Ära Adenauer 1957-1963*, Stuttgart: Deutsche Verlags-Anstalt; Wiesbaden: Brockhaus, 1983, S. 208）。モムゼンがその著作を世に問い、そして受容された背景には、こうした「歴史的」

状況があった。したがってモムゼン論争が世代間闘争という形をとったこと、また一九六四年にハイデルベルクで行なわれたウェーバー・シンポジウムにおいてパーソンズらアメリカの研究者とモムゼン、ハーバーマスらの間に深い亀裂が走ったことも、こうした背景のもとで理解されなければならない。

(7) モムゼン批判としては、雀部幸隆『ウェーバーとワイマール——政治思想史的考察』ミネルヴァ書房、二〇〇一年も参照。

(8) Vgl. Uwe Backes/Eckhard Jesse, »Totalitarismus und Totalitarismusforschung—Zur Renaissance einer lange tabuisierten Konzeption«, in: *Jahrbuch Extremismus & Demokratie*, 4, 1992, S. 7-27; Eckhard Jesse (Hrsg.), *Totalitarismus im 20. Jahrhundert. Eine Bilanz der internationalen Forschung*, Bonn: Bundeszentrale für politische Bildung, 1996.

(9) Vgl. Achim Siegel, »Die Konjunkturen des Totalitarismuskonzepts in der Kommunismusforschung. Eine wissenschaftssoziologische Skizze«, in: *Aus Politik und Zeitgeschichte*, B20, 1998, S. 19-31; Alan Bullock, *Hitler und Stalin. Parallele Leben*, Berlin: Siedler, 1991 (鈴木主税訳『ヒトラーとスターリン——対比列伝』第一・二・三巻、草思社、二〇〇三年)。

(10) こうした流れのなかで、歴史家論争においてハーバーマスから激しい非難を受けたエルンスト・ノルテも再検討されつつある。Vgl. Volker Kronenberg, *Ernst Nolte und das totalitäre Zeitalter. Versuch einer Verständigung*, Bonn: Bouvier, 1999.

(11) Vgl. Eric Hobsbawm, *Das Zeitalter der Extreme. Weltgeschichte des 20. Jahrhunderts*, München: Deutscher Taschenbuch Verlag 1999 (河合秀和訳『20世紀の歴史——極端な時代』上・下、三省堂、一九九六年)。François Furet, *Das Ende der Illusion. Der Kommunismus im 20. Jahrhundert*, München/Zürich: Piper, 1996.

(12) 全体主義研究を、急進主義あるいはテロリズムの研究と関連させるという方向性は、ドイツではすでに八〇年代からある (vgl. Uwe Backes/Eckhard Jesse, *Totalitarismus, Extremismus, Terrorismus. Ein Literaturführer und Wegweiser im Lichte deutscher Erfahrung*, Opladen: Leske+Budrich, 1984)。そうした下地のもとで、(イスラム) 原理主義研究も、全体主義研究のアプローチと比較的スムーズに接続しえているのである。

(13) Vgl. Hans Maier, »›Totalitarismus‹ und ›Politische Religionen‹. Konzepte des Diktaturvergleichs«, in: *Politische Religionen. Die totalitären Regime und das Christentum*, Freiburg im Breisgau: Verlag Herder, 1995, S. 21-36; Dietmar Herz, »Der Begriff der ›politischen Religionen‹ im Denken Eric Voegelins«, in: Hans Maier (Hrsg.), *›Totalitarismus‹ und ›Politische Religionen‹. Konzepte des Diktaturvergleichs*, Paderborn/München/Wien/Zürich: Ferdinand Schoningh, 1996, S. 191-209; Hermann Lübbe (Hrsg.), *Heilserwartung und Terror. Politische Religionen des 20. Jahrhunderts*, Düsseldorf: Patmos Verlag, 1995; Michael Ley/Julius H.

Schoeps (Hrsg.), *Der Nationalsozialismus als politische Religion*, Bodenheim: Philo, 1997; Claus Ekkehard Barsch, *Die politische Religion des Nationalsozialismus. Die religiöse Dimension der NS-Ideologie in den Schriften von Dietrich Eckart, Joseph Goebbels, Alfred Rosenberg und Adolf Hitler*, München: Wilhelm Fink Verlag, 1998. これまでのドイツのフェーゲリン研究は——アメリカのそれと違って——いわゆるミュンヘン・シューレにかぎられており、お世辞にも活発だったとは言いがたい。そうであるだけ一層、近年のフェーゲリン研究の活況は特筆に値する。Peter J. Opitz, »Spurensuche—Zum Einfluss Eric Voegelins auf die politische Wissenschaft in der Bundesrepublik Deutschland«, in: *Zeitschrift für Politik*, 36, 3, 1989, S. 235-250. フェーゲリンの政治思想全般については、寺島俊穂「エリック・フェーゲリン——実存の精神的次元」『政治哲学の復権——アレントからロールズまで』ミネルヴァ書房、一九九八年、一〇一—一五五頁を参照。

(14)　Vgl. Wolfgang Mommsen, *Max Weber und die deutsche Politik 1890–1920*, a. a. O., S. XVI (『マックス・ヴェーバーとドイツ政治』I、一七—一八頁)。

(15)　Ebd., S. 476 (同上、七八三)。これに対してアンドレアス・アンターは、「ウェーバーの国家理論は決して無矛盾の一貫した全体などではなく、むしろ特徴的な両義性によって刻印されている」と述べている (Andreas Anter, *Max Webers Theorie des modernen Staates. Herkunft, Struktur und Bedeutung*, a. a. O., S. 160)。

(16)　Mommsen, *Max Weber und die deutsche Politik 1890–1920*, a. a. O., S. 408, Anm. 156, S. 415, Anm. 177, S. 450 (『マックス・ヴェーバーとドイツ政治』II、六九四頁、六九六頁、七四八頁)。

(17)　Ebd., S. 446 (同上、七四三頁)。

(18)　本研究第II章第二節を参照。

(19)　Mommsen, *Max Weber und die deutsche Politik 1890–1920*, S. 51 (『マックス・ヴェーバーとドイツ政治』I、一〇四頁)。Vgl. ebd., S. 355 (同上、五七八—五七九頁)。「まさにそのとき［一九一八／一九一九年］ウェーバーは、それまで彼の政治行為を規定してきた価値を信仰告白した。その価値とは、強力な軍隊によって守られ、大胆で決然とした外交によって支えられた世界におけるネイション国家の権力である」。

(20)　Ebd., S. 67 (同上、一二五頁)。Vgl. Stefan Breuer, »Das Charisma der Nation«, in: *Bürokratie und Charisma. Zur politischen Soziologie Max Webers*, Darmstadt: Wissenschaftliche Buchgesellschaft, 1994, S. 110-143.

(21)　Mommsen, *Max Weber und die deutsche Politik 1890–1920*, a. a. O., S. 42 (『マックス・ヴェーバーとドイツ政治』I、九二頁)。価値自由と権力政治の関係は、モムゼン論争のひとつの焦点であった。第二版「あとがき」(ebd., S. 446-447. 同上、七四三—七四五頁) を参照。すでに本研究第II章で述べたように、権力政治的なアプローチを「価値自由」と結びつけようとするのは、いわゆる「リアリズム」的な解釈枠組みに特徴的なことである。しかし現実の遠近法的な性格を考慮に入れるならば、このテーゼは疑わしいものになる。

（22） PS, S. 448（『政治論集』2、四九四頁）。

（23） Mommsen, *Max Weber und die deutsche Politik 1890-1920*, a. a. O., S. XIX, Anm. 4, S. 364-365（『マックス・ヴェーバーとドイツ政治』Ⅰ、一二三頁。同上Ⅱ、六一九―六二〇頁）。

（24） Ebd., S. 420-422（同上、七〇三―七〇五頁）。

（25） PS, S. 217（『政治論集』1、一二八頁）。

（26） WL, S. 512（『価値自由』、七〇―七一頁）。

（27） Mommsen, *Max Weber und die deutsche Politik 1890-1920*, S. 415, Anm. 177（『マックス・ヴェーバーとドイツ政治』Ⅱ、六九六頁）。

（28） Vgl. ebd., S. 414（同上、六七五頁）。

（29） Ebd., S. 437（同上、七二五頁）。

（30） とりわけカリスマ概念に注目しつつ、モムゼンはヴェーバーの「合理的」解釈に疑問を呈する。むしろ彼はヴェーバーにおける非合理的な要素を強調するのである（vgl. Wolfgang J. Mommsen, »Rationalisierung und Mythos bei Max Weber«, in: Karl Heinz Bohrer (Hrsg.), *Mythos und Moderne. Begriff und Bild einer Rekonstruktion*, Frankfurt am Main: Suhrkamp, 1983, S. 391）。

（31） WuG, S. 657（『支配の社会学』Ⅱ、四〇八頁）。

（32） Mommsen, *Max Weber und die deutsche Politik 1890-1920*, S. 434-435（『マックス・ヴェーバーとドイツ政治』Ⅱ、七二三頁）。

（33） Ebd., S. 437（同上、七二六頁）。

（34） 転換点は、ヴェーバー生誕一〇〇年にあたる一九六四年にハイデルベルクで開催された社会学者大会であった。モムゼンはここで――当時「ほとんど理解されなかった」が――、ヴェーバーにおける権力政治の「普遍的な理由」を指摘する。モムゼンはこうした連関においてマルクーゼの「議論の余地のある」発表（「工業化と資本主義」）を評価するのである（ebd., S. 444-445. 同上、七四一―七四二頁。Vgl. ebd., S. 461-467. 同上、七六四―七七二頁）。

（35） Vgl. Wolfgang Mommsen, »Universalgeschichtliches und politisches Denken«, in: *Max Weber. Gesellschaft, Politik und Geschichte*, a. a. O., S. 134-135（『マックス・ヴェーバー――社会・政治・歴史』、一九〇―一九一頁）。Ders., *The Age of Bureaucracy. Perspectives on the Political Sociology of Max Weber*, Oxford: Blackwell, 1974（得永新太郎訳『官僚制の時代――マックス・ヴェーバーの政治社会学』未來社、一九八四年）。Ders., *Max Weber und die deutsche Politik 1890-1920*, a. a. O., S. 89（『マックス・ヴェーバーとドイツ政治』Ⅰ、一六四―一六五頁）。

（36） Vgl. Ernst Nolte, »Max Weber vor dem Faschismus«, in: *Der Staat*, 2, 1963, S. 23.

（37） PS, S. 333（『政治論集』2、三六四頁）。

（38） Jürgen Habermas, »Wertfreiheit und Objektivität«, a. a. O., S. 83.

（39） Mommsen, *Max Weber und die deutsche Politik 1890-1920*, S. XI（『マックス・ヴェーバーとドイツ政治』Ⅰ、

九頁)。

(40) Ebd., S. 422 (同上、七〇六頁)。本研究第Ⅵ章第一節(1) も参照。

(41) Ebd., S. 422 (同上、七〇六頁)。

(42) Ebd., S. 430 (同上、七一六頁)。Vgl. ebd., S. 441 (同上、七三〇頁)。

(43) Ebd., S. 434 (同上、七二一—七二二頁)。

(44) Ebd (同上、七二二頁)。

(45) Vgl. ebd., S. 441 (同上、七三〇頁)。モムゼンはしたがって「レオ・シュトラウスやエリック・フェーゲリンのようなカトリック的・原理主義的な批判」から距離を取ろうとする (ebd., S. 455. 同上、七五五—七五六頁)。

(46) Ebd., S. 432 (同上、七一九頁)。

(47) Ebd., S. 441 (同上、七三〇頁)。

(48) Ebd., S. 414-415 (同上、六七六頁)。

(49) Ebd., S. 449 (同上、七四八頁)。

(50) Vgl. z. B. Karl Loewenstein, »Max Weber als ›Ahnherr‹ des Plebiszitären Führerstaats«, in: KZfSS, 13, 1961, S. 275-289.

(51) Mommsen, *Max Weber und die deutsche Politik 1890-1920*, a. a. O., S. 436 (『マックス・ヴェーバーとドイツ政治』Ⅱ、七二五頁)。

(52) Vgl. ebd., S. 449-450 (同上、七四八頁)。「一九一九年以来の反動的右翼による犯罪行為(その最初のクライマックスはカップ一揆においてであったが、彼はまだ生きていてそれを経験した) へのウェーバーの情熱的な非難は、それ「ファシズムの批判者としてのウェーバーというテーゼ」にいささかの疑いの余地も残しはしない」。しかしこうした「非難」の理論的な根拠については、ここでも不明確なままである。

(53) Ebd., S. 436 (同上、七二五頁)。

(54) Ebd., S. 472 (同上、七七八—七七九頁)。

(55) Vgl. ebd. (同上、七七八頁)。「たしかに責任倫理の概念にはひとつの規範的倫理への萌芽が含まれている。しかしウェーバーは明らかに意図的にこれを詳しく展開することはなかったのである」。

(56) Vgl. Eric Voegelin, *Autobiographische Reflexionen*, a. a. O., S. 29 (『自伝的省察』、二三頁)。

(57) シュトラウスにとっても、マックス・ウェーバーはその研究の出発点であった。シュトラウスは一九二二年フライブルクにおけるハイデッガーとの出会いを想起しつつ、次のように述べている。「ハイデッガーに比べたら、マックス・ウェーバーなど——そのときまでわたしは学問の精神の権化だと思っていた——孤児のようなものであった」

(Leo Strauss, *Jewish Philosophy and the Crisis of Modernity. Essays and Lectures in modern Jewish Thought*, ed. by Kenneth Hart Green, New York : State University of New York Press, 1997, p. 461)。

(58) Eric Voegelin, *Die Neue Wissenschaft der Politik*, a. a. O., S. 33 (『政治の新科学』、二六—二七頁)。本研究第Ⅱ章第三節 (1) も参照。

(59) Ebd., S. 21 (同上、一六頁)。

(60) Ebd., S. 34（同上、二七頁）。

(61) Ebd., S. 30（同上、二四頁）。

(62) Ebd., S. 24（同上、一九頁）。

(63) Vgl. Helmut R. Wagner, »Agreement in Discord: Alfred Schutz and Eric Voegelin«, in: Peter J. Opitz/Gregor Sebba (ed.), *The Philosophy of Order. Essays on History, Consciousness and Politics*, Stuttgart: Klett-Cotta, 1981, pp. 74-90; Gilbert Weiss, *Theorie, Relevanz und Wahrheit. Eine Rekonstruktion des Briefwechsels zwischen Eric Voegelin und Alfred Schütz (1938-1959)*, München: Wilhelm Fink Verlag, 2000; 森元孝『アルフレート・シュッツのウィーン――社会科学の自由主義的転換の構想とその時代』新評論、一九九五年。

(64) Vgl. Voegelin, *Die Neue Wissenschaft der Politik*, a. a. O., S. 180（『政治の新科学』、一五〇頁）。Vgl. auch ders., »Wissenschaft als Aberglaube. Die Ursprünge des Szientismus«, in: *Wort und Wahrheit*, 6, 1951, S. 341-360; Hannah Arendt, *Elemente und Ursprünge totaler Herrschaft*, a. a. O., S. 736（大久保和郎、大島かおり訳『全体主義の起原』3、七二―七三頁）。

(65) RS I, S. 564（『論選』、一四七―一四八頁）。

(66) RS I, S. 569（『論選』、一五六頁）。Vgl. RS I, S. 101（『プロ倫』、一六七頁）。

(67) Voegelin, *Autobiographische Reflexionen*, a. a. O., S. 30（『自伝的省察』、二四頁）。

(68) Ebd., S. 30-31（同上、二五頁）。

(69) Voegelin, *Die Neue Wissenschaft der Politik*, a. a. O., S. 14.

(70) しかし本研究は、マックス・ウェーバーの後期の著作、つまり比較文化社会学は、秩序学の試みとして読むことができるという見解に立っている。第Ⅱ章で指摘したように、ウェーバーの政治理論を彼の『科学論』との関連で解釈しようとするアプローチは、彼の文化社会学を秩序に関する学として把握することを妨げてきた。もっともフェーゲリンは、第Ⅳ章で触れたように、ウェーバーの自然法理解が秩序概念と関係するものであることに気づいていた。しかしそれでもフェーゲリンは、ウェーバーは秩序学には入っていかなかったという見解を崩さなかった。彼はその理由として、以下のように述べている。「ウェーバーは秩序の真理を歴史的事実として導入しようとする気がないわけではなかったが、それはギリシアと中世の形而上学の前で止まってしまった」（Voegelin, *Die Neue Wissenschaft der Politik*, a. a. O., S. 41.『政治の新科学』、三四頁）。こうしたウェーバーとフェーゲリンの差異は重要なテーマではあるが、本研究においては、両理論家の近さを浮き彫りにすることに集中したい。

(71) Vgl. Peter J. Opitz, »Politische Wissenschaft als Ordnungswissenschaft. Anmerkungen zum Problem der Normativität im Werk Eric Voegelins«, in: *Der Staat*, 30, 1991, S. 349-365.

(72) Voegelin, *Die Politischen Religionen*, 2. Aufl., München: Wilhelm Fink Verlag, 1996, S. 63.

(73) ウェーバーは「中間考察」において、戦争を通じた現世内救済について論じている。「現実化された暴力の脅迫としての戦争は、まさに近代の政治共同体において、ひとつのパトス、およびひとつの共同体感情をつくり出す。そして戦士の献身と無条件の犠牲の共同体を、さらには困窮する者たちへのあわれみの労働とあらゆる自然的所与の団体の限界を跳び越えた愛を、大衆現象として呼び起こしていく」(RS I, S. 548.『論選』、一二〇頁)。こうした見方は、フェーゲリンが「政治宗教」概念によって問題にしようとした現象と重なっている。

(74) Voegelin, *Die Politischen Religionen*, a. a. O., S. 5-6.

(75) これはウェーバーの宗教社会学の出発点でもある。「教会と国家の分離の困難性はすべて、宗教に関連する事柄の限界を一義的に確定することが、本質的に不可能であることに由来する」(PE II, S. 330)。

(76) 本研究第Ⅲ章を参照。Vgl. Jürgen Gebhardt, »Wie vorpolitisch ist ›Religion‹? Anmerkungen zu Eric Voegelins Studie ›Die Politischen Religionen‹«, in: Herfried Münkler (Hrsg.), *Bürgerreligion und Bürgertugend. Debatten über die vorpolitischen Grundlagen politischer Ordnung*, Baden-Baden: Nomos Verlagsgesellschaft, 1996, S. 83-84.

(77) Vgl. Voegelin, *Die Politischen Religionen*, a. a. O., S. 17. ウェーバー自身は「政治宗教」概念を用いることはない。しかし彼はロベルト・ミヘルスの社会民主党の研究に関連して、「代替宗教」という概念を用いている (vgl. Brief an Robert Michels vom 27. Oktober 1910, in: MWG II/6, S. 664)。

(78) RS I, S. 548-549 (『論選』、一二一頁)。

(79) WuG, S. 271 (『宗教社会学』、七一頁)。

(80) Schluchter, *Religion und Lebensführung*, Bd. 2, a. a. O., S. 36-37.

(81) 後述するフェーゲリンの「グノーシス主義」概念を参照。

(82) すでに述べたように、このことはウェーバーにおいては「西洋的」性格の喪失を意味した。フェーゲリンもホッブズの理論に関連して、以下のように述べている。「こうした構成に従うならば、シンボルはきわめてエジプト的なそれに近づくことになる」(Voegelin, *Die Politischen Religionen*, a. a. O., S. 58)。

(83) Marianne Weber, *Lebensbild*, S. 685 (『マックス・ウェーバー伝』、五〇三頁)。

(84) Mommsen, *Max Weber und die deutsche Politik 1890-1920*, a. a. O., S. 69 (『マックス・ヴェーバーとドイツ政治』I、一一七頁)。

(85) Hans Maier, »›Totalitarismus‹ und ›Politische Religionen‹. Konzepte des Diktaturvergleichs«, a. a. O., S. 35.

(86) 同様のことが、マックス・ウェーバーのアプローチにも妥当する。彼のプロテスタンティズム研究は、宗教の領域の経済的な連関への影響に光を当てることによって、はじめて可能となった。ここで問題にされるのは、理論的な可能性ではなく、現実的な「起動力 (Antrieb)」なのである (vgl. RS I, S. 86, S. 103, Anm. 2, S. 124-128, S. 173, Anm. 1, S. 182, Anm., S. 200.『プロ倫』、一四一頁、一七七頁、二一五—二一九頁、三一一頁、三二六頁、三六〇頁。WuG, S. 344-345.『宗教社会学』、二五〇頁)。

（87） Voegelin, *Die Neue Wissenschaft der Politik*, a. a. O., S. 17（『政治の新科学』、一三三頁）。

（88） Eric Voegelin, *Ordnung und Geschichte, Bd. 1: Die kosmologischen Reiche des Alten Orients-Mesopotamien und Ägypten*, München: Wilhelm Fink Verlag, 2002, S. 28.

（89） この点はエリック・フェーゲリンとアルフレート・シュッツの共通の出発点である。たとえば一九五一年四月三〇日付けのシュッツへの書簡において、フェーゲリンは、「解釈適合的なレリヴァンスという意味での方法論的な客観性に到達しようとするウェーバーの意図を承認する点で、わたしたちは完全に一致している」と書いている（Eric Voegelin/Alfred Schütz/Leo Strauss/Aron Gurwitsch, *Briefwechsel über »Die Neue Wissenschaft der Politik«*, Freiburg/München: Alber, 1993, S. 67）。

（90） WuG, S. 691（『支配の社会学』Ⅱ、五三三頁）。

（91） 『秩序と歴史』においてフェーゲリンは、五つのタイプのシンボルを区別する。その五つとは、まず「古代オリエントの帝国組織とコスモロジー的神話という形でのその存在」、二番目に「選ばれし民と歴史という形式におけるその存在」、第三に「ポリスとその神話およびシンボル的秩序形式としての哲学の発展」、第四に「アレクサンダー以降の多文化帝国とキリスト教の発展」、最後に「近代の国民国家およびシンボル的秩序形式としてのグノーシスの発展」である（Voegelin, *Ordnung und Geschichte, Bd. 1: Die kosmologischen Reiche des Alten Orients-Mesopotamien und Ägypten*, a. a. O., S. 28）。政治宗教は、第一の古代オリエントにおけるコスモロジー的な秩序と最後のとりわけ近代におけるグノーシス的秩序に関係する。政治宗教概念の弱さは、政治と宗教の融解という観点ではこうしたふたつの秩序類型の区別がつけられない点にある。未分化ないしアマルガム化は、もちろんとても重要な論点である（中国的秩序の問題性を論じた、本研究第Ⅲ章第三節（2）を参照）。日本型ファシズムはむしろこうした観点からのほうがよりよく分析できるかもしれない。しかし近代という時代の総体との連続性から全体主義をとらえようとするならば、これとは別の道具立てが必要なのである。

（92） Vgl. Eric Voegelin, »Religionsersatz. Die gnostischen Massenbewegungen unserer Zeit«, in: *Der Gottesmord. Zur Genese und Gestalt der modernen politischen Gnosis*, München: Wilhelm Fink Verlag, 1999, S. 107-108. 本研究はあくまでフェーゲリンの議論に内在して議論を進める。したがってフェーゲリンのグノーシスおよびグノーシス主義の用法が、宗教学などの専門家の間において、いかなる位置を占めるのかという点については触れない（vgl. Gregor Sebba, »History, Modernity and Gnosticism«, in: Opitz/Sebba (ed.), *The Philosophy of Order*, a. a. O., pp. 190-241. Sebba はF・C・バウアー、シュペングラー、ハンス・ヨナス、ユングとの対比を行なっている）。またハンス・ブルーメンベルクによる「グノーシスと近代」をめぐる議論ならびにフェーゲリン批判や（vgl. Hans Blumenberg, *Die Legitimität der Neuzeit*, Frankfurt am Main: Suhrkamp, 1966）、政治学・政治思想の領域におけるフェーゲリン受容についても考察を

行なわない（vgl. z. B. Robert Dahl, »The Science of Politics: New and Old«, in: *World Politics*, VII, 1955, pp. 479-489. ここでダールはイーストンの『政治体系』と対比しながら、フェーゲリンの『新しい政治学』を書評している）。

(93)　WuG, S. 275（『宗教社会学』、八一頁）。

(94)　WuG, S. 318（『宗教社会学』、一八五頁）。Vgl. RS I, S. 572（『論選』、一六一頁）。ここで「二元論」という概念でウェーバーが理解しているのは、「ゾロアスター教の後期の発展、多くの場合それに影響を受けた西南アジアの信仰形式が多かれ少なかれもっている」現象のことである。「つまり、マンダ教およびグノーシスという（ユダヤ、キリスト教に影響を与えた）バビロニアの宗教の最終形式から、三世紀初頭に古代地中海世界においても世界支配をめぐる闘争の間際まで隆盛していたマニ教の偉大な構想まで」を含んでいる（WuG, S. 318.『宗教社会学』、一八五頁）。

(95)　Vgl. Jacob Taubes, »Das stählerne Gehäuse und der Exodus daraus oder Ein Streit um Marcion, einst und jetzt«, in: *Vom Kult zur Kultur. Bausteine zu einer Kritik der historischen Vernunft*, München: Wilhelm Fink Verlag, 1996, S. 173-181; Kurt Rudolph, *Die Gnosis. Wesen und Geschichte einer spätantiken Religion*, Göttingen: Vandenhoeck & Ruprecht, 1994, S. 77（大貫隆、入江良平、筒井賢治訳『グノーシス――古代末期の一宗教の本質と歴史』岩波書店、二〇〇一年、七四頁）。

(96)　PS, S. 332（『政治論集』2、三六三頁）。

(97)　RS I, S. 37（『プロ倫』、五一頁）。

(98)　RS I, S. 203-204（『プロ倫』、三六五頁）。

(99)　Hans G. Kippenberg, »Intellektualismus und antike Gnosis«, in: Wolfgang Schluchter (Hrsg.), *Max Webers Studie über das antike Judentum*, Frankfurt am Main: Suhrkamp, 1981, S. 215.

(100)　SS, S. 414.

(101)　RS I, S. 570（『論選』、一五八―一五九頁）。

(102)　ウェーバーはグノーシス的思考と脱政治化された知識人階層の連関を指摘している（vgl. WuG, S. 305-306.『宗教社会学』、一五四―一五七頁）。クルト・ルドルフはこの点を、ウェーバーのグノーシス研究への貢献として高く評価する。「非政治的な知識人の宗教意識が救済宗教意識へと移行する点にはじめて注目したのは、マックス・ウェーバーであった。[…] こうした論述は今日なおアクチュアルであり、グノーシス、マニ教、および西南オリエントにおけるその他の救済論的カルトの起源の問題への抜きん出た洞察である」（Kurt Rudolph, »Randerscheinungen des Judentums und das Problem der Entstehung des Gnostizismus«, in: ders. (Hrsg.), *Gnosis und Gnostizismus*, Darmstadt: Wissenschaftliche Buchgesellschaft, 1975, S. 777, Anm. 17）。

(103)　Voegelin, *Die Neue Wissenschaft der Politik*, a. a. O., S. 176（『政治の新科学』、一四七頁）。Vgl. ebd., S. 152（同上、一二七頁）。

(104)　本研究は第Ⅳ章において、ピューリタニズムによる緊張的二元論の止揚を、ウェーバーの「西洋」概念との対比において論じた。こうしたピューリタニズムの特徴づけは、フェーゲリン的な意味におけるグノーシス的近代と密接に関係している。実際フェーゲリンは『新しい政治学』において「宗教改革」を、「グノーシス的運動が西洋的制度に押し入ることに成功したもの」として理解している（ebd., S. 188. 同上、一五七頁）。フェーゲリンにおいても、緊張の契機が問題なのである。彼は以下のように述べる。「歴史的現実において、魂の分化した真理と社会の真理の緊張は、あれやこれやの真理から解放されることによって取り除かれはしないのである」（ebd., S. 218. 同上、一八三頁）。

(105) フェーゲリンが理論的にラディカルなのは、「グノーシス主義」概念に自由主義をも包摂する点にあるが（vgl. Eric Voegelin, »Der Liberalismus und seine Geschichte«, in: Karl Forster (Hrsg.), *Christentum und Liberalismus*, München: Karl Zink Verlag, 1960, S. 24-25）、これは当然多くの激しい批判を喚起してきた。とくに『全体主義の起原』へのフェーゲリンの書評に対するハンナ・アレントの反論は、示唆的である。彼女は決して自由主義者ではない。しかしそれでも以下のように述べるのである。「ポイントは、自由主義者は明らかに全体主義者ではないということである。このことはもちろん、自由主義的ないし実証主義的な要素が全体主義的な思考に与することもあるという事実を排除するものではない。しかしこうした親和性は、自由主義者は全体主義者ではないという事実ゆえに、いっそうはっきりと境界線を引かなければならないということを意味するだけであろう」（Hannah Arendt, »A Reply«, in: *The Review of Politics*, 15, 1, 1953, p. 80. 山田正行訳「エリック・フェーゲリンへの返答」『アーレント政治思想集成』2、みすず書房、二〇〇二年、二四八頁）。

(106) Vgl. Ernst Topitsch, »Marxismus und Gnosis«, in: *Sozialphilosophie zwischen Ideologie und Wissenschaft*, Neuwied: Hermann Luchterhand Verlag, 1961, S. 235-270.

(107) Eric Voegelin, *Die Neue Wissenschaft der Politik*, a. a. O., S. 210（『政治の新科学』、一七六頁）。

(108) Carl Schmitt, »Die Tyrannei der Werte«, in: *Säkularisation und Utopie. Ernst Forsthof zum 65. Geburtstag*, Stuttgart/Berlin/Köln/Mainz: W. Kohlhammer, 1967, S. 54（森田寛二訳「価値の専制」、長尾龍一ほか訳『政治神学再論』福村出版、一九八〇年、二〇〇―二〇一頁）。

(109) たしかにシュミットはナチズムの理論家とされてきた。そして実際ウェーバー研究においてもしばしば、ウェーバーとナチズムの親近性を証明するために、ウェーバーとシュミットの関係が引き合いに出されてきた。しかし全体主義をとりわけ「殲滅」という点を強調して考察するならば、こうした解釈枠組みは一定の修正を必要とするであろう。とりわけ第二次世界大戦後、シュミットはこの「殲滅」の問題に力点を置くようになる（vgl. Carl Schmitt, *Theorie des Partisanen*, a. a. O.『パルチザンの理論』）。ここで引用した論文「価値の専制」は、『パルチザンの理論』の四年後に書かれたものであるが、これもこうした関連において理解されるべきである。本研究はしかしシュミットのウェーバー読解とは異なり、ウェーバーの闘争はグノーシス的な殲滅闘争とは明確に区別されるべきであると解釈する。

(110) WL, S. 604 (『職業としての学問』、五六頁)。

(111) Vgl. Peter J. Opitz, »Max Weber und Eric Voegelin«, in: Voegelin, *Die Grösse Max Webers*, a. a. O., S. 105-133.

(112) フェーゲリンは以下の三つの共通点を挙げる。彼らはまず「切り詰められた人間性の視点から人間を解釈する」。つまりマルクスの階級闘争、ニーチェの権力への意志、フロイトのリビドー、ウェーバーの目的合理的行為である。つぎに彼らはみな「利益、闘争、衝動の仮面として価値を暴露」しようとする。そして最後に彼らは「態度の貴族主義」を特徴とするという (Voegelin, *Die Grösse Max Webers*, a. a. O., S. 86-87)。

(113) Ebd., S. 93.

(114) Vgl. RS II, S. 148, S. 170, S. 178, S. 365, S. 369 (『ヒンドゥー教と仏教』、一九六、二二三、二三一、四六三、四六七頁)。

(115) RS II, S. 366 (『ヒンドゥー教と仏教』、四六四頁)。

(116) RS II, S. 167 (『ヒンドゥー教と仏教』、二一八頁)。

(117) RS II, S. 178 (『ヒンドゥー教と仏教』、二三二頁)。

(118) 「ア・コスミスムス」は文字どおり無世界論 (Lehre von der Weltlosigkeit) であり、「宇宙神論 (Kosmotheismus) の拒否」である (Jan Assmann, *Religion und kulturelles Gedächtnis*, München: Beck, 2000, S. 99)。ヘーゲルがスピノザの思想を特徴づけるために——無神論でも汎神論でもなく——この概念を用いたのは有名であるが、ウェーバーの同時代人によっても実に多様な意味で用いられている。ヴィンデルバントはこれをエレア学派に用い、ジンメルは仏陀と結びつけ、そしてショルツは「非現世 (unirdisch)」と同義で用いている。Vgl. Wilhelm Windelband, *Lehrbuch der Geschichte der Philosophie*, 15. Aufl., Tübingen: J. C. B. Mohr, 1957, S. 34; Georg Simmel, »Rembrands religiöse Kunst«, in: GSG 13, S. 78; Heinrich Scholz, *Religionsphilosophie*, 2. Aufl., Berlin: Verlag von Reuther & Reichard, 1922, S. 97.

(119) RS I, S. 538-539 (『論選』、一〇三―一〇四頁)。

(120) Vgl. Stefan Breuer, »Weltablehnung«, in: Hans G. Kippenberg/Martin Riesebrodt (Hrsg.), *Max Webers »Religionssystematik«*, Tübingen: Mohr Siebeck, 2001, S. 227-240.

(121) Gedaliahu G. Stroumsa は、以下のように指摘している。「キリスト教的禁欲者はその人格の発見と統一化によって、マックス・ウェーバーが「世俗内禁欲」に帰したようなキリスト教的現世支配、およびむしろ神秘主義者に適合的なキリスト教的自己支配の双方に道を敷いた。実際、神秘主義と禁欲とを両極に配するマックス・ウェーバーの見解に反して、キリスト教の歴史において神秘主義は、ウェーバーの見解が当てはまるよりもはるかに多くの場合において禁欲と一致するのである」(Gedaliahu G. Stroumsa, »Die Gnosis und die christliche ›Entzauberung der Welt‹«, in: Wolfgang Schluchter (Hrsg.), *Max Webers Sicht des antiken Christentums*, Frankfurt am Main: Suhrkamp, 1985, S. 503)。しかしこのことは必ずしもウェーバーの類型論の破綻を意味しないように思われる。むしろ問題は、禁欲と神秘主義の対立関係が、類型論構成の価値観点を忘却して一般化される点にある。

(122) RS I, S. 540（『論選』、一〇六頁）。

(123) 儒教はウェーバーの定義からして救済宗教ではない。

(124) RS I, S. 553（『論選』、一二八頁）。

(125) RS I, S. 571（『論選』、一六〇頁）。Vgl. PS, S. 550（『職業としての政治』、八七頁）。

(126) 仏教の「非政治的」性格については、本研究第Ⅲ章第三節（1）を参照。

(127) Vgl. WuG, S. 380（『宗教社会学』、二三五頁）。こうした関連において、ニーチェは以下のように述べている。「キリスト教は最上級に私的な存在形式としてのみ可能である。それは狭い、引きこもった、完全に非政治的な社会を前提にしている、つまり秘密結社（Conventikel）に属しているのである」（Friedrich Nietzsche, »Nachlaß Herbst 1887 10 [135]«, in: KSA 12, S. 532）。Vgl. Jacob Taubes, »Die Entstehung des judischen Pariavolkes«, in: Karl Engisch/Bernhard Pfister/Johannes Winckelmann (Hrsg.), *Max Weber. Gedächtnisschrift der Ludwig-Maximilians-Universität München zur 100. Wiederkehr seines Geburtstages 1964*, Berlin: Duncker & Humblot, 1966, S. 191.

(128) Vgl. Marianne Weber, *Lebensbild*, S. 510–512, S. 614, S. 710（『マックス・ウェーバー伝』、三八一―三八二頁、四五一頁、五二三頁）。当時、ヘンリー・トーデの『アッシジのフランチェスコとイタリア・ルネサンス芸術の起源』が熱烈な反響を巻き起こしていた。トーデはハイデルベルクの芸術史家であり、ウェーバーの同僚であった（vgl. Paul Honigsheim, »Erinnerungen an Max Weber«, a. a. O., S. 241-242.『マックス・ウェーバーの思い出』、一三一―一三三頁）。重要なことは、このアッシジの聖人が近代人の対極として理解されていたことである。ジンメルはこのコントラストを、以下のように表現している。「こうして近代人の典型的で、問題的な状況が成立する。つまり、近代人にとっては無意味ではないが、もっとも深いところからすれば重要というわけでもない無数の文化要素によって囲まれているという感情が生ずるのである。近代人はあらゆる個々のものを内面的に同化できないが、それがいわば潜在的には自己の文化発展の領域に属するから、簡単には拒否することもできないので、こうした無数の文化要素は、多数からなる塊として何らかの圧力をもつのである。こうした事態は、その至福の清貧において、つまりなんらかの仕方で魂の道がそれを通るようにし、そして魂の道を間接的にしようとする、あらゆる事物から完全に解放されている初期のフランシスコ会を指す言葉、すなわち「何ももとめぬものこそ、多くもつものなり」という言葉を逆用して、特徴づけることができるであろう。すなわち、きわめて豊かで過剰な文化をもつ人々には、「多くもちすぎるものは、何ももたぬものなり」ということがあてはまるのである」（Georg Simmel, »Der Begriff und die Tragödie der Kultur«, in: GSG 12, S. 220. 阿閉吉男訳『文化論』文化書房博文社、一九八七年、五七頁）。

(129) 一九〇八年八月四日付けのロベルト・ミヘルス宛の書

簡においてウェーバーは、「わたしの国はこの世のものではない（トルストイ、あるいは究極まで考え尽くされたサンディカリズム）」と書いている（MWG II/5, S. 615）。トルストイのモラリズムのこうした特徴づけは、同時に「無コスモス論」の定義でもある。またウェーバーは「トルストイの非政治主義」にも言及している（MWG I/10, S. 677）。ウェーバーとトルストイの関係については、以下の研究を参照のこと。Edith Hanke, *Prophet des Unmodernen. Leo N. Tolstoi als Kulturkritiker in der deutschen Diskussion der Jahrhundertwende*, Tübingen: Max Niemeyer Verlag, 1993; Hartmann Tyrell, »Intellektuellenreligiosität, ›Sinn‹-Semantik, Brüderlichkeitsethik—Max Weber im Verhältnis zu Tolstoi und Dostojewski«, in: Anton Sterbling/Heinz Zipprian (Hrsg.), *Max Weber und Osteuropa*, Hamburg: Kramer, 1997, S. 25-58.

(130) Vgl. Kurt Rudolph, *Die Gnosis*, a. a. O., S. 69.「グノーシス的な二元論は、これら［の他の類型の二元論］と以下の本質的な点において区別される。すなわちそれは、「反コスモス的（antikosmisch）」なのである。つまりこの目の前にある現世を——その創始者も含めて——まったく一義的に否定的に評価することが、グノーシス的二元論の構想の一部をなしている。現世は悪と暗闇の王国なのである」。

(131) Dante Germino, *Eric Voegelin on the Gnostic Roots of Violence*, Occasional Paper VII, München: Eric-Voegelin-Archiv, 1998, p. 48.

(132) もちろん無コスモス論が現世的アクティビズムへと転化するならば、それはもはや無コスモス論ではなく、救済宗教の放棄である。Vgl. RS I, S. 545-546（『論選』、一一五—一一六頁）。

(133) RS I, S. 543（『論選』、一一一頁）。Vgl. RS I, S. 553（『論選』、一二八頁）。

(134) WuG, S. 380（『宗教社会学』、二三六頁）。

(135) PS, S. 553（『職業としての政治』、九二頁）。

(136) Vgl. WuG, S. 324（『宗教社会学』、二〇一頁）。

(137) PS, S. 553（『職業としての政治』、九二頁）。

(138) 本研究第V章第一節（1）を参照。

(139) PS, S. 559（『職業としての政治』、一〇二頁）。

(140) PS, S. 553（『職業としての政治』、九二頁）。

(141) WuG, S. 318（『宗教社会学』、一八六頁）。

(142) Vgl. Voegelin, *Die Neue Wissenschaft der Politik*, a. a. O., S. 211-223（『政治の新科学』、一七八—一八七頁）。

(143) ホッブズからウェーバーへと直線を引き、そこに政治思想における「近代」を見出す解釈は一様にグノーシス的闘争と多神論的闘争の差異を看過してきた。たとえば、藤原保信『政治理論のパラダイム転換——世界観と政治』岩波書店、一九八五年、一三三頁を参照。

(144) WL, S. 517（『価値自由』、八〇頁）。

(145) Marianne Weber, *Lebensbild*, S. 614（『マックス・ウェーバー伝』、四五〇頁）。Vgl. Edith Hanke, *Prophet des Unmodernen. Leo N. Tolstoi als Kulturkritiker in der deutschen Diskussion der Jahrhundertwende*, a. a. O., S. 208.

(146) Marianne Weber, *Lebensbild*, S. 614-615（『マックス・

ウェーバー伝』、四五一頁）より引用。Vgl. PS, S. 142-145（『政治論集』1、一六一―一六五頁）、S. 550-551（『職業としての政治』、八七―八八頁）。MWG II/5, S. 615-616.

(147) Marianne Weber, *Lebensbild*, S. 615（『マックス・ウェーバー伝』、四五一頁）より引用。

(148) Mommsen, *Max Weber und die deutsche Politik 1890-1920*, a. a. O., S. 47, Anm. 37（『マックス・ヴェーバーとドイツ政治』I、一三五頁）より引用。

(149) WL, S. 154（『客観性』、四二頁）。Vgl. WL, S. 499（『価値自由』、三八頁）。

(150) Vgl. Mommsen, *Max Weber und die deutsche Politik 1890-1920*, a. a. O., S. 42-43（『マックス・ヴェーバーとドイツ政治』I、九三頁）。「ウェーバーを個人的に知っている人はすべて、彼の権力思想の厳しさと非妥協性に魅了されたが、反感を抱くことも珍しくなかった」。

(151) これに関してはウェーバーとトラーの関係が注目に値する。Vgl. Dittmar Dahlmann, »Max Webers Verhältnis zum Anarchismus und den Anarchisten am Beispiel Ernst Tollers«, in: Mommsen/Schwentker (Hrsg.), *Max Weber und seine Zeitgenossen*, a. a. O., S. 506-524（松井克浩訳「マックス・ヴェーバーのアナーキスムとアナーキストに対する関係」『マックス・ヴェーバーとその同時代人群像』、三二八―三四六頁）。Edith Weiller, *Max Weber und die literarische Moderne. Ambivalente Begegnungen zweier Kulturen*, Stuttgart/Weimar: J. B. Metzler, 1994, Kap. IV.

(152) Leo Strauss, *Naturrecht und Geschichte*, a. a. O., S. 69（『自然権と歴史』、七七頁）。

(153) WuG, S. 2（『社会学の基礎概念』、一一頁）。

(154) Mommsen, *Max Weber und die deutsche Politik 1890-1920*, a. a. O., S. 418-419（『マックス・ヴェーバーとドイツ政治』II、七〇一頁）。

(155) Voegelin, »Über Max Weber«, in: *Die Grösse Max Webers*, a. a. O., S. 27.

(156) Voegelin, *Die Neue Wissenschaft der Politik*, a. a. O., S. 181-182（『政治の新科学』、一五一頁）。

(157) Mommsen, *Max Weber. Gesellschaft, Politik und Geschichte*, a. a. O., S. 15（『マックス・ヴェーバー――社会・政治・歴史』、一七頁）。

(158) Vgl. Voegelin, *Ordnung und Geschichte, Bd. 1: Die kosmologischen Reiche des Alten Orients—Mesopotamien und Ägypten*, a. a. O., S. 49; ders., *Autobiographische Reflexionen*, a. a. O., S. 99（『自伝的省察』、一〇〇頁）。

(159) WuG, S. 181（『法社会学』、五頁）。

(160) ウェーバーは信条倫理と責任倫理をあくまで同格に扱い、これに原理的優劣をつけなかったが、このことは全体主義に対する彼の弱さを意味しない。両倫理が同格のまま対立関係におかれるがゆえに、信条倫理的な立場が責任倫理の名のもとに「殲滅」されることがないのである。本研究第V章第四節を参照。

第Ⅷ章

(1) RS III, S. 136 (『古代ユダヤ教』、三一五頁)。

(2) 本研究の序論を参照。

(3) Vgl. Herfried Münkler, »Europa als politische Idee. Ideengeschichtliche Facetten des Europabegriffs und deren aktuelle Bedeutung«, in: *Leviathan*, 19, 1991, S. 521-541; Derrida/Habermas, »Unsere Erneuerung—Nach dem Krieg: Die Wiedergeburt Europas«, a. a. O. (「われわれの戦後復興——ヨーロッパの再生」)。

(4) Vgl. Thorsten Bonacker, »Sozialwissenschaftliche Konflikttheorien—Einleitung und Überblick«, in: ders. (Hrsg.), *Sozialwissenschaftliche Konflikttheorien*, Opladen: Leske+Budrich, 2002, S. 10.

(5) 本研究第Ⅶ章を参照。

(6) ウェーバーの政治理論研究も、これらルネサンスと無関係ではない。Vgl. Klaus Lichtblau, »Die Renaissance des Politischen. Neuere Beiträge zum Werk Max Webers«, in: *Soziologische Revue*, 23, 2000, S. 425-430.

(7) Huntington, *Kampf der Kulturen*, a. a. O., S. 52 (『文明の衝突』、五四頁)。

(8) 本研究第Ⅱ章第三節 (4) を参照。

(9) Vgl. RS I, S. 452, S. 492, S. 512 (『儒教と道教』、二七四頁、三四一頁、三七七頁)。RS II, S. 164 (『ヒンドゥー教と仏教』、二二六頁)。

(10) Huntington, *Kampf der Kulturen*, a. a. O., S. 50 (『文明の衝突』、五二頁)。

(11) Ebd., S. 513 (同上、四七八頁)。

(12) Ebd., S. 511 (同上、四七六頁)。

(13) Vgl. RS I, S. 1, S. 10, S. 205, Anm. 1 (『論選』、五頁、一九頁。『プロ倫』、三七一頁)。RS III, S. 7 (『古代ユダヤ教』、二四頁)。Vgl. Günter Abramowski, *Das Geschichtsbild Max Webers. Universalgeschichte am Leitfaden des okzidentalen Rationalisierungsprozesses*, Stuttgart: Ernst Klett Verlag, 1966 (松代和郎訳『マックス・ウェーバー入門——西洋の合理化過程を手引とする世界史』創文社、一九八七年)。Wolfgang Mommsen, »Universalgeschichtliches und politisches Denken«, in: *Max Weber. Gesellschaft, Politik und Geschichte*, a. a. O., S. 97-143 (「普遍史的思考と政治的思考」『マックス・ヴェーバー——社会・政治・歴史』、一四四—二二九頁)。本研究第Ⅶ章第二節 (2) をも参照。ウェーバーが「普遍」という概念のもとで何を理解していたのかについては大いに議論の余地がある。本研究は、この「結論」の章の冒頭に引用しておいたユダヤ教研究の一節に注目したい (RS III, S. 136.『古代ユダヤ教』、三一五頁)。ここにおいてウェーバーは普遍を、万人に妥当する根拠の確実性とは理解していない。むしろ普遍とは、ドグマ的ではなく、硬直しておらず、したがって開放的であることと解している。こうした「西洋的」普遍性は——ウェーバーの比較文化社会学においては——抗争的多神論と密接に結びついているのである。

(14) Edward W. Said, *Orientalism*, a. a. O., p. 259 (『オリエン

タリズム』下、一三九頁)。

(15) Huntington, *Kampf der Kulturen*, a. a. O., S. 503 (『文明の衝突』、四六九頁)。Vgl. ebd., S. 218-245 (同上、二〇八―二三三頁)。

(16) Vgl. Karl R. Popper, »Über den Zusammenprall von Kulturen«, in: *Auf der Suche nach einer besseren Welt. Vorträge und Aufsätze aus dreißig Jahren*, München/Zürich: Piper, 1995, S. 132 (小笠原誠、蔭山泰之訳「文明の衝突について」『よりよき世界を求めて』未來社、一九九五年、一九三頁)。

(17) 第Ⅲ章、第Ⅳ章、第Ⅴ章第三節を参照。

(18) WL, S. 604 (『職業としての学問』、五四―五五頁)。

(19) PS, S. 6 (『政治論集』1、四三頁)。

(20) 第Ⅳ章第四節を参照。

(21) Huntington, *Kampf der Kulturen*, a. a. O., S. 528 (『文明の衝突』、四九二頁)。

(22) 第Ⅲ章第三節（2）を参照。「プロテスタンティズム・資本主義」テーゼや近代化論においては看過されてきたが、日本のウェーバー研究のアクチュアリティのひとつは、まさにこうした緊張の契機に乏しい社会における個別主義（パティキュラリズム）の温存と暴走を問題にしてきた点にある。たとえば丸山眞男のロバート・ベラー批判も、こうしたウェーバーの比較文化社会学的な視座なしには考えられない。丸山眞男と「緊張」というテーマについては、石田雄「日本政治思想史学における丸山眞男の位置――「緊張」という視角を中心として」『丸山眞男との対話』みすず書房、二〇〇五年、九六―一一三頁を参照。

(23) WuG, S. 486 (『法社会学』、四四四頁)。Vgl. WL, S. 478.

(24) WuG, S. 487 (『法社会学』、四四六頁)。

(25) Vgl. Martin Riesebrodt, *Fundamentalismus als patriarchalische Protestbewegung: amerikanische Protestanten (1910-28) und iranische Schiiten (1961-79) im Vergleich*, Tübingen: J. C. B. Mohr, 1990, S. 249.

(26) Vgl. Martin Riesebrodt, *Die Rückkehr der Religionen. Fundamentalismus und der »Kampf der Kulturen«*, München: Beck, 2000, S. 29.

(27) WuG, S. 471 (『法社会学』、三八三頁)。Vgl. WuG, S. 454, S. 469 (『法社会学』、三一八頁、三七九頁)。

(28) 本研究第Ⅳ章第四節を参照。

(29) Vgl. Wilhelm Hennis, *Max Webers Fragestellung*, a. a. O., Kap. 5 (『マックス・ヴェーバーの問題設定』、第五章)。このことはフェーゲリンの自由主義に対する批判的な態度とパラレルである（本研究第Ⅶ章第三節（2）を参照）。イスラム文化圏の政治体制は、しばしば政教分離していないという理由から批判される。もちろん教会と国家の制度的な分離の重要性は確認されなければならない。しかしこのことは、いわゆる自由主義的な国家がフェーゲリン的な意味における「政治宗教」の問題から逃れていることを必ずしも意味しないのである。本研究第Ⅳ章第二節（5）を参照。

あとがき

本書は、二〇〇三年夏学期にドイツのボン大学哲学部に提出した博士論文 Kampf und Kultur : Max Webers Theorie der Politik aus der Sicht seiner Kultursoziologie を日本語に翻訳したものである。ドイツ語版は二〇〇五年五月にベルリンの出版社 Duncker & Humblot より同じ表題で出版されている。翻訳とはいってもわたし自身が書いたものなので、あまり堅苦しい翻訳調にならないように、意訳したり、補足した箇所がかなりあるが、内容的な変更は一切ない。また日本語版に際して、日本語の先行研究のいくつかを註などの形で補足したが、ドイツ語版との乖離があまり大きくならないように、必要最低限のものに限定した。

冷戦の終焉以降、文化・宗教がリバイバルし、さまざまな文化に応じてさまざまな近代がありうるとする「近代の複数性」（アイゼンシュタット）が議論されている。また冷戦的な二項対立図式から解放される形で、積極的な意味での闘争が注目され、政治理論の領域においてはカール・シュミットがあらたな視点から肯定的に検討されている。わたしは本書において、こうした状況を強く意識しつつ、「闘争（Kampf）」と「文化（Kultur）」という視点から、従来ウェーバーの著作が受容されてきた近代化論のパラダイムと批判的に対決し、また同時にハンチントン的な文化（文明）の闘争理論をも批判する形で、マックス・ウェーバーの政治理論のアクチュアリティを示そうとした。本書の課題をひとことで言うならば、ウェーバーを近代（モデルネ）の理論家としてではなく、緊張や対立を内包する秩序としての西洋（ヨーロッパ）の特殊性と普遍性に注目した政治理論家として読み直すことである。

本書の主要部分を執筆したのは、二〇〇一年九月一一日（同時多発テロ）からイラク戦争へと至る時期であり、留学生が多く住む、ボン大学の学生寮（Tannenbusch II）においてであった。近代やプロテスタンティズム、あるいはアメリカとは区別された「ヨーロッパ」に注目するという本書の課題設定は、おそらくこうした執筆環境と無関係ではない。イラク戦争に対するアメリカとヨーロッパの議論の対立が顕在化していくなかで、〈近代化＝西欧化＝アメリカ化〉という従来のウェーバー解釈の構図を脱構築するという作業は、ウェーバー解釈以上の切迫した意味をもつように感じられたし、またカフェテリアなどで友人たちと交わしたネオコンをめぐる議論などは否応なくこの博士論文に流れ込んできた。あまりに状況依存的な研究はその後の状況の変化に耐えることができないかもしれない。しかしそのような状況においてでなければ、見えなかったこともあるとも思う。

わたしが政治理論の領域でマックス・ウェーバーを研究したいという希望をもったのは、故・藤原保信先生の講義を聞いたのがきっかけであった。わたしが修士課程に入学してすぐに先生は他界されてしまったので、実質的な指導はまったく受けていない。しかし無我夢中でドイツ語の博士論文を書き終えて、一呼吸おいて考え直してみると、本書がいかに強く藤原先生に規定されているかに気づかずにはいられなかった。「ウェーバーは相対主義者ではない」「ウェーバーの政治理論の中心は権力政治ではない」「ウェーバーは（彼なりの仕方で）自然法論者である」「ウェーバーの闘争とホッブズの闘争は区別されるべきである」「ウェーバーの理論は全体主義と結びつかない」――本書のこれらのテーゼはすべて、藤原保信のウェーバー解釈を転倒させたものと言うことができる。天国にいらっしゃる先生がわたしのウェーバー解釈に納得してくださるとは思えないが、遅ればせながら本書をご霊前に捧げたい。

はなはだ不十分な著作とはいえ、本書を書き上げるまでに、多くの方々から実に多様なご指導をいただいた。すべての方のお名前を挙げることはできないが、わたしにドイツ政治とマックス・ウェーバーへの関心をもたせてくださった渡辺重範先生、大学院の指導教授として研究生活の全般にわたってご指導いただくとともに、最大のウェーバー批判者レオ・シュトラウスと取り組む機会を与えてくださった飯島昇藏先生、急に飛び込んできた専門外のわたしにゼミナールへの参加を許してくださり、カール・マンハイムをはじめとする社会学史の側からウェーバーの政治理論について考えるヒントを与えてくださった故・秋元律郎先生、丸山眞男『日本政治思想史研究』を読む合宿に押しかけて以来、日本研究の文脈でウェーバーについて多くの示唆をくださった飯田泰三先生、「ウェーバーとロマン主義」をテーマにした修士論文でご指導いただいて以来、トクヴィル・丸山・ウェーバーについて数々の貴重なアドバイスをくださった松本礼二先生、ウェーバー全集（MWG）『法社会学』の巻の編集責任者であり、文化との関連でウェーバーの政治理論を読むことを勧めて下さった、ボン大学における指導教授ヴェルナー・ゲプハルト（Werner Gephart）先生、そして二〇〇二年五月に熊本大学で開催された政治思想学会で、本書の中心章である第Ⅳ章「比較文化社会学における自然法」のもとになる内容の発表をした際、厳しいご質問を投げかけてくださって以来ご指導くださり、本書のドイツ語版にもコメントをくださった柳父圀近先生には、この場をお借りして、とくに感謝の気持ちをお伝えしたい。わたしの非力ゆえに、それぞれの貴重なご教示のほんのわずかしかすくいあげることができていないことを心苦しく思うとともに、本書をいままでいただいた数多くの「宿題」の一部のつもりで提出させていただきたい。また、早稲田大学の政治学研究科の研究指導室（通称「ドクター部屋」）とその周辺で、かつて学び、またいま学んでいる方々にも――いちいちお名前を挙げることはできないが――、お礼を申し上げたい。あの雰囲気のなかで、育てていただいたのだと思う。

二〇〇四年九月にミュンヘンで開催された、バイエルン・アカデミー主催の国際シンポジウム「マックス・ウェーバーの魅力——その影響の歴史（„Das Faszinosum Max Weber. Die Geschichte seiner Geltung"）」における報告の際に渡航費を助成していただいて以来、ウェーバーの政治理論を中心として、ポスト冷戦状況における開かれた社会秩序を模索しようとするわたしの研究は、早稲田大学の21世紀ＣＯＥプログラム「開かれた政治経済制度の構築」（COE-GLOPE）から、理解と支援をいただいてきた。今回の出版にあたっても、若手研究成果刊行助成を受けることができた。拠点リーダーの藪下史郎先生、事務局の鈴木明子さん、そして出版助成の審査をしてくださった匿名のレフリーの方をはじめ、関係者のみなさまにこの機会に心から感謝申し上げたい。また、本書の出版を引き受けていただいたみすず書房、ならびに担当編集者の守田省吾さんにもお礼申し上げたい。

最後に、連れ合いに感謝したい。本書は、いろいろな意味において、彼女とのこの一〇年の暮らしがなければ成立しなかった。

二〇〇六年夏

野口　雅弘

フロイト　Freud, Sigmund　140-141, 169, 255
ヘーゲル　Hegel, Georg Wilhelm Friedrich　24, 48, 126, 193, 196, 199, 203, 239, 245, 255
ヘニス　Hennis, Wilhelm　196-197, 203-204, 223, 226, 228, 260
ベラー　Bellah, Robert N.　62, 95, 213, 227, 260
ヘンリッヒ　Henrich, Dieter　191, 195, 202, 211
ホッブズ　Hobbes, Thomas　15-16, 75, 84, 131, 168, 174, 186, 214, 223, 238, 251, 257
ボードレール　Baudelaire, Charles　109, 113-117, 125, 234-235
ホーニヒスハイム　Honigsheim, Paul　57-59, 129, 142-143, 212-213, 221, 228, 240, 244, 256
ポパー　Popper, Karl R.　260
ホブズボーム　Hobsbawm, Eric　176, 246
ホルクハイマー　Horkheimer, Max　199-200

マ　行

マイネッケ　Meinecke, Friedrich　141, 210, 216, 244
マイヤー　Maier, Hans　145-146, 245-246
マキアヴェリ　Machiavelli, Niccolò　8, 16, 32-42, 44-45, 47-51, 57-58, 60, 78, 131, 182, 194, 206, 208-210, 225
牧野雅彦　191, 212
マッキンタイア　MacIntyre, Alasdair　15, 199
マルクス　Marx, Karl　167, 169, 193, 197, 239, 254-255
丸山眞男　95, 205, 227, 229, 260
マンハイム　Mannheim, Karl　126, 239, 244
ミヘルス　Michels, Robert　251, 256
ミュンヒ　Münch, Richard　28, 204-205, 207, 216-217
ミル　Mill, John Stuart　111, 230, 233
メルロー＝ポンティ　Merleau-Ponty, Maurice　28, 205
モムゼン　Mommsen, Wolfgang J.　viii, 9, 36, 63, 65-66, 69, 94, 130-131, 146-156, 159-160, 162, 176-178, 188, 191, 193-194, 197, 199, 207, 209, 212-214, 216, 218-219, 221, 223, 226, 235, 240, 243, 245-249, 251, 258-259
森元孝　250
モンテスキュー　Montesquieu, Charles de Secondat　25-26, 203

ヤ　行

柳父圀近　197, 220, 225
ヤスパース　Jaspers, Karl　9, 11, 194, 197, 237
山之内靖　197, 218

ラ　行

リーゼブロート　Riesebrodt, Martin　187, 255, 260
リッケルト　Rickert, Heinrich　11-12, 24, 196-197, 202, 210
リヒトブラウ　Lichtblau, Klaus　viii, 110, 193, 231-232, 259
ルカーチ　Lukács, Georg　15, 102, 197, 199, 201, 228, 231
ルター　Luther, Martin　55, 77, 87, 89, 136, 225, 229
ルドルフ　Rudolph, Kurt　253, 257
ルーマン　Luhmann, Niklas　142, 244
レーヴィット　Löwith, Karl　16, 193, 199, 239
レンク　Lenk, Kurt　198, 244
ロース　Roth, Guenther　193, 197, 224, 227

ワ　行

脇圭平　viii, 193, 238
ワーグナー　Wagner, Richard　57-59, 212-213, 244

129-130, 145, 156, 176, 191, 197, 199-200, 210, 214-215, 223, 238, 240, 245, 249, 252, 258
シュペングラー　Spengler, Oswald　95, 252
シュミット　Schmitt, Carl　15-16, 96, 104, 145, 151, 168-169, 197, 199, 223, 227, 230, 238, 245, 254
シュルフター　Schluchter, Wolfgang　69, 161, 191-192, 194, 196, 204-205, 207-209, 217-219, 221-223, 225-226, 230, 233, 239, 251, 253, 255
シラー　Schiller, Friedrich　230
ジンメル　Simmel, Georg　x, 36, 96, 106-111, 113-120, 123-124, 127, 129, 138, 142, 181-182, 200-201, 207, 228, 231-238, 240, 242, 244, 255-256
スカッフ　Scaff, Lawrence　141, 192, 244

タ 行

タウベス　Taubes, Jacob　253, 256
田中純　240
ダール　Dahl, Robert　253
千葉眞　192, 239
デュモン　Dumont, Louis M.　202, 209, 229
デュルケム　Durkheim, Émile　196, 205, 218, 231
寺島俊穂　247
デリダ　Derrida, Jacques　193, 259
ドストエフスキイ　Dostoevskii, Fyodor Mikhailovich　226, 257
ドーデラー　Doderer, Heimito von　13, 198
トマス・アクィナス　Thomas Aquinas　67, 208, 223
富永健一　x, 213
トルストイ　Tolstoi, Lev Nikolaevich　98, 172, 257
トレルチ　Troeltsch, Ernst　67, 75-76, 78, 89, 192, 202, 219-225

ナ 行

中野敏男　x, 244
ニーチェ　Nietzsche, Friedrich　x, 6, 9, 11-12, 14, 33, 113-114, 117, 125, 130-131, 169, 195-199, 202, 211, 213, 218, 228, 232, 234-237, 239, 255-256
ノルテ　Nolte, Ernst　246, 248

ハ 行

ハイデッガー　Heidegger, Martin　211, 237, 249
バウムガルテン　Baumgarten, Eduard　194, 211, 217-218, 243
長谷川公一　235
パーソンズ　Parsons, Talcott　118, 205, 217, 246
パノフスキー　Panofsky, Erwin　17-18, 69, 200, 217
ハーバーマス　Habermas, Jürgen　113-117, 152, 193, 199, 207, 234-235, 246, 248
バーリン　Berlin, Isaiah　32, 206, 210, 230
ハルナック　Harnack, Adolf von　89, 212
ハンチントン　Huntington, Samuel P.　3, 5, 183-187, 192, 194, 259
ビーサム　Beetham, David　191, 193-194
フィヒテ　Fichte, Johann Gottlieb　34-35, 47-49, 206, 210
フェーゲリン　Voegelin, Eric　6, 13, 17, 102, 145, 147-148, 156-164, 167, 169-170, 173-174, 177-178, 183, 194, 197-200, 223, 226, 228, 240, 246-247, 249-255, 257-258, 260
フォスラー　Vossler, Karl　33, 66, 216
藤原保信　257
仏陀　Buddah　138, 171-172, 255
ブラウン　Braun, Christoph　206, 218, 212
プラトン　Platon　17, 114, 125, 200, 238
フランチェスコ（アッシジの聖）　Franz von Assisi　132, 138, 171-172, 175, 256
フリスビー　Frisby, David P.　109, 116, 232, 234-235
ブロイアー　Breuer, Stefan　94, 226, 230, 247, 255

人名索引

ア 行

アイゼンシュタット　Eisenstadt, S. N.　213
アウグスティヌス　Augustinus, Aurelius　131, 240
秋元律郎　239
アドルノ　Adorno, Theodor W.　114-115, 239
アブラモフスキー　Abramowski, Günter　259
アレント　Arendt, Hannah　156, 226, 239, 247, 250, 254
アロン　Aron, Raymond　26, 34, 130, 203, 206, 240
アンター　Anter, Andreas　192, 247
安藤英治　viii, ix, 193, 221, 225
飯島昇藏　238
イェリネク　Jellinek, Georg　86, 217, 224
イーデン　Eden, Robert　197, 214
茨木竹二　242
ヴァイス　Weiß, Johannes　viii, 108, 191, 201, 231, 241
ヴァールブルク　Warburg, Aby　129, 131-136, 139-141, 240-244
ヴィンケルマン　Winckelmann, Johannes　viii, 219, 226, 256
ウェーバー, マリアンネ　Weber, Marianne　x, 18, 27, 59, 70-71, 99, 102, 192, 200, 203-204, 206, 213, 218, 226-228, 232, 243, 251, 256-258
上山安敏　238
ヴェルフリン　Wölfflin, Heinrich　242
ウォリン　Wolin, Sheldon S.　191
大林信治　212, 239
オーピッツ　Opitz, Peter J.　247, 250, 252, 255
折原浩　ix, 205

カ 行

カウティリヤ　Kautilya　32, 36-42, 44-45, 47, 51-52, 131, 207-208
カルヴァン　Calvin, Jean　77, 86-92, 102-103, 135, 137, 139, 224-225
姜尚中　214
カント　Kant, Immanuel　11, 47, 49, 196, 197, 210
ギゾー　Guizot, François P.　61, 213
キッシンジャー　Kissinger, Henry　131, 240
キッペンベルク　Kippenberg, Hans G.　166, 253, 255
キルケゴール　Kierkegaard, Sören　96, 101-104, 125-126, 227-228, 230, 239-240
グラーフ　Graf, Friedrich Wilhelm　78, 219-221
クレー　Klee, Paul　226-227
グロース　Gross, Otto　140, 243
ゲオルゲ　George, Stefan　238
ゲプハルト　Gephart, Werner　70, 193, 202, 211, 215, 217, 219, 222, 224, 234, 236
ケルゼン　Kelsen, Hans　66, 157, 215
今野元　191

サ 行

サイード　Said, Edward W.　184, 214, 259
雀部幸隆　196-197, 246
シュヴェントカー　Schwentker, Wolfgang　193, 197, 213, 218, 221, 225, 235, 243, 258
シュッツ　Schütz, Alfred　158, 250, 252
シュトラウス　Strauss, Leo　15, 64-65,

著者略歴

（のぐち・まさひろ）

1969 年東京に生まれる．早稲田大学大学院政治学研究科博士課程単位取得退学．2003 年ボン大学哲学部で博士号取得（Ph. D.）．政治学，政治理論専攻．現在，早稲田大学，立教大学，横浜国立大学ほか非常勤講師．著書・論文 *Kampf und Kultur: Max Webers Theorie der Politik aus der Sicht seiner Kultursoziologie,* Berlin: Duncker & Humblot, 2005; "Universalgeschichtliche Probleme in der japanischen Weber-Diskussion," in: Karl Ludwig Ay, Knut Borchardt (Hrsg.), *Das Faszinosum Max Weber,* Konstanz: Universitätsverlag Konstanz, 2006.「日本のウェーバー受容における「普遍」の問題」『政治思想研究』第 6 号，2006 年．

野口雅弘

闘争と文化

マックス・ウェーバーの文化社会学と政治理論

2006年9月 8 日　印刷
2006年9月20日　発行

発行所 株式会社 みすず書房
〒113-0033 東京都文京区本郷5丁目 32-21
電話 03-3814-0131(営業) 03-3815-9181(編集)
http://www.msz.co.jp

本文印刷所 三陽社
扉・表紙・カバー印刷所 栗田印刷
製本所 鈴木製本所

ISBN 4-622-07245-9

宗教社会学論選	M. ウェーバー 大塚・生松訳	2415
宗教改革と近代社会 四訂版	大塚久雄	1890
生活の貧しさと心の貧しさ	大塚久雄	2940
社会科学と信仰と	大塚久雄	2310
大塚久雄　人と学問 付 大塚久雄「資本論講義」	石崎津義男	2730
マックス・ウェーバー講義 歴史主義から歴史社会科学へ	P. ロッシ 水沼知一訳	4095
マックス・ヴェーバーと日本	中村勝己編	3150
受容と変容 日本近代の経済と思想	中村勝己編	2310

（消費税 5%込）